经世济民

诚信服务

德法兼修

管理学基础
（第二版）

主　编　窦志铭
副主编　邓洁华　柳　娟　刘婧玥
主　审　付亚和

高等职业教育财经商贸类专业基础课
经世济民　立德树人
新形态一体化教材

中国教育出版传媒集团
高等教育出版社·北京

内容简介

本教材是高等职业教育财经商贸类专业基础课"经世济民 立德树人"新形态一体化教材。

本教材以"如何通过有效管理打造优秀企业"为主线进行编写，按照管理工作主要职能的逻辑顺序编排，具体包括管理与管理者、管理理论、计划、决策、组织、领导、沟通、控制及文化塑造共九章内容。从企业如何追求效率和效益，解决生存基本问题出发，介绍企业如何通过计划、决策、组织、领导、沟通、控制等有效管理措施，实现自身发展；最终塑造具有科学价值观、先进管理理念和文化的优秀企业。

本教材设置有"管理探索""管理思辨""管理实践""管理工具""即学即问""即学即练"等特色栏目，一方面注重德育元素在管理学理论中的有机融入，强化育人功能；另一方面注重管理思辨精神和创新能力的培养，使教材满足做中学、学中做的教学改革需要。

本教材配套开发了课程标准、教学设计（教案）、教学课件、参考答案、试题库等数字化教学资源，请教师登录"高等教育出版社产品信息检索系统"（xuanshu.hep.com.cn）免费下载。

本教材既可以作为高等职业教育专科、本科院校和应用型本科院校财经商贸类专业及其他相关专业的专业基础课教材，也可以作为企业管理培训和相关社会人士自学的参考教材。

图书在版编目（CIP）数据

管理学基础 / 窦志铭主编. -- 2 版. -- 北京：高等教育出版社，2025.3. --ISBN 978-7-04-064088-5

I. C93

中国国家版本馆 CIP 数据核字第 2025M851H9 号

管理学基础（第二版）
GUANLIXUE JICHU

策划编辑	贾若曦	责任编辑	曾飞华	封面设计	赵 阳	版式设计	徐艳妮
责任校对	王 巍	责任印制	张益豪				

出版发行	高等教育出版社	网　　址	http://www.hep.edu.cn
社　　址	北京市西城区德外大街 4 号		http://www.hep.com.cn
邮政编码	100120	网上订购	http://www.hepmall.com.cn
印　　刷	河北鹏盛贤印刷有限公司		http://www.hepmall.com
开　　本	787mm×1092mm　1/16		http://www.hepmall.cn
印　　张	17.75	版　　次	2022 年 12 月第 1 版
字　　数	380 千字		2025 年 3 月第 2 版
购书热线	010-58581118	印　　次	2025 年 3 月第 1 次印刷
咨询电话	400-810-0598	定　　价	49.80 元

本书如有缺页、倒页、脱页等质量问题，请到所购图书销售部门联系调换
版权所有 侵权必究
物 料 号 64088-00

前言

管理学是一门理论性和实践性都很强的学科，虽然其理论体系已相对成熟稳定，但其实践应用还在不断创新突破。近年来，我国涌现出一批优秀的企业和组织，它们在管理实践中不断创新，总结出了很多具有中国特色的成功管理经验。因此，管理学教材要"扎根中国大地"，讲好"中国故事"，探讨中国企业管理模式，向世界贡献中国的管理智慧。

管理学基础是高等职业院校财经商贸类专业及其他相关专业的专业基础课程，在全国高职院校中广泛开设。根据职业教育的类型特色，需要将社会主义核心价值观融入管理学教育，培养具有坚定理想信念、深厚爱国情怀的高素质技术技能人才。这要求管理学教育要适时变革，及时更新教学目标和教学内容，更加注重管理技能、管理者素养和创新思辨精神的培养，也要求编写符合新时代新要求的管理学基础教材。鉴于此，本教材的编写目的主要有以下四点。

1. 总结我国企业管理的创新实践

经过四十多年的改革开放，我国已成为全球第二大经济体和世界制造业第一大国，正在进入经济高质量发展的新阶段。支撑我国经济高速发展的是一大批勇于开拓创新的优秀企业，这些企业在传承中国优秀管理思想和文化、吸收国内外先进管理理论和方法的基础上进行了大量的管理创新实践，探索出了很多成功的管理模式。因此，要对我国优秀企业的管理创新成果进行总结归纳，使其能够适于教学，服务人才培养。

2. 适应企业经营环境的变化

党的十八大以来，我国企业的经营观念、经营环境、产业生态体系等都发生了深刻变化。《中共中央关于进一步全面深化改革 推进中国式现代化的决定》提出，我国将进一步完善中国特色现代企业制度，弘扬企业家精神，支持和引导各类企业提高资源要素利用效率和经营管理水平、履行社会责任，加快建设更多世界一流企业。管理学基础教学要更好地服务国家经济发展大局，培养符合时代要求的高素质技术技能人才，就要深入研究并不断回答社会经济发展过程中关于管理科学新理论和新实践的问题，既要服务本土企业的生存与发展需要，更要适应中国的文化环境和思维方式，践行社会主义核心价值观。

3. 紧跟科学技术进步，面向未来发展

数字经济是继农业经济、工业经济之后的主要经济形态，为我国实现高质量发展带来重大战略机遇。习近平总书记在2024年1月31日党的二十届中央政治局第十一次集体学习时指出，新质生产力的显著特点是创新，既包括技术和业态模式层面的创新，也包括管理和制度层面的创新。党的二十大报告指出，要加快发展数字经济，促进数字经济和实体经济深度融合。以大数据、人工智能、云计算、区块链为代表的新技术的广泛应用，正在加速推动企业管理的创新。技术革新正在重塑管理的核心要素，包括企业的管理模式、生产方式和价值创造模式。

4. 体现新时代学生群体特征和企业人力资源变化的需要

现在校园中的"00后"年轻学子作为伴随着移动互联网成长起来的新一代，将成为企业创新的生力军。同时企业人力资源结构也面临着新变革，这进一步促进了企业组织模式、管理模式和商业模式的转变，价值共创、企业文化塑造等理念将成为管理创新的重要内容。

基于以上考虑，本教材以"如何通过有效管理打造优秀企业"为主线，根据高等职业院校最新的专业教学标准、人才培养方案和课程教学大纲，以科学性、创新性、先进性为目标进行编写，着力突出以下特点：

1. 体系完整，内容创新

本教材按照管理理论和实践的主要职能的逻辑顺序进行核心知识技能体系的编排设计，从管理的基本概念和理论发展出发，逐一介绍了计划、决策、组织、领导、沟通、控制等管理职能和方法，最终收束于企业的社会主义核心价值观、管理理念和文化的培养。考虑到创新在管理全程中的重要性，本教材没有将管理创新单独成章，而是将其融入各个章节，介绍现代科学技术在管理中的创新应用，强调每一种管理技术和方法都需要创新，因为每一个职能、每一项活动都可以通过创新来提高企业的效率和效益。

2. 价值引领，立德树人

立德树人是职业教育的根本任务。本教材在编写过程中强调社会主义核心价值观的引领，立足于管理学理论，引入管理学最新研究方法和成果，总结中国优秀企业的管理思想和实践，介绍中国管理模式的变革和创新。

为进一步突出经营理念和价值观培养，本教材将文化塑造单独成章，强调企业文化对企业组织管理的重要性，突出价值观引领的作用，以满足培养高素质技术技能人才、服务中国优秀企业发展的需要，增强青年学生的文化自信和爱国情怀。

3. 知行合一，注重思辨

根据理论以必需、够用为度，注重实践，理实一体化的职业教育教学特色，本教材将理论内容和实践内容紧密结合，融会贯通。理论部分深入浅出、通俗易懂，设计有"管理探索""管理思辨""管理实践""管理工具"等特色栏目，培养学生的辩证思维和知行合一的精神；实践部分设计了课内的"即学即练""即学即问"栏目，以及课后习题、综合实训和自我测评，引导学生"做中学、学中做"，培养其创新能力和实践应用能力。同时，本教材为关键知识点配套建设有二维码资源，通过信息技术构建了立体化的教学空间。

本教材由深圳职业技术学院的窦志铭教授担任主编，由邓洁华、柳娟、刘婧玥担任副主编，具体编写分工是：窦志铭负责全书架构和统稿，邓洁华负责第二章、第五章、第九章，柳娟负责第一章、第四章、第七章，刘婧玥负责第三章、第六章、第八章。深圳职业技术学院马克思主义学院党总支书记陈永力对教材中课程思政内容的编写进行了指导。中国人民大学付亚和教授担任本教材的主审。

本教材在编写过程中得到了深圳商祺管理顾问公司楚天先生，深圳大鱼教育文化有限公司李丰先生，高等教育出版社编辑康蓉、梁木、贾若曦的大力支持。此外，还参考了国内外管理学者的研究成果，在此一并表示感谢！

由于编者水平及时间有限，难免存在差错和不足之处，恳请广大读者批评指正，以使本教材日臻完善。

编者
2024 年 10 月

目录

第一章
管理与管理者 001

第一节 管理 003
第二节 管理者 009

第二章
管理理论 025

第一节 古典管理理论 028
第二节 行为科学管理理论 036
第三节 现代管理理论 041
第四节 中国企业管理理念与实践创新 048

第三章
计划 057

第一节 计划及其类别 060
第二节 计划制订的原则和流程 067
第三节 计划制订的方法 071
第四节 目标管理 075

第四章
决策 085

第一节 决策及其类型 088

| 第二节 | 决策的原则及流程 | 092 |
| 第三节 | 决策的方法和技巧 | 100 |

第五章
组织　　113

第一节	组织发展	115
第二节	组织管理	123
第三节	组织变革	134

第六章
领导　　147

第一节	领导及领导力	150
第二节	领导行为	158
第三节	激励	167

第七章
沟通　　179

第一节	沟通的过程与方式	182
第二节	人际沟通	187
第三节	组织沟通	199

第八章
控制　　211

第一节	控制与控制系统	214
第二节	控制的基本类型和过程	219
第三节	控制方法	225

第九章
文化塑造　　　　　　　　　　　　　　　　239

第一节　文化与企业文化　　　　　　　　242
第二节　企业文化结构与内容　　　　　　247
第三节　企业文化建设　　　　　　　　　250

参考文献　　　　　　　　　　　　　　　　267

第一章 管理与管理者

学习目标

知识目标

- 了解管理的概念和作用
- 熟悉管理和管理者的主要职能和活动
- 熟悉管理者的十大角色
- 掌握基层管理者的工作特点和基本要求
- 了解管理的科学性和艺术性特点

能力目标

- 能够运用管理的概念观察、分析身边的组织和活动
- 能够按照管理的基本职能思考和处理学习和工作中的问题
- 能够准确定位自己在组织管理中的角色
- 能够运用效率和效益指标分析组织管理活动的有效性
- 能够按照管理者的基本技能进行自我评估

素养目标

- 养成在工作中既追求效益、又追求效率的科学管理思维和良好习惯
- 树立成本意识，养成勤俭节约，合理利用资源的良好习惯
- 培养有计划、有总结、有提高地完成工作的良好习惯

思维导图

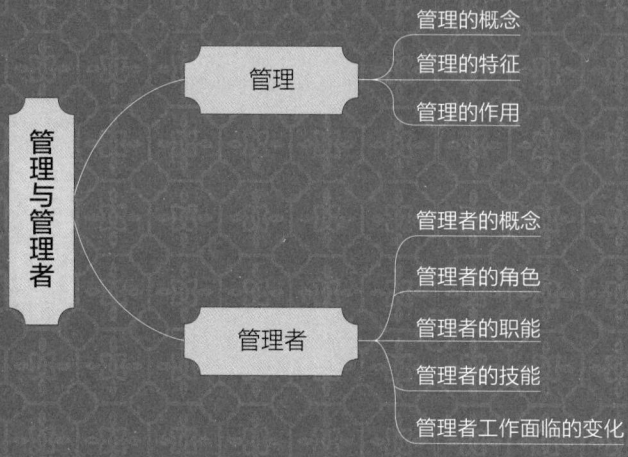

学习计划

- 知识学习计划
  _____
  _____
  _____

- 技能训练计划
  _____
  _____
  _____

- 素养提升计划
  _____
  _____
  _____

❖ 管理探索

让更多中国企业迈向世界一流

2022年2月28日，中央全面深化改革委员会第二十四次会议召开，会议审议通过了《关于加快建设世界一流企业的指导意见》，明确提出了"加快建设一批产品卓越、品牌卓著、创新领先、治理现代的世界一流企业"的任务。

进入经济全球化时代，具备世界一流水平的跨国企业已经成为配置全球资源、引领经济发展和技术创新的重要力量，是国家综合实力和竞争力的重要体现。党的十八大以来，我国各类企业平稳健康发展，规模实力跃上新台阶。2019年以来我国世界500强企业数量连续位居全球首位，一些行业领先企业和"专精特新"企业已具备了较强的国际竞争力，有基础也有能力迈向世界一流。但同时也要看到，中国企业在全球供应链主导权、行业话语权、关键核心技术、自主知识产权等方面同世界一流企业相比还有一定差距，还得在"大"的基础上进一步做"强"。

在中国企业迈向世界一流的过程中，创新是动力源泉，治理是重要保障。在组织架构、决策机制、人力资源、风险管控、用户服务等方面，中国企业尚有改进和提升的空间。健全机制，优化体系，完善治理，建立现代企业制度，把员工积极性充分调动起来，把资源潜力充分发挥出来，企业的内生活力与抗风险能力也就会不断提升。

（资料来源：刘志强. 让更多中国企业迈向世界一流［N］. 人民日报，2022-03-23.）

请思考：
1. 什么样的企业是世界一流企业？
2. 在打造世界一流企业的过程中，"管理"应该发挥什么样的作用？

第一节　管理

因为一切人类活动为达成其特定的目标都需要统筹安排和协调治理，所以管理活动源于人类社会生活并随之发展。"管理"对于个人、组织、国家都具有重要意义。现代管理学的主要研究对象是组织，这些组织涉及不同规模、不同类型和不同地域。鉴于本书的使用对象主要是职业院校的老师和学生,在本书中所提到的组织主要是指企业组织,即主要探讨企业组织的管理问题。

一、管理的概念

什么是管理

管理的概念是在人们对管理的认识逐步深入的过程中形成的。管理既有广义(指对一切资源和活动的管理)和狭义(指组织的管理活动)之分,也可从不同时代、不同社会制度、不同专业等角度做出不同解释。到目前为止,尚未得出统一的管理概念,这种多样性反映了管理的复杂性。本书选取了几位管理学代表人物从不同视角出发而提出的管理概念,如表 1-1 所示。

表 1-1 部分管理学代表人物提出的管理概念

管理学代表人物	概念
弗雷德里克·泰罗	管理是一门关于怎样建立目标,然后用最好的方法经过他人努力来达到目标的艺术
亨利·法约尔	管理是实行计划、组织、指挥、协调和控制
哈罗德·孔茨	管理是设计并保持一种良好的环境,并使人在群体里高效率地完成既定目标的过程
彼得·德鲁克	管理是一种实践,管理就是界定企业的使命,并激励和组织人力资源去实现这个使命
赫伯特·西蒙	管理就是决策,决策贯穿于管理的全过程

管理其实是一个完整的系统,它是由相互联系、相互作用的若干要素和子系统,按照管理的整体功能和目标结合而成的有机整体。管理系统的构成要素包括如下几个方面。

1. 管理目标

每个组织在社会发展中存在与发展,都有一个目标体系。这个体系包括由"使命—愿景—任务目标—绩效—经济效益与社会责任"等构成的目标链及其延伸。需要注意的是,追求经济效益与社会责任的双重目标,已成为当代企业的共识。其中,社会责任目标强调企业应保护公共利益并予以改善,如在社会公益事业、就业、环保、员工发展等方面做出贡献。

2. 管理者

管理者是管理系统中最核心、最关键的要素，是整个管理系统的驾驭者，他们为实现目标而进行管理。此要素将在本章第二节中详细介绍。

3. 管理对象

管理对象主要是指以人为中心的各种资源，包括人力资源、物力资源、财力资源、信息资源等。

4. 管理过程

管理目标是在管理过程中得以实现的，在这一过程中，管理者要运用各种机制和方法，履行管理的计划、组织、领导、控制等职能。

5. 管理环境

管理行为与过程总是在一定的内外部环境下进行的。对现实环境的关注和解读是管理首要解决的问题。有效的管理往往是在深入分析现实需求等条件的前提下，对组织的各项资源和职能活动进行安排，在权衡利弊后做出令人满意的策略选择。

总之，从一般意义上归纳，管理就是管理者在特定的环境下，为了实现一定的目标，对其所能支配的各种资源进行有效地计划、组织、领导、控制、决策和沟通的过程。

即学即问
■ 管理在生活和工作中无处不在，为什么要学习管理学？是为了当管理者吗？

二、管理的特征

组织为了达成某些特定目标，一般要完成两类活动：业务活动和管理活动。作为组织日常活动的重要组成部分，管理活动具有如下两方面的特征。

1. 管理活动不同于业务活动

从组织目标实现的角度分析，业务活动和管理活动是紧密关联、不可或缺的。业务活动的直接目的是实现组织的目标，如企业的生产与服务、学校的教学、医院的诊治等。而管理活动的直接目的是协调业务活动，如对人力、财力、物力、信息和关系等资源的有效配置，从而使组织目标能有效实现。

由此可见，管理本身不是目的，只是实现目标的一种手段。为什么不能只依靠业务活动实现组织目标，一定需要管理活动呢？其根本原因是：企业的资源是有限的。管理活动通过提升有限资源的使用效率和效益，确保业务活动有效进行，从而提升该组织的绩效。

业务活动和管理活动密切相关，两者存在三个方面的显著区别：① 管理活动比业务活动的范围更广，会贯穿业务活动的全过程并延伸到其前后端。② 管理活动需要承担的责任更多，管理者需要同时对自己和业务人员的行为承担责任。③ 管理者的主要职责是管理活动而非业务活动。在现实中，一些业务人员在被提升为管理者时，往往容易混淆管理活动和业务活动，忽略了作为管理者的主要职责，导致无法有效履行管理职能。

即学即问

■ 在初创企业获得一定市场占有率并进入稳定发展时期后，技术和管理哪个更重要？为什么？

2. 管理兼具科学性和艺术性

管理是科学性和艺术性的有机统一。管理的科学性强调管理者要掌握各种管理活动的客观规律、知识和技能，以便更有效地完成组织的各项管理活动。管理的艺术性强调管理者不仅要考虑不同组织间资源和目标的差异，还要兼顾管理对象的复杂性和管理环境的多变性，管理者要具有创造性，能灵活地解决各种实际问题。例如，华为能够长期保持战略方向的"大致正确"，其重要原因是华为管理者所秉持的"灰度管理哲学"，而这一具有艺术性的管理方法被华为恰当地应用在制定战略目标、洞察外部商业环境、应对业务挑战等管理活动中。

管理的科学性与艺术性

管理思辨

人性化管理和科学管理，哪个更好？

这个问题一直存在争议。例如，倡导"人性化管理"的曾仕强教授在他的著作《中道》中强调：人员是管理的主体而不是管理的对象。他认为，西方的一些人力资源观念中，人被当作资源去利用、处理，这是把人看成物，严重违反了人性。他主张将公司的人力资源管理部门改为组织人员发展部门，尊重人的个性，发挥其理性，使人员身心健康，这样才会产生较高的工作效益。

而支持"科学管理"的一方倡导用精确的调查研究和科学知识来代替个人的判断、意见和经验，鼓励通过创造和发展先进的技术和方法来提高生产效率，以实现低成本和高利润。科学管理的支持者认为，人性化管理存在着一些弊端，如人的无限欲望导致充分的人性化管理不可能实现，而人性化管理对管理者的素质要求很高，现实中管理者的思想高度和素质水平往往无法达到。

请讨论：在未来的企业管理中，应该更偏重于精确的科学管理，还是艺术的人性化管理？

三、管理的作用

组织中有了管理并不等于就能实现管理的目标。管理是否有效，关系到组织的成败。从前面的分析中可以看出，管理的实质是人们为了有效地实现一定的目标而采用的一种手段。作为一种工具，管理怎样才能达到预定的目标？或者说，衡量管理好坏的标准是什么呢？

其实，有效的管理是"既要讲求效率，又要讲求效益"。效率是指投入和产出的关系，当投入一定时，如果要获得更多产出，就要提高效率。效益则考核活动的结果，管理者实现了组织目标，说明是有效益的。效率和效益的差异还体现在含义、存在目的、影响因素和实现方式等多个方面。管理有效性的衡量指标如表1-2所示。

表1-2 管理有效性的衡量指标

衡量指标	效率	效益
指标含义	投入与产出的比值	目标的达成度
存在目的	资源有限	实现尽可能多（高）的目标
影响因素	怎么做	做什么
实现方式	以比较经济的方法做	做有助于目标实现的事
示例	设备利用率、单位产品成本、劳动生产率等	销售收入、利润率、顾客满意度等
结论	有效的管理是"既要讲求效率，又要讲求效益"	

效率与效益是相互联系的。什么事情该做，取决于组织的价值取向与目标定位；怎样才能把事情做好，取决于做事的方式和方法。

与效率相比较，效益是第一位的。一件有碍于目标实现的事，做得越好、损失就越大；而把一件可做可不做的事情做得很好，也无太大价值。因此，有效的管理首先要做正确的事，其次才是把事情做好。

在日常生活中，人们往往只注重其中一个方面，最终导致无法达到预期的管理效果。例如，有的企业只注重效率而忽视了效益，如通过实施计件工资制或引进先进技术提高产品的生产率，生产出大量市场不需要的产品，导致高库存成本和高负债；反之，有的组织往往倾向于用各种规章制度、政策、规范来管理人们的行动，使其保持正确的方向，却不注重提高办事效率，从而导致错失发展机遇或无法取得预期结果。

即学即问

■ 伴随着我国经济的高质量发展，对于当下的企业经营而言，效率和效益哪个更重要？为什么？

管理实践

职场新人如何更快、更好地了解和适应一家新公司？

当职场新人进入一家公司时,往往需要一段时间来适应,适应期的长短因人而异,整个磨合过程对于新人未来的职业发展至关重要。

在不熟悉业务和环境的情况下,如何快速展现和发挥自己的能力,学习新的知识,了解和适应新公司呢?建议从以下几个方面入手。

第一,公司的规模和组织架构。如果是大公司,就要弄清楚整个公司的组织架构,每个部门的主要职能和业务。如果是小公司,最好要弄清楚每个人的业务权责。了解公司有多种途径。例如,在公司聚餐时向同事请教等。又如,现在每家公司基本都有企业新媒体账号,建议入职前把该公司过去一年推送的内容都看一遍,这样基本上就会弄清该公司的发展脉络和方向。

第二,公司的商业模式。商业模式是由客户价值、企业资源和能力、盈利方式构成的三维立体模式。一个成功的商业模式可以使企业在创造价值、传递价值、获取价值的过程中保持长久的核心竞争力。商业模式虽然是公司高层确定的,但作为普通员工也应有所了解,对它的理解深度会直接影响自己在公司的职业发展程度。其实,商业模式没有秘密,在网上可以搜索到大量的相关信息。而且商业模式并不是一成不变的,当新需求出现时,或者对各种商业元素进行重新融合时,都会导致商业模式的改变。

第三,自己工作的流程。在前两步的基础上,就要看每个核心业务具体的执行流程是什么。如何掌握自己要做的事情呢?一是迅速跟着领导或熟悉的同事走一遍流程,这样很快就能上手了。二是自己上手之后要总结工作流程,把其中的关键点记录下来,并在工作的过程中不断完善,这样就能越做越熟练。通过这样的方式就可以知道整个公司的运转流程,同时也知道自己该做什么,哪些地方还有欠缺,并想办法去弥补。

第四,公司核心业务的具体内容。掌握了前三点,虽然已经能够胜任本职工作,但并不能真正成长为经验丰富的职场人士。任何一家公司都有很多值得学习的东西,要尽快学习并将学习积累的知识和资料进行消化吸收,转化成自己的知识储备。

第五,了解公司文化和管理者的做事风格。前四点能够让自己更快地成为业务上的熟手,第五点则让自己在职场上能走得更顺利一些。入职时,要尽快了解公司的企业文化,如果能够快速认可和融入其中,个人会得到成长。同时要了解管理者的做事风格,适时进行直接、坦诚的沟通,以避免内耗和走弯路,从而既有效率又有效益地完成任务，实现工作目标。

> 思考：
> 可以从哪些方面快速了解一家企业的核心？如果你新入职一家企业，或新接触一个业务合作伙伴，如何能够快速熟悉、了解它？

第二节　管理者

在数字经济时代，组织本身具有的不确定性和动态性日益增强，管理者面对的世界已经发生了改变，并将持续改变。组织需要新的管理能力来应对内外部挑战并成为一个高效组织。为了更好地成长为新时代的管理者，必须弄清楚管理者扮演什么样的角色、管理者都在做什么、管理者的工作发生着什么样的变化等问题。

一、管理者的概念

管理者是在组织中从事管理活动的人员，是组织中最重要的一个因素。一般而言，不管组织是营利性还是非营利性的，规模是大是小，管理者执行的基本管理活动都大致相同。

1. 管理者的产生

管理者的产生源自组织分工的需要。而组织中最主要的分工就是操作者和管理者的分离。

操作者和管理者的本职工作不同。操作者，是指在组织中直接从事具体业务的人，其主要职责是做好组织分派的具体操作性事务，如企业的工人、饭店的厨师、学校的教师、医院的医生、商店的营业员等。管理者，是指在组织中指挥他人完成具体任务的人，如企业的经理、学校的校长、医院的院长、商店的店长等。他们虽然有时也做一些具体的操作性事务，但其主要职责是指挥下属开展工作。具体来说，管理者应致力于设计和维护一种环境，使身处其间的组织成员能在组织内协调地开展工作，克服资源短缺和环境的不确定性所带来的困难，在有效地实现组织目标的基础上，使他们在一定程度上实现个人目标。

2. 管理者的权力和责任

管理者所承担的责任大小与其所获得的权力和利益大小相对应。管理者不仅要对自己的工作负责，而且要对下属的工作负责。下属在工作中出现任何问题，管理者都负有不可推卸的领导责任。为保证管理者承担其在组织内的责任，组织会正式授予管理者三类职权，如表 1-3 所示。

表 1-3　管理者的三类职权

职权类型	性质	作用	作用基础	适用范围
支配权	命令	必须服从	工作需要	在管理者本职工作范围内
强制权	威胁	迫使	下属惧怕	要求下属履行应尽职责
奖赏权	奖励	诱使	交换原则	下属从事额外工作或做出额外绩效

这些权力发挥作用的基础不同，适用范围也不同。管理者要有效地指挥下属，就必须学会正确地运用上述各类职权。管理者在组织中有多大的权力，就要承担多大的责任，责任与权力是对等的。

3. 管理者的类型划分

划分管理者的类型是组织发展的需要。对于组织外部而言，一个组织只有一个最高管理者（通常是法人代表），他要为这一组织承担一切法律责任。但对于组织内部而言，随着组织规模的扩大，单个管理者将越来越难以承担起所有的协调职责，组织内部将出现越来越多的管理者，进行分工协调。

管理者可以划分为不同类型，不同类型管理者的行为也不同。

常见的划分方法有两种：

第一，按所从事管理工作的领域不同，管理者可分为业务管理者、行政管理者、人事管理者、财务管理者和其他管理者。这些管理者的工作性质和业务内容不同。

第二，按管理层次或地位不同，管理者可分为高层管理者、中层管理者和基层管理者，如图 1-1 所示。这三类管理者的工作特性和内容如表 1-4 所示。

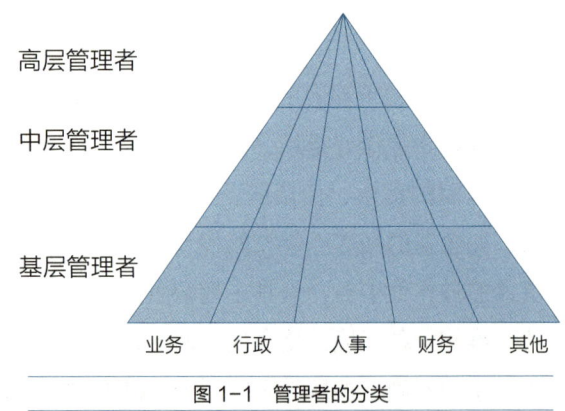

图 1-1　管理者的分类

表1-4 三类管理者的工作特性和内容

工作特性和内容	高层管理者	中层管理者	基层管理者
经营战略	重要	一般重要	不重要
时间范围	长期	中期	短期
工作活动范围和复杂度	极为广泛，非常复杂	全部工作职能，不太复杂	单项工作职能，简单易行
职能特征	创造性管理	有效性管理	业务性管理
人数	少数	中等	多数
工作内容	决定组织发展的大政方针，并为组织创造良好的内外部环境，其具体任务是远景目标的提出、战略计划的制订、组织结构的调整、资源的合理调配、文化建设的组织和重大公共关系的处理等	承上启下，在正确理解上级指示的基础上，创造性地结合本部门的实际情况，有效地指挥下属开展工作，把自己职权范围内的事情处理好	确保完成上级下达的各项任务，为此不仅要贯彻落实，而且要加强现场指导监督，随时掌握工作进展情况，及时解决工作中出现的各种问题

然而，现实中，部分管理者没有完全履行自己所在的管理层级或岗位应该做的工作，产生"在其位不谋其政、不在其位却谋其政"的管理错位行为。例如，高层管理者容易事必躬亲；中层管理者只热衷于上传下达；基层管理者只管贯彻落实，不管最终结果。这种管理错位不仅会加大管理者的工作量，而且会使组织的效率降低。

即学即问
■ 当你认为上级管理者的指示不正确或与你的主张不一致时，应该怎么办？

❖ 即学即练

描述一个常见组织的各层级管理者的职责

请选择一个比较熟悉的组织（如学校、饭店、超市、工厂等），对照表1-4中各层级管理者的管理职能，尝试完成表1-5。

表1-5 各层级管理者的职责

组织对象名称：＿＿＿＿＿＿＿

职责类型	管理者层级		
	高层管理者	中层管理者	基层管理者
主要职责举例			
工作关注点			
常见管理错位行为			

完成后，把学习结果分享到课堂上，并进行解释说明。

二、管理者的角色

明茨伯格
角色理论

在一个组织中,管理者充当着什么角色?管理学家亨利·明茨伯格(Henry Mintzberg)在其著作《管理工作的本质》中进行了详细回答。具体而言,按照不同的功能,管理者在一个组织中要扮演三大类十个角色,每一个角色都被赋予相应的责任,如表 1-6 所示。

表 1-6 管理者的角色

功能	角色名称	角色职责及示例	作用
人际关系	象征性首脑	在组织中发挥象征性作用,如接见重要来宾,签署文书,参与庆典等	外部协调
	领导者	通过培养、激励团队齐心协力实现目标,如远景规划、授权、激励、沟通等	内部协调
	联络者	代表组织建立和保持与外界其他成员的联系,取得外部支持,如与产业协会、政府部门的联系	外部协调
信息传递	监督者	通过对外联系者和对内领导者的身份,收集组织外部和内部各种有用的信息,如关注最新行业报告等	内外协调
	传播者	将组织或外界的有关信息通过会议等形式及时向下属传递,以便下属清楚地开展工作,如召开会议等	内外协调
	发言人	代表组织向上级或社会公众传递本组织的有关信息,如财务专题汇报会、媒体发布会等	外部协调
决策活动	企业家	在职权范围内自主进行内部变革以适应环境的变化,如总裁,总经理等	内外协调
	资源分配者	根据组织工作的需要和本人的意志进行各种组织资源的分配,如将生产资料分配到不同车间	内部协调
	故障排除者	在组织内部出现各种矛盾时,作为矛盾排除者出面排除各种冲突,如危机公关、疫情防控等	内部协调
	谈判者	为顺利向目标迈进,需要与其他组织或个人进行正式或非正式的谈判以协调利益,如与供应商谈判,与客户交流等	内外协调

第一,在人际关系方面,任何组织都是一个社会存在体,与周围环境有着千丝万缕的联系,这种内外之间的联系主要是由组织中的管理者来承担的。第二,在信息传递方面,管理者在各自组织的内部信息传递过程中处于中心位置,要确保和其一起工作的人拥有足够的信息,从而顺利完成工作。第三,在决策活动方面,管理者通过处理信息得

出结论，并以此作为决定组织发展规划的依据。

管理者扮演的这十种角色相互联系，并共同发挥着内部协调、外部协调、内外协调三种作用。因此，管理者应综合协调不同角色之间的关系，不可只专注于某一种角色。

良好的管理者角色意识只是管理者角色行为有效的前提。为了进一步深入理解管理者，需要回答两个问题：管理者在做什么？如何成为合格的管理者？

即学即问

■ 随着创业公司规模的扩大，其创始人的主要时间应该用于处理什么工作？是开展业务社交活动，还是思考战略发展问题？

三、管理者的职能

管理者在做什么？虽然管理工作表现形式多样，但在管理者的日常活动背后，存在程序相似、内容相通的管理行为，这些行为被总结提炼后形成了"管理职能"的概念。

管理职能将管理过程划分为计划、组织、领导、控制四个相互关联的部分，同时决策和沟通贯穿其中。管理职能及其相互关系如图1-2所示。这种划分能帮助管理者实现管理活动的专业化，使得管理工作更容易推进，也使得组织能更有效地实现目标。不同层次管理者之间的区别在于履行管理职能的程度和重点不同。

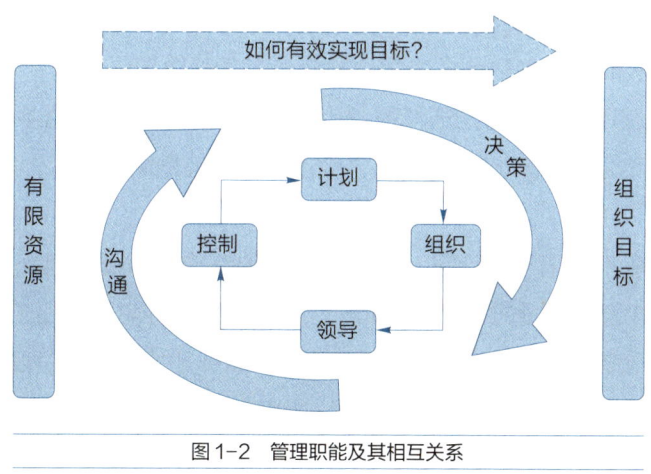

图1-2 管理职能及其相互关系

从管理职能的角度来看，管理者是在有限资源的条件下开展管理活动，最终以较少的资源消耗来实现组织目标。这个管理过程不是简单线性的，而是一个各项管理职能周而复始地不断循环的系统性管理过程。

具体来说，管理职能包括计划、组织、领导、控制、决策、沟通，其中前四项为基本职能。

1. 计划

计划是管理的首要职能，它着眼于有限资源的合理配置。计划是对既定目标进行具体安排，包括编制组织成员在一定时期内的行动纲领，确认实现目标的途径和方法，选择实施效果评价和考核标准等。

2. 组织

组织着眼于确立合理的分工协作关系，以保证计划的实施。组织职能包括设置管理机构和管理体制，确定组织中各部门的职权范围和合作关系，建立信息沟通渠道，进行人员配备、考核与奖惩，培育组织文化等。

3. 领导

领导着眼于发展方向的把握与积极性的调动。领导是指领导者利用组织赋予的权力和自身影响力，通过指挥、指导、协调等方式去影响下属，为实现组织目标而努力工作的过程。其中，沟通作为领导者的主要工作，主要是对员工思想的协调。

4. 控制

控制是为了纠正偏差，以保证各项活动按计划进行，或是以更符合目标的方式进行。控制工作包括确立控制标准、衡量实际业绩、采取纠偏措施等。

5. 决策

决策是为实现一定的组织目标，通过分析比较多个备选方案并确定出可行方案的管理过程。各个层次的管理者都要做决策，它分布在各项管理活动中，如确定计划目标，选择计划方案，设计组织结构，选择控制手段等。因此，决策理论学派代表人物赫伯特·西蒙认为决策贯穿于管理的全过程，"管理的核心就是决策"。

6. 沟通

每项管理职能都需要形成方案，而任何方案的实施都需要在组织内部进行有效沟通，这样才能促成组织成员的行动。因此，沟通虽然是领导者的主要工作，但不局限于领导职能，还应贯穿在计划、组织和控制职能中，这样才能确保组织目标的有效达成。

这些管理职能将在第3—8章中逐一进行详细介绍。

❖ 即学即练

用管理职能复盘自己参加的一项活动

请选择在学校参加的一次印象深刻的活动，并从管理职能的各个部分对此活动进行复盘：计划（设定的目标和时间安排）、组织（人员和分工）、领导（团队成员的能力和态度如何改善）、控制（如何保证按计划实施、意外情况如何处理）、决策

（制定和选择方案）、沟通（交流的方式和渠道）。复盘后，请分别将上述内容填入表1-7中。

表1-7 管理职能复盘

活动主题	
计划	
组织	
领导	
控制	
决策	
沟通	

完成复盘后，把结果分享到课堂上并解释回答：所选择的这个活动是否按照管理职能来执行？如果不是，可以如何改进？

四、管理者的技能

如何成为合格的管理者？如何才能有效履行管理者的职能？要回答这些问题，必须对管理者应具备的管理技能有一定认知。美国著名的管理学学者罗伯特·卡茨（Rober Katz）认为，管理者应具备技术技能、人际技能和概念技能[1]，如表1-8所示。

表1-8 管理者的基本技能

技能分类	技能举例	作用
技术技能	预测技术、决策技术、计划技能、诊断技术、组织设计技术、评价技术	履行决策、计划、组织、控制等职能的基础
人际技能	沟通能力、协调能力、激励能力、领导能力、公关能力	获取信息，履行领导职能，落实组织目标，创造良好的组织环境
概念技能	识别能力、分析能力、综合能力、决策能力、创新能力	履行决策和领导职责

---

1 罗伯特·卡茨. 高效管理者的三大技能[J]. 哈佛商业评论（中文版），2005（07）.

1. 技术技能

技术技能是指使用某专业领域内的工作程序、技术和方法等完成组织任务的能力。它往往与具体的岗位职责有关。例如，企业中的操作者需要掌握诸如财务数据分析、市场调查分析等技能；而管理者则既要掌握和运用各种管理技术，也要对部门所从事的技术项目有一定了解。技术技能一般是通过学校的专业教育或在职培训获得的。技术技能对基层管理者来说尤为重要，因为他们大部分时间都需要指导、训练和帮助下属。

2. 人际技能

人际技能是指与人共事、激励或指导组织中的各类员工或群体的能力。人际技能是一个人以合适的方式与人交往的能力。由于管理是一种群体性的工作，因此，有效的管理者往往都会具备良好的沟通能力、协调能力和激励能力。

例如，在组织内部，管理者的人际关系主要是协调与上级、同级和下级的关系。其中，协调与上级的关系，要努力做到"到位而不越位，有限度地节制欲望，加强沟通与反馈"；协调与同级的关系要做到"主动增进感情，把握竞争与合作并存的关系"；协调与下级的关系要讲究"平衡艺术、引力场艺术、弹性控制艺术"[1]。人际技能对高层管理者、中层管理者、基层管理者的重要性大体相同。

3. 概念技能

概念技能是一种洞察既定环境复杂性并使其减少的能力，包括理解事物的相互关联性，找出关键影响因素，权衡不同方案优劣，协调和处理各种矛盾关系等能力。企业管理者会面临诸如竞争对手市场策略调整、政府政策改变、组织内部结构重组等问题，处理这些问题需要运用概念技能。管理者所处的层次越高，面临的问题就会越复杂、越宏观，有时并无先例可循，就越需要具备概念技能。

创新就是概念技能的一种集中体现。管理者能否创造新的适应环境的管理模式、方法和机制，是衡量其概念技能高低的重要标志。

概念技能是一种抽象思维模式，在发现问题和解决问题上发挥着重要作用。而解决问题的关键是找到复杂问题现象背后的根本原因。帮助提升概念技能的工具方法有很多，现以常被企业用于质量问题分析的 5Why 分析法为例，加以说明。

5Why 分析法的本质就是不断提问直至找到问题的本质，与"打破砂锅问到底"的追本溯源的精神相一致。此方法的关键在于鼓励解决问题的人努力避开主观或自负的假设和逻辑陷阱，从问题表象着手，沿着因果关系链条进行排查，直至找出问题的根本原因。例如，美的集团在其采取的 MBS 精益质量改善方法论中融入了 5Why 分析法，其

---

[1] 郝云宏，向荣. 管理学［M］. 北京：机械工业出版社，2021.

质量管理模式在2021年9月获得第四届"中国质量奖"。

成功的管理者应同时具备较高水平的技术技能、人际技能和概念技能，但这三项技能对不同层次管理者的重要程度是有区别的。罗伯特·卡茨指出，由于各个层次管理者所承担的主要职责不同，因此他们应偏重的技能也不同[1]。一般情况下，基层管理者为了"把事做正确"，掌握必备的技术技能对其来说特别重要；中层管理者为了"正确地做事"，应均衡地掌握这三项技能；而高层管理者为了一直"做正确的事"，尤其需要较强的概念技能。同时，由于管理者的工作对象是人，人际技能对于各个层次的管理者而言同等重要。管理者层次与管理技能的关系如图1-3所示。

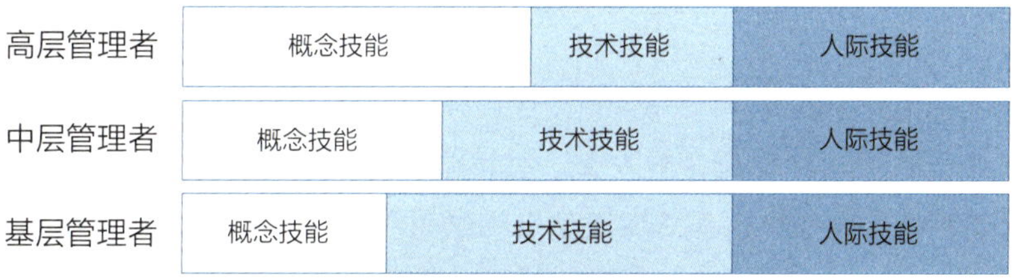

高层管理者	概念技能	技术技能	人际技能
中层管理者	概念技能	技术技能	人际技能
基层管理者	概念技能	技术技能	人际技能

图1-3 管理者层次与管理技能的关系

管理实践

阿里巴巴的管理"三板斧"

当团队迅速扩大，组织能力的成长跟不上业务发展的速度时，应该如何管理？当团队成员变为管理者，岗位中最核心的事情是什么？应该如何快速上手？在解决这些问题的过程中，阿里巴巴总结出了名为"三板斧"的管理方法。

该方法的逻辑有两点：一是聚焦，在管理中找到最核心、最重要的事，并能够达成结果；二是落地，把事情落到可执行、可操作、可监控的层面。

阿里巴巴的管理者分为初级、中级和高级。初级管理者通常只负责某一模块的工作，推动任务的落地执行；中级管理者是资源的整合者，需要考虑多个模块如何组合，负责将公司的战略转化到执行层面；高级管理者需要建立完善的体系，定方向和做决断。

针对不同管理层级的工作内容，阿里巴巴分别制定了管理"三板斧"，如图1-4所示。

---

1 饶君华. 管理学基础［M］. 2版. 北京：高等教育出版社，2019.

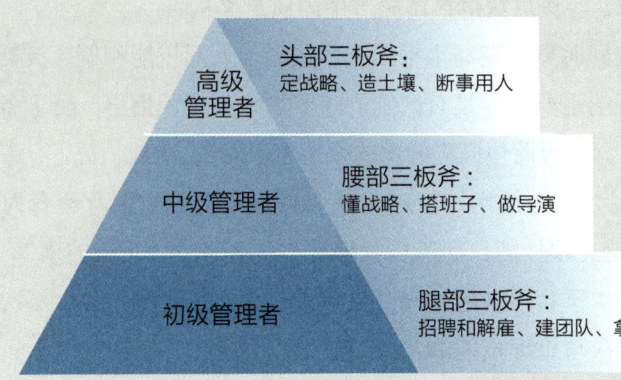

图1-4 阿里巴巴的管理"三板斧"

阿里巴巴所总结的管理"三板斧"旨在塑造内心强大、以人为本、使命驱动的优秀管理者，通过组织和平台的力量，打造企业管理团队的梯度成长和发展基础，并在管理者的成长过程中，真正促进整个组织的成长。

（资料来源：王建和. 阿里巴巴管理三板斧[M]. 北京：机械工业出版社，2019.）

思考：

阿里巴巴各层管理者所应具备的各项能力与管理者的基本技能之间是什么关系？阿里巴巴各层管理者之间的能力区别是什么？

管理者如何获得其应具备的技能？有以下两个基本途径。

第一，教育培训。接受正规的管理学教育对于职业管理者来说非常重要，有助于夯实管理理论和管理知识的基础，获得较好的管理成效。所以，一些管理人员会不定期地学习有关管理的课程，许多大型企事业单位会在继续教育方面投入大量资金，开设专门的培训中心并制定体系化的管理培训课程。

第二，实践锻炼。管理技能的提升不仅需要理论学习，还需要加强实践，管理者要努力做到知行合一。实践锻炼是成为一名合格管理者的必经之路。现实中的管理挑战将促使管理者不断寻求新的解决方法，也会使管理者深化对书本知识的理解和对管理问题的思考，从而拥有更多的管理经验和技巧。

五、管理者工作面临的变化

在当今世界，不确定性变化和日新月异的技术变革对管理者的工作提出了新的挑战。同时，组织文化和商业伦理越来越被重视，可持续发展成为企业的共同追求。这些变化和挑战将影响管理者计划、组织、领导、控制的方式。例如，数字技术的发展让工作场景虚拟化，也让工作安排变得更加灵活，还让个体价值迅速崛起，管理者必须深刻认识这种变化对管理的影响，积极应变。

具体而言，以下四个方面的变化尤其值得管理者关注[1]。

1. 顾客

随着市场从卖方市场向买方市场转变，关注顾客不再只是营销人员的责任，企业所有员工的态度和行为都会影响顾客满意度。管理大师彼得·德鲁克认为，"企业的目标就是创造顾客"，当企业能够通过努力给顾客创造价值时，企业的价值才得以实现。因此，管理者需要建立一个以顾客为中心的组织，提供稳定、高品质的顾客服务是企业生存和成功的基础。

2. 社交媒体

如今，社交媒体已融入很多企业的管理系统。一方面，从组织内外部沟通，到人力资源管理、团队建设甚至企业战略制定等各环节的管理活动中，社交媒体都发挥了积极作用。同时，信息技术和社交媒体的运用使得组织内信息对称的程度大大提高，对传统组织因信息不对称而采取层级管理和管控的模式产生了冲击，扁平化管理和精简中层管理人员的做法不断被实践。另一方面，需要注意的是，社交媒体使用不当也会给公司带来潜在的危险。因此，社交媒体这一工具如何正确管理才能发挥更大效能，是值得管理者关注的问题。

3. 创新

对于当今的组织和管理者而言，创新在组织所有层级中都很重要，管理的未来属于创新实践者。创新意味着探索新的领域、承担风险和改变做事的方式。正如彼得·德鲁克所说："创新意味着对昨天的系统性抛弃；创新意味着对创新机会的系统性搜索；创新意味着乐于以创业精神来组织资源并创造新业务；创新意味着乐于思考如何在现有管理体系之外单独地建立创新企业。"现在所有类型的组织都在致力于创新，本书的各个章节中都会涉及创新在管理中的应用。

4. 可持续性

可持续性发展和绿色管理已成为当代管理的主流趋势。以可持续的方式进行管理意味着管理者要兼顾两个目标：一方面，管理者需要继续关注企业经济目标的有效实现；

---

[1] 斯蒂芬·罗宾斯，玛丽·库尔特. 管理学 [M]. 13版. 刘刚，程熙镕，梁晗，译. 北京：中国人民大学出版社，2017.

另一方面，在数字化时代，管理者还应战略性地回应各种环境和社会挑战，以实现让社会变得更美好、让个体在组织中更有意义的重要目标。因此，管理者需要基于这一双重目标做出合理的决策。

课后习题

一、单选题

1. 下列活动中，（　　）不属于管理活动。
   A. 编写软件　　　　　　　　　B. 交通引导
   C. 计划制订　　　　　　　　　D. 控制生产活动

2. 某大企业人才济济、设备精良，长期以来以管理正规有序而自诩。但近年来该企业业绩不佳，士气低落，管理人员和技术人员的流失率逐年升高。从管理职能分析，该企业最有可能是（　　）职能存在问题。
   A. 计划　　　　　　　　　　　B. 组织
   C. 领导　　　　　　　　　　　D. 控制

3. 有时，一位工作表现很出色的基层管理者在被提升为中层或高层管理者后，尽管工作比以往更努力，绩效却不理想。其中的原因很可能在于这位管理人员并没有培养起从事高层管理工作所必需的（　　）。
   A. 概念技能　　　　　　　　　B. 技术技能
   C. 人际技能　　　　　　　　　D. 领导技能

4. 张先生是一家大型企业新上任的总经理，经过调查研究后，他发出了四道指令：一是调整企业发展方向；二是调整部门结构；三是采取激励措施，进一步调动员工积极性；四是加强对工作绩效的考核。这四道指令分别对应于管理的（　　）职能。
   A. 计划、控制、组织和领导　　B. 计划、组织、领导和控制
   C. 领导、计划、组织和控制　　D. 领导、组织、计划和控制

5. 为强化重大决策的贯彻落实，提高工作的质量与效益，某企业建立了一个旨在反映各部门和成员的工作进展情况的信息系统。该系统使用了一段时间后管理者发现，必要的信息总不能按时输入。企业员工抱怨说，输入这些信息很麻烦，没有时间完成。为顺利开展管理控制工作，企业必须（　　）。

A. 把信息系统的性能提高到一定的水平上

B. 对必要的工作流程与规范进行调整，并通过确立严格的制度或进行文化改进等措施来巩固这种调整

C. 尽量减少对信息系统的依赖

D. 经历一个混乱的时期

二、多选题

1. 组织为进行业务活动，实现其使命和目标，必须有各类资源。其中主要有（　　　　）。

   A. 人力资源　　　　　　　　　　B. 物力资源

   C. 财力资源　　　　　　　　　　D. 信息资源

2. 效率是一种投入产出关系，以下观点正确的有（　　　　）。

   A. 投入一定，产出越高，则效率越高

   B. 投入一定，产出越高，则效率越低

   C. 给定产出，投入越少，则效率越高

   D. 给定产出，投入越少，则效率越低

3. 在下列各职务中，不是管理者的有（　　　　）。

   A. 饭店里的厨师　　　　　　　　B. 医院里的医生

   C. 工厂里的工人　　　　　　　　D. 办公室里的文员

4. 亨利·明茨伯格发现，管理者在一个组织中要扮演十种不同但又高度相关的经理角色。这十种经理角色可以进一步组合成（　　　　）方面的角色。

   A. 人际关系　　　　　　　　　　B. 形象代言人

   C. 信息传递　　　　　　　　　　D. 决策活动

5. 下列关于管理者技能的表述中，正确的有（　　　　）。

   A. 技术技能对于基层管理者最重要

   B. 人际技能对于各层管理者都重要

   C. 概念技能对于高层管理者最重要

   D. 概念技能对于中层管理者最不重要

三、判断题

1. 从本书给出的"管理"概念可以得出这样的结论：管理的对象就是组织的各种资源。（　　）

2. 效率与效益之间的差别可表述为：效益是使组织资源的利用成本达到最小化，而效率则是使组织活动实现预定的目标。（　　）
3. 管理人员与一般工作人员的根本区别在于：前者需要与他人配合完成组织目标，而后者不需要。（　　）
4. 一个管理人员应具备的管理技能有领导技能、人际技能和技术技能三种。（　　）
5. 当一个管理者以象征性首脑的身份出现时，他是在扮演决策活动方面的角色。（　　）

四、简答题

1. 如何衡量管理的有效性？
2. 管理的艺术性和科学性分别指的什么？
3. 在一个组织中，为什么需要管理者？
4. 当管理者在组织中的地位发生变化时，其管理工作有何异同？
5. 一名合格的管理者应具备怎样的基本技能？

综合实训

实训项目　我国初创企业的寿命与经营管理水平的关系调查

实训内容　在"双创"背景下，我国市场主体数量不断增多。据国家市场监管总局公布的数据，从总量看，截至2021年年底，我国登记在册的市场主体总量已达1.54亿户，同比增长11.1%，其中企业约0.48亿户，个体工商户约1.03亿。从增量看，2021年我国新设市场主体2 887.2万户，同比增长15.4%；新增个体工商户1 970.1万，同比增长17.2%。由此可见，中小微企业和个体工商户是我国市场主体的"主力军"。当下，我国进入高质量发展的新阶段，经济发展要从最基础的环节抓起，而经济发展的基础就是市场主体。如何让市场主体获得更好的发展，是当前我国亟待解决的问题。请各小组根据所学知识，对我国初创企业的寿命与经营管理水平的关系进行调查。

实训要求 请在各类政府部门（如国家市场监督管理总局、国家统计局等）官网上搜索数据，也可参考相关文章，尝试分析以下问题：

1. 决定我国中小微企业平均寿命的内部和外部原因有哪些？
2. 作为中小微企业的创业者，应该如何适时提升经营管理水平？
3. 随着企业的成长，创业者该如何转变自己的身份和角色，才能让企业存活得更久？

成果及评价
1. 完成一个影响我国中小微企业发展的内外部因素分析表格。
2. 设计出一份创业者在企业成长各阶段的管理能力和角色进阶图。
3. 基于从创业者向经营管理者转型的角度总结出企业成长失败的常见问题。
4. 教师给每个小组的作业打分；对有代表性的实训成果进行点评。

自我测评

通过本章学习，请根据个人学习收获进行自我测评，在相应栏目里打钩。

自我测评项目 （★表示需要关注的测评项目）	显著提高	较大提高	略有提高
1. 核心知识点（如管理的概念、作用、四大职能、科学性与艺术性；管理者的角色、工作特点等）的掌握程度★			
2. 运用管理的四项基本职能处理学习和工作中问题的能力★			
3. 运用管理者角色分类进行定位的能力			
4. 运用效率和效益指标分析组织活动有效性的能力★			
5. 按照管理者的三项基本技能进行自我评估的能力			
6. 在工作中既追求效益、又追求效率的思维习惯			
7. 节约利用企业资源的习惯★			

续表

自我测评项目 （★表示需要关注的测评项目）	显著提高	较大提高	略有提高
8. 做事情有计划、有总结、有提高的习惯			
通过本章的学习，你还有哪些收获？可分条列出			

学生签名：	教师签名：
时间：　　年　　月　　日	时间：　　年　　月　　日

第二章 管理理论

学习目标

❖ 知识目标

- 了解管理理论发展历程
- 熟悉古典管理理论中代表性理论的基本观点
- 熟悉行为科学管理理论中代表性理论的基本观点
- 了解现代管理理论主要学派的基本观点
- 了解我国企业在管理上的创新实践

❖ 能力目标

- 能够联系实际,运用科学的管理理论观点分析常见的管理问题
- 能够运用行为科学人性假设等管理假设,分析实际管理案例
- 能够对主要管理理论及其产生的历史背景、优点和局限性做出基本分析和判断

❖ 素养目标

- 从辩证唯物主义和历史唯物主义的角度正确认识管理理论,不断开阔视野
- 正确认识中国企业的管理创新,增强文化自信和理论自信
- 养成持续学习与研究先进管理思想的良好习惯

思维导图

- 管理理论
  - 古典管理理论
    - 科学管理理论
    - 一般管理理论
    - 组织理论
  - 行为科学管理理论
    - 人际关系理论
    - X-Y 理论
    - 超 Y 理论
  - 现代管理理论
    - 现代管理理论的主要学派
    - 当代管理理论的新发展
  - 中国企业管理理念与实践创新
    - 持续发展的管理思想
    - 传承创新的管理实践

学习计划

- 知识学习计划

  _____

  _____

  _____

- 技能训练计划

  _____

  _____

  _____

- 素养提升计划

  _____

  _____

  _____

管理探索

一直努力探索企业管理创新的中国企业

海尔集团原董事局主席、首席执行官张瑞敏说:"没有成功的企业,只有时代的企业。海尔成为今天的海尔,是改革开放这个时代造就的,我所谓的成功不过是赶上了时代的节拍。以前中国没有自己的管理模式,都是引进国外的。现在我们要思考怎样把我们自己的管理模式输出到国外去,变成一种国际化的模式……虽千万人,吾往矣。"[1]

已有约40年企业发展史和约20年管理模式创新史的海尔集团在企业管理上的创新探索获得中外管理学界的高度认可。从最初被质疑、被否定到现在被学习、被模仿,无论外界如何评论,海尔始终如一地行走在转型和变革的模式创新道路之上。2005年以来,海尔实施并不断发展完善"人单合一"的管理模式。这一模式被研究者比喻为海尔版的"联产承包责任制",其要点有三:一是员工从经济人变成自主人;二是企业从科层制变成自组织,领导权全部让渡给员工;三是从企业付薪变成用户付薪。总而言之,就是让每个人的价值最大化。同时,海尔精简掉约1.2万名中层管理者,使企业变成扁平化创业平台,裂变出几千个自主创业的小微企业。"人单合一"的人是员工,单是用户,以用户为中心是海尔最早的基因。和当年"砸冰箱"事件一样,海尔用质量好的产品来尊敬顾客。用户需求成为海尔产品的方向,并且用户全流程参与产品设计研发,"用户驱动"成为海尔创客的原动力。

在互联网时代,海尔集团把互联网与物联网思维融入企业战略、组织与人员激励之中,率先走出了一条中国制造业转型升级的变革之路,海尔也因此成为一家向全球输出中国管理模式的先驱企业。

2016年,海尔并购美国通用电气家电(GEA),张瑞敏对原GEA的员工说:"我不是你们的领导,我和你们的领导都是同一个人——用户。"海尔所有的产品都是"无交互,不开发"。GEA与用户交互出的制冰机和比萨烤箱,在当地成了热门产品。美国《大西洋》月刊认为,海尔"将灵活的制造商精神带入产品设计过程"。

(资料来源:胡国栋. 海尔制[M]. 北京:北京联合出版公司,2021.)

请思考:
1. 海尔集团追求企业管理创新的精神给我们带来哪些启示?
2. 如何理解"没有成功的企业,只有时代的企业"这句话?

---

[1] "我不过是赶上了时代的节拍"——记注重企业管理创新的优秀企业家张瑞敏,人民网.

自从人类开始集体行动以来，就有了管理活动，管理活动的实践历史源远流长。然而，从管理实践到形成比较完整的管理理论，仍有一段漫长的发展过程。

在中国，百家争鸣的先秦时期是古代管理思想的初步形成和奠基阶段。自此以后，我国历代的管理思想都传承着中华民族的文化理念，体现着中华文明的特点和历史发展进程，凝聚着中国智慧。有人认为，中国的管理思想观点可以归纳为人本观、整体观、协和观和平衡适度观。

在西方，工业革命之后形成了机械化的大规模生产，有力地促进了管理理论的产生和快速发展。20 世纪 50 年代，管理理论的发展进入了繁荣期，诞生了众多管理理论学派。20 世纪 60—70 年代，管理学界出现了一种寻求管理理论的统一或者集中的趋势，形成了系统管理理论和权变管理理论。20 世纪 70 年代以后，由于经营风险增大、市场竞争激烈、管理日趋复杂，管理学者们又开始探寻新的管理思想与方式。

今天，科技和管理是推动企业发展的两个重要因素，创新则是驱动引擎。企业要健康发展，就要不断创新，驱动科技和管理这两个"轮子"，就要不断选择并探索新的管理理论。

第一节　古典管理理论

古典管理理论产生于 19 世纪末、20 世纪初，是对社会化大生产发展初期管理思想较为系统的总结，它特别强调组织技术的作用，以提高生产效率和组织的有效性为目标，标志着管理科学的建立。主要代表人物有美国的弗雷德里克·泰罗、法国的亨利·法约尔和德国的马克斯·韦伯，他们在各自的管理研究和实践领域里分别提出科学管理理论、一般管理理论和组织理论。这些管理理论是现代管理学的重要理论基础，对现代管理思想产生了极大影响。

一、科学管理理论

弗雷德里克·泰罗（Frederick Taylor）是美国著名的管理学家、经济学家，被后世称为"科学管理之父"。他的主要代表著作有《计件工资制》《车间管理》和《科学管理原理》。

科学管理理论产生于19世纪末,当时美国工业出现了前所未有的资本积累和技术进步,但是发展、组织、控制和管理工业资源的低下水平严重阻碍了生产效率的提高和劳动者潜力的发挥。当时工人和资本家之间的矛盾严重激化,资本家过着奢侈的生活,对工人态度蛮横;工人生活艰苦,不断用捣毁机器和大罢工的方式来争取自己的权利。劳资关系的对立严重影响了企业的劳动生产率。对于如何解决矛盾并发挥劳动者潜力的问题,有人主张使用优良机器替代劳动力,有人主张试行利润分享计划,还有人主张改进生产的程序、方法和体制。泰罗当时是一位年轻的管理人员和工程师,是美国工程师协会的成员,很了解人们提出的上述解决办法,在此基础上他提出了具有划时代意义的科学管理理论和方法。

泰罗以工厂为管理对象,以提高工人劳动生产率为目标,进行了一系列管理实验。通过研究与实践,泰罗认为科学管理理论的四个基本组成要素包括:① 形成一门真正的科学;② 科学地选择工人;③ 对工人进行教育和培养;④ 管理者与工人之间亲密友好地合作。正是上述各个要素的集成构成了科学管理理论[1],该理论主要包括以下内容:

(一) 工时研究与劳动方法标准化

工时研究是科学管理理论的基础。为了提高劳动生产率,泰罗运用科学的观测方法,对工人的操作方法、使用的工具、劳动和休息的时间分配、机器设备的安排和作业环境布置等都进行了分析与研究,建立了各种明确的规定、条例、标准,并使工人掌握标准化的操作方法,使用标准化的工具、机器和材料,合理分配劳动和休息时间,努力使各环节制度化、标准化、科学化。

管理实践

美团调整配送时间算法

2021年9月,美团官方发文公开了其外卖配送中关于"预估到达时间"的算法规则,同时公布了多项"算法取中"改进举措,如试点将骑手预估送达时间由原先的"时间点"调整为弹性的"时间段"。

根据美团公布的算法,骑手配送时间并不是简单地由"最近距离除以最快速度"得出的,而是引入了一个动态变化的时间。美团对配送时间有四种评估算法,

---

[1] 费雷德里克·泰罗. 科学管理原理[M]. 马风才,译. 北京:机械工业出版社,2021.

包括"历史数据模型估算时间""城市通行状态特性下估算时间""出餐到店取餐等配送各场景累加估算时间"和"配送距离估算时间",而实际订单会以其中最长的一个时间作为预估送达时间。所以即便是相同路线的订单,每天给骑手和用户参考的配送时间段也是不一样的。

同时,美团通过历史数据识别出长期出餐慢的商家,任何骑手配送该商家的餐品,都会提前自动获得配送时间的延长。此外,美团还梳理出了一些异常场景,用人工干预的方式为骑手提供时间补充。

美团此前在长沙、苏州、杭州等试点城市曾向约40万用户发放了调研问卷,其中65%的用户表示愿意尝试"时间段"的新方式。从试点反馈情况来看,这一优化举措不仅让用户获得了更合理的预期,也减轻了骑手在特殊场景下的配送压力。数据显示,新算法机制下用户对骑手的差评率降低了50.7%,骑手和用户的双向体验均得到了提升。

思考:

在互联网技术高速发展的环境下,泰罗的工时研究与劳动方法标准化对企业发展是否仍有指导作用?为什么?

(二) 差别计件工资制

为了鼓励工人努力工作,完成定额,泰罗认为应设立专门的制定定额部门,通过工时研究和分析,制定一个有科学依据的定额或标准。还要执行刺激性的工资报酬制度,实行"差别计件工资制"。根据其理论,工资的支付对象是工人而不是职位,即根据工人的实际工作表现和工作量而不是根据工作类别来支付工资。这样既能克服"磨洋工"现象,又有利于提高工人的劳动积极性。

(三) 计划职能和执行职能相分离

泰罗通过明确管理者和工人的职责,把计划职能与执行职能分开,使得原来的经验工作法变为科学工作法。管理者建立专门的计划部门,进行标准化研究,制定劳动定额和标准,下达任务,使工人按计划生产。建立"职能工长制",细分管理工作职能,一个职能工长应只承担一项管理职能,每个职能工长在其业务范围内有权监督和指导工人的工作。

(四) 科学挑选"第一流工人"

泰罗认为,为了提高劳动生产率,必须为工作选择"第一流工人"。每个人都具有不同的才能，因此要通过系统的训练，培训他们运用科学的方法工作，使其能力与岗位相匹配；把合适的人放在合适的岗位上，通过差别工资制度激发工作热情，使其能成为"第一流工人"。

"第一流工人"的要求包括以下内容：① 必须有能力做"第一流"的工作；② 必须愿意工作，而不是被强迫去做某种工作；③ 一般的工人可以被培训成为"第一流工人"；④ 必须做到能力与工作相适应。

> **管理思辨**
>
> 2022年初，万科集团董事会主席在微信朋友圈发布了一则消息：祝贺"崔筱盼"获得了2021年万科总部优秀新人奖，她催办的预付应收/逾期单据核销率达到91.44%。引起大家广泛关注的是：这位"崔筱盼"不是真人，而是一个"虚拟人"。这释放出一个重要信号："虚拟人"正在越来越多的岗位上替代真人工作。
>
> 请讨论：技术创新与管理创新会给社会发展带来哪些变化？大数据、人工智能等新技术可能带来哪些管理逻辑的改变？

（五）在管理上实行例外原则

规模较大的企业在组织和管理过程中必须应用例外原则，即企业的高层管理者要集中精力处理重大经营决策或突发事件，对那些反复出现的"例行问题"进行制度化、标准化、流程化管理，并交由下级管理人员去处理和解决，自己只保留对例外事项的决定权和监督权。通过例外原则的实施，高层管理者可以有更多的精力去解决组织外部问题，提高整体管理效率。

（六）科学管理的核心是"一场全面的心理革命"——共同做"大蛋糕"

即学即问
■ 泰罗认为，科学管理的核心是共同做"大蛋糕"。如何理解这一观点？请结合我国提出的建设"人类命运共同体"或"共同富裕"的目标，分享自己的认识。

为了缓解当时资本家和工人之间的对立关系，泰罗提出双方在精神上和思想上都要进行彻底变革。他认为，"科学管理实质上包含着要求在任何一个具体机构或行业中工作的工人进行一场全面心理革命，要求工人和管理部门的人、工厂、监工、企业所有者、董事会进行一场全面的心理革命，没有双方的这种全面心理革命，科学管理就不可能存在"。通过这种重大的精神变革，可以使管理人员和工人双方都把注意力从分配盈利转移到增加盈利的数量上来。通俗地说，企业的全体成员要树立一种友好、合作、团结一心共同做"大蛋糕"的思想。

即学即练

泰罗科学管理理论的实际运用

以小组为单位,选择一家比较熟悉的企业,结合这家企业的实际情况讨论:应该如何在管理实践中运用泰罗科学管理理论的主要观点?例如:在工时研究和动作研究方面如何运用?在计划职能与执行职能相分离方面如何运用?在挑选"第一流工人"方面如何运用?在共同做"大蛋糕"方面如何运用?

二、一般管理理论

法约尔一般管理理论

亨利·法约尔(Henry Fayol)是法国的管理实践家和管理学家,管理过程学派的创始人,被后人称为"一般管理理论之父"。法约尔从"办公桌前的总经理"出发,以企业整体作为研究对象。他认为管理理论是指"有关管理的、得到普遍承认的理论,是经过普遍经验检验并得到论证的一套有关原则、标准、方法、程序等内容的完整体系"。《工业管理与一般管理》是其最主要的代表作,该书的完成标志着一般管理理论的形成。

该理论的主要内容有:

(一)企业经营的基本职能活动

即学即问

■ 请找一家你感兴趣的公司,给大家分享它的成功之路。它在发展过程中是如何进行经营管理的?企业经营的基本职能活动在其中发挥了哪些作用?

法约尔指出,经营和管理是两个不同的概念,任何企业的经营都存在着六种基本职能活动,管理只是其中之一,这六种基本职能活动包括:

(1)技术职能活动:指生产、制造、加工等活动。

(2)商业职能活动:指采购、销售和交易等活动。

(3)金融职能活动:指资金筹措、资本管理等活动。

(4)安全职能活动:指员工及财务安全保护等活动。

(5)财务职能活动:指完成财产清单、资产负债表、成本、统计等活动。

(6)管理职能活动:指计划、组织、指挥、协调和控制活动。

它们既彼此独立又相互依托,例如,技术职能活动无法在没有原材料,无法确认产品销路、资金、安全性和预见性的情况下独立存在。

(二)管理人员能力的相对重要性

法约尔认为,企业经营的这六种基本活动在任何组织、任何层次中都会不同程度地存在，因此，组织中不同层次的工作人员都应根据自己任务的特点，拥有不同程度的匹配六种基本职能活动的知识和能力。以大型工业企业为例，对其中不同层级人员应具备的各种能力的相对重要性可进行赋分，如表 2-1 所示。

表 2-1 大型工业企业中不同层级人员应具备的各种能力的相对重要性[1]

人员类型	能力的相对重要性 /%						
	技术	商业	金融	安全	财务	管理	总价值
工人	85	—	—	5	5	5	100
工长	60	5	—	10	10	15	100
车间主任	45	5	—	10	15	25	100
分厂厂长	30	5	5	10	20	30	100
部门经理	30	10	5	10	10	35	100
经理	15	15	10	10	10	40	100
总经理	10	10	10	10	10	50	100

法约尔认为，"在各种类型的企业中，低层级员工的基本能力是具有该公司特征的专业能力，而领导者的基本能力则是管理能力"。不同层级的管理人员应具备相应的、不同的能力结构。这被称为"法约尔法则"。

（三）管理人员能力的优化与培养

法约尔提出了管理学中的一个重要课题——管理人员能力的优化与培养。它提供了如何选择、培养管理人员的依据，并促进管理教育的实施。法约尔认为，人们或多或少地需要管理知识，对家庭或国家事务而言，管理能力的需求与事务的重要性有关；对个人而言，如果其职位越高，管理能力就越重要。他认为人的管理能力可以通过教育来获得，应该像技术能力一样，首先在学校里学习，然后在生产车间得到。

除了提出管理教育的必要性和可能性，法约尔还认为企业经营的六种基本职能活动都建立在以下的素质和知识上。

（1）生理素质：健康、精力充沛，敏捷。

（2）智力素质：理解和学习能力、判断能力、脑力、头脑的灵活性。

（3）道德素质：包括毅力、承担责任的勇气、创新精神、献身精神、自尊等。

---

1 亨利·法约尔. 工业管理与一般管理［M］. 迟力耕，张璇，译. 北京：机械工业出版社，2021.

(4) 综合文化素质：具备各种非专业领域知识的素质。

(5) 专业知识：与专门职能相关，即涉及技术、商业、金融等职能的专业知识。

(6) 经验知识：即从实践总结的认识，是人们在实践中取得的经验教训。

（四）管理活动的五大要素

法约尔将管理活动分为计划、组织、指挥、控制和协调五大要素，并进行了相应的分析和讨论。

(1) 计划：预见未来和拟订行动计划。

(2) 组织：建立一个双重性机构，它既有物质性也有社会性。

(3) 指挥：让人们去执行。

(4) 控制：遵照已有规则和既定程序，监督事务的运行。

(5) 协调：沟通、联合，并使所有行为和力量达到和谐统一。

法约尔认为，管理职能并非一种专有特权，也不是某个负责人或企业领导的个人责任。和其他职能一样，这是一种由组织领导和组织所有成员共同行使的职能。

（五）管理的十四条基本原则

法约尔根据自己的管理经验提出了一般管理理论的十四条基本原则。

(1) 劳动分工。劳动分工的目的是在同样的付出下能够得到更多更好的产出。

(2) 权力与责任。权力是让他人服从的指挥权，但权力必须与责任相符。

(3) 纪律。纪律是遵守协议，要求人们服从、勤勉，做出行动并表现出相应的尊重，同时纪律一视同仁，最高领导者和下属员工都要遵守。

(4) 统一指挥。不管什么行动，下属都应该只听从一位领导者的命令，这是一项普遍必要的原则。

(5) 统一领导。为达到一个共同目标，由一位领导者按照统一规划，领导并协调全体成员行动，达到统一行动、调配力量、集中优势的效果。统一领导是一个领导者，一个计划；统一指挥是下属只能服从一位领导者的命令；人们通过建立完善的社会组织来实现统一领导，统一指挥则取决于组织中的个人如何发挥作用。

(6) 个人利益服从于整体利益。员工的个人利益或团体利益不能凌驾于组织的整体利益之上。

(7) 人员报酬。这是员工付出劳动的回报价格，要尽可能公正，让员工和组织都满意。

(8) 集中。集中在企业中或多或少地存在，集中还是分权是一个单纯的尺度问题，重要的是找到企业适合的尺度,即能否使总收益最大化。

(9) 等级链。指从最高层权力机构到最低层下属的一系列领导层级。

(10) 秩序。包括物质秩序和社会秩序。物质秩序是指"每件东西都有一个位置,每件东西都在其位置上"。社会秩序是指"每个人都有一个位置,每个人都在他的位置上"。社会秩序原则在国家管理中应用得相当广泛,它是国家对公民整体及个体的责任。

(11) 公平。每一个管理者对自己的下属人员都必须怀有善意并保持公正。

(12) 人员的稳定。繁荣的企业的管理层是稳定的,不景气的企业的管理层是不稳定的,不稳定是公司运营不良的因和果。

(13) 创新精神。除了领导应具备创新精神外,全体员工的创新精神也是必要的,应尽可能鼓励和发展创新能力。

(14) 团结精神。要注意保持和维护企业成员之间、企业与其他组织之间的团结协作关系,形成和谐的气氛。

法约尔强调,上述原则能指明道路,但它们在管理工作中不是死板和绝对的东西,在实际管理过程中要注意尺度的把控。

即学即练

一般管理理论的实际运用

请选择一家比较熟悉的企业中的某一岗位,对照一般管理理论中"不同管理层级的管理者应具备的能力"的相关知识,为岗位能力进行赋分,填写表2-2。

表2-2 岗位能力

岗位名称	能力的相对重要性/%							
	技术	商业	金融	安全	财务	管理	总价值
							100分

完成后,把结果分享到课堂上,并解释赋分理由。

三、组织理论

马克斯·韦伯(Max Weber)是德国社会学家、经济学家和德国古典管理理论的代

韦伯组织理论

表人物,被称为"组织理论之父"。韦伯在他的代表作《社会组织与经济组织理论》一书中提出了理想的行政组织体系理论,他认为管理权力应赋予职位而非个人。

(一) 权力的形式

韦伯指出,任何组织都必须以某种形式的权力作为基础,这样才能实现目标。权力有三种:传统的权力、理性的权力、超凡的权力。传统的权力依靠世袭得来,不是按能力挑选的,其管理是为了保存过去的传统,因此传统的权力的管理效率比较差。超凡的权力则带有过重的感情色彩,并且是非理性的,不依据规章制度管理。只有介于中间的理性的权力才适宜作为理想组织体系的基础,才是最符合理性的高效率组织结构形式。

(二) 理想组织模式

韦伯所描述的理想组织模式被称为官僚管理体制。韦伯认为官僚管理体制是实施统治和管理最合理的形式,它可以广泛适用于各种管理形式和大型组织,包括国家机构、企业、学校、军队和各种团体等。他提出了组织模式理性设计的四个原则:权力、职位、非个人性、法律。这四个原则以最理性的方式预先假定了法律和权力的概念,明确地划分了权力与职位的关系,权力是非个人的,必须在法律的界定下确定权力与职位的概念。

该理论认为,组织最为根本的功能就是提高效率,而如何提高组织效率是管理者必须回答的问题。韦伯正是从组织效率出发,找到了影响组织效率的核心要素——合法的权力,这是决定组织管理的核心。韦伯提出,权力赋予职位而非个人,组织管理在分权体系设计下发挥了应有的作用,使得个人能够借助组织管理的力量发挥最大的功效。韦伯提出的理想行政管理体制经过了时间的验证,成为现代组织管理体制的基础之一,同时也奠定了其在古典管理理论中的地位。

第二节 行为科学管理理论

行为科学管理理论始于20世纪早期的霍桑实验,该实验研究的结果表明,工人的工作动机和行为并不仅仅为金钱收入等物质利益所驱使,他们不是"经济人",而是"社会人",有社会性的需要。由此人际关系理论出现,这是行为科学管理理论的初期成果。后来这门综合性学科定名为"行为科学"。其中的代表理论有人际关系理论、X-Y理论和超 Y 理论等。

一、人际关系理论

乔治·梅奥（George Mayo）是哈佛大学心理学教授、行为科学家、人际关系理论的创始人。1924—1932 年，梅奥应邀参加并主持了著名的霍桑实验，该实验主要研究了工作条件、社会因素与生产效率之间的关系。基于一系列实验分析结果，梅奥等人第一次总结出影响员工生产积极性的社会与心理方面的因素，探讨了人际关系因素在生产与管理中的作用，发现人际关系中的关键活动是激励。

在此基础上，梅奥于 1933 年出版代表作《工业文明的人类问题》，正式创立了人际关系理论。梅奥在管理学理论方面的贡献在于提出了这种以人为本的管理思想。

人际关系理论的主要内容有：

1. 工人是社会人

当时西方企业管理的出发点是把人当作"经济人"，认为金钱物质是激励工人积极性的唯一动力。梅奥则认为企业管理的出发点应该把人当作"社会人"，激励人的工作积极性的因素，除物质条件外，还有社会、心理等因素，而且社会和心理因素等方面对效率会产生更大的影响。

2. 企业中存在着"非正式组织"

在企业中必然存在着正式组织和非正式组织。非正式组织是企业成员由于具有共同的社会感情而形成的非正式团体，由于存在某种共同感情，它会左右着非正式组织成员的行为和态度。因此企业要正视非正式组织的存在，非正式组织会影响生产效率的提高，要充分发挥非正式组织的积极作用。

3. 新型领导能力在于营造良好的工作氛围，从而提高员工满意度

新型领导能力在于通过满足员工心理需求来达到提高劳动生产率和工作效率的目的，需要在使正式组织满足员工的经济需求与使非正式组织满足员工的社会心理性需求之间保持平衡。提高生产效率的主要途径是营造良好的工作氛围，处理好群体人际关系，提高员工对团队和公司的满意度，从而提高生产效率。激励要以团队精神为导向，重视非正式组织的积极作用，通过合理的人际关系管理既能满足个人需求，又能实现团队和组织的目标。

人际关系理论提出了以人为本的重要思想，开辟了管理理论的新领域，弥补了以往管理理论忽视"人的因素"的不足,并为以后行为科学管理理论的发展奠定了基础。

二、X-Y 理论

美国心理学家道格拉斯·麦格雷戈(Douglas McGregor)于 1960 年在其著作《企业的人性面》中提出了 X-Y 理论,该理论研究人们工作的原动力,由两种完全相反的假设组合而成。其中,X 理论认为人们有消极的工作源动力,而 Y 理论则认为人们有积极的工作源动力。

(一) X 理论

1. X 理论的人性假设

(1) 人类本性懒惰,厌恶工作,会尽可能地逃避工作。

(2) 绝大多数人生来就缺乏进取心,宁愿听从指挥也不愿承担责任。

(3) 多数人必须用强制办法乃至惩罚手段,才能使他们为达到组织目标而努力。

(4) 激励只在生理和安全的需要两个层次上起作用。

(5) 绝大多数人只有极少的创造力。

2. X 理论的管理要点

该理论认为,企业管理的唯一激励办法就是以经济报酬来激励生产——只要增加金钱奖励,便能取得更高的产量。基于这种理论出发的管理措施倾向于两点:一是重视满足员工生理和安全的需要;二是重视惩罚,X 理论认为惩罚是最有效的管理工具。

麦格雷戈认为,X 理论传统观点脱离现代化的政治、社会与经济的因素,是极为片面的。这种软硬兼施的管理办法会导致员工的敌视与反抗。

(二) Y 理论

Y 理论是将个人目标与组织目标相融合的理论观点,与 X 理论相对立。

1. Y 理论的人性假设

(1) 要求工作是人的本性,如果给予适当机会,人们就会喜欢工作,并渴望发挥其才能。

(2) 多数人愿意对工作负责,他们寻求发挥能力的机会。

(3) 人对于自己新参与的工作,能实行自我指挥与控制。

(4) 激励在需要的各个层次上都起作用。

(5) 大多数人都具有解决组织问题的丰富想象力和创造力。

2. Y 理论的管理要点

Y 理论从人是"积极主动工作的人"的观点出发，其激励办法有：① 扩大工作范围；② 把人安排到具有吸引力和富有意义的岗位上工作；③ 工作之后满足人的自尊和自我实现的需要；④ 管理要把信任和责任最大限度地交给工作者，使员工自我激励。管理者只要激发员工的内驱力，实行自我控制和自我激励，在条件适合的情况下就能实现组织目标与个人需要相统一的理想状态。

综上，X 理论把人的行为视同于机器反馈，需要外力作用才能产生；Y 理论把人视为一个有机的系统，其行为不仅受外力影响，而且受内力影响。这是两种不同的价值观念。Y 理论与中国古代"人之初，性本善"的观点相似，认为人都是有良心和自觉性的，只要条件合适，员工就会努力地工作。不能仅靠苛刻的管理制度和惩罚措施提高员工的工作效率。如果企业能够采取正确的激励措施，员工不仅能够在工作中约束自己，自觉地完成所分配的工作任务，而且会发挥自己的潜能。近几十年来，Y 理论越来越受到管理者的重视。

三、超 Y 理论

美国管理心理学家约翰·莫尔斯（John Morse）和杰伊·洛希（Jay Lorsch）根据"复杂人"的假设，在 X-Y 理论的基础上进一步深入研究，于 1970 年提出了一种新的管理理论——超 Y 理论。

（一）超 Y 理论的人性假设

该理论的人性假设主要有：

(1) 人们带着许多不同的需要和动机加入组织，但最主要的是实现其胜任感。

(2) 由于人们的胜任感有不同的满足方法，所以对管理要求也不同，有人适用 X 理论管理方式，有人适用 Y 理论管理方式。

X-Y 理论和超 Y 理论

(3) 组织结构、管理层次、职工培训、工作分配、工资报酬和控制水平等管理要素都要随着工作性质、工作目标及人员素质等因素而定，才能提高绩效。

(4) 一个目标达成后，就会产生新的更高的目标，然后进行新的组合，以提高工作效率。

(二)超 Y 理论的管理要点

该理论认为,没有一成不变、普遍适用的最佳管理方式,必须根据组织内外环境自变量和管理思想、管理技术等因变量之间的函数关系,灵活地采取相应的管理措施,管理方式要适合于工作性质、成员素质等要素。

超 Y 理论认为要善于发现员工的需要、动机、能力、个性方面的差异,因时、因地、因人、因事地采取灵活多变的管理方式和奖励方式。

❖ 即学即练

X-Y 理论的实际运用

以个人为单位,对照 X-Y 理论的人性假设要点进行自我评估,完成表 2-3 和表 2-4。完成后请思考并讨论:在现代管理中如何应用 X-Y 理论?

表 2-3 X 理论评估

X 理论人性假设要点	不符合	一般	较符合
人类本性懒惰,厌恶工作,会尽可能地逃避工作			
绝大多数人生来就缺乏进取心,宁愿听从指挥也不愿承担责任			
多数人必须用强制办法乃至惩罚,才能使他们为达到组织目标而努力			
激励只在生理和安全的需要两个层次上起作用			
绝大多数人只有极少的创造力			

表 2-4 Y 理论评估

Y 理论人性假设要点	不符合	一般	较符合
要求工作是人的本性,如果给予适当机会,人们就会喜欢工作,并渴望发挥其才能			
多数人愿意对工作负责,他们寻求发挥能力的机会			
人对于自己新参与的工作目标,能实行自我指挥与控制			
激励在需要的各个层次上都起作用			
大多数人都具有解决组织问题的丰富想象力和创造力			

第三节　现代管理理论

一、现代管理理论的主要学派

第二次世界大战后，科技与生产力水平迅速提高，企业规模越来越大，国际化进程加速，这一切都给管理工作提出了许多新问题，引起了人们对管理的普遍重视。除管理工作者和管理学家外，其他领域的一些专家，如社会学家、经济学家、生物学家、数学家等都纷纷加入了研究管理的队伍，他们从不同角度出发，用不同方法来研究管理理论，管理理论研究出现了各种学派，呈现了"百花齐放、百家争鸣"的繁荣景象。在此背景下著名管理学家哈罗德·孔茨（Harold Koontz）发表《管理理论的丛林》和《再论管理理论的丛林》两篇文章，对当时出现的管理理论进行梳理分析，列出当时现代管理理论的主要学派，包括：管理过程学派、决策理论学派、系统管理学派、管理科学学派、权变理论学派、社会系统学派、社会技术系统学派、经验主义学派、人际关系学派、群体行为学派、经理角色学派等。因篇幅有限，本节只介绍前五个具有代表性的学派。

（一）管理过程学派

管理过程学派的代表人物是法约尔和孔茨。管理过程学派又称管理职能学派。其主要观点是聚焦管理职能而展开的。

（1）该理论把管理划分为相关联的职能，适用于不同类型组织的不同管理阶层。

（2）管理者的工作就是执行这些职能的过程。

（3）该理论对这些管理职能进行了分析研究，总结出一些基本管理原理，并把新的方法和思想容纳到管理职能当中去，指导管理实践工作。

（4）建立以管理职能为架构的管理过程理论体系。

（二）决策理论学派

决策理论学派的代表人物是管理学者赫伯特·西蒙（Herbert Simon），他的代表作是《管理决策新科学》。决策理论是以社会系统理论为基础的，后面又融入行为科学、运筹学和计算机科学等学科的内容。该理论学派的学者们认为管理以决策为特征，管理理论应围绕决策这个核心来建立。

决策理论学派的主要观点包括：

（1）管理就是决策，决策是管理的核心，贯穿管理的全过程。

（2）系统地阐述了决策的原理，对决策的程序准则、程序化和非程序化决策的异同、决策技术等做了科学分析。

（3）提出用"满意标准"来代替传统决策理论的"最优化标准"。

（4）组织中经理人员的重要职能就是做决策。

（三）系统管理学派

系统管理学派侧重以系统观点考察组织的结构及管理的基本职能，其代表人物是美国的管理学家弗里蒙特·卡斯特（Fremont Kast）和詹姆斯·罗森茨韦克（James Rosenzweig）。系统管理理论提出了有关整体和个体组织及其运营的观念体系：组织是人们建立起来的相互联系着的并共同运营的要素（子系统）所构成的系统；任何子系统的变化均会影响其他子系统的变化；系统具有半开放特性——既有自己的特性，又有与外界沟通的特性。

系统管理学派的主要观点包括：

（1）组织由许多子系统组成。组织作为一个开放的社会技术系统，是由五个不同的子系统构成的整体，包括：目标与价值子系统、技术子系统、社会心理子系统、组织结构子系统和管理子系统。这五个子系统之间既独立又相互作用，构成一个不可分割的整体。这些子系统还可以继续分为更小的子系统。

（2）组织是社会大系统中的一个子系统，因此不可避免地会受到周围环境的影响，同时也影响着外部环境，且在与环境的相互影响下达到自身的动态平衡。

（3）管理必须建立在系统的基础上，管理要善于将各种资源要素结合起来，从组织的整体出发，研究组织各部分之间及与外部环境的关系，做出正确的决策并进行组织与协调。

（四）管理科学学派

管理科学学派又称计量管理学派、数量学派，是泰罗的科学管理理论的延续与发展。1939年，美国曼彻斯特大学教授帕特里克·布莱克特（Patrick Blackett）组建了一个运筹学小组，这标志着该学派的正式成立。

由于现代科学技术的发展，一系列的科学理论和方法被引入管理学领域。管理科学可以说是现代的科学管理，其基本特征是：以系统的观点，运用数学、统计学的方法和计算机技术，为现代管理决策提供科学的依据，解决各项生产、经营问题。

管理科学学派提倡采用科学的方法，探求最有效的工作方法或最优方案，以达到最高的工作效率，以最短的时间和最小的支出得到最大的效益。管理科学的研究突破了操作方法和作业研究的范围，向整个组织的所有活动方面扩展，要求进行整体性管理，从而提高管理的经济效率。

（五）权变理论学派

权变理论学派是20世纪60年代末至70年代初发展起来的管理理论。权变理论认为，在组织管理中要根据组织所处的环境和内部条件的发展变化随机应变。权变管理就是依托环境因素、管理思想及管理技术因素之间的变化关系来确定的一种最有效的管理方式。该学派代表人物弗雷德·卢桑斯（Fred Luthans）在其著作《管理导论：一种权变学》中系统地概括了权变管理理论的主要观点：

（1）权变理论要把环境对管理的作用具体化，并使管理理论与管理实践紧密地联系起来。环境可分为外部环境和内部环境。外部环境又可以分为两种：一种由社会、技术、经济和政治、法律等所组成；另一种由供应者、顾客、竞争者、员工、股东等组成。内部环境基本上是正式组织系统，它的各个变量与外部环境各变量之间是相互关联的。

（2）环境是自变量，而管理的观念和技术是因变量。在某种环境条件下，为了更快地实现目标，就要采用某种管理原理、方法和技术。例如，在经济衰退时期，企业在供过于求的市场中经营时应采用集权式的组织结构，这样更适于达到组织目标；在经济繁荣时期，企业在供不应求的市场中经营时应采用分权的组织结构，这样会更有利于抓住机会。

（3）环境变量与管理变量之间的函数关系就是权变关系。权变理论为人们分析和处理各种管理问题提供了一种十分有用的方法。它要求管理者根据组织的具体条件及其面临的外部环境，采取相应的组织结构模式、领导方式和管理方法，以灵活地处理各项具体管理业务。

二、当代管理理论的新发展

进入20世纪70年代以后，企业管理变得更加复杂，管理理论在技术的高速发展中得到联动发展，促进了新的理论与思想的产生。在当代管理理论演变进程中，形成了很多特色理论，如Z理论、竞争战略理论、企业再造理论等。它们极大地丰富了管理理论体系，引导着管理实践的发展。

(一) Z 理论

管理学者威廉·大内（William Ouchi）在其著作《Z 理论》中提出了同名理论，该理论的主要研究内容为人与企业、人与工作的关系。

大内认为，通过在组织中进行 Z 理论的运用最终可以形成合理的 Z 型组织，Z 型组织具有以下特点：

(1) 畅通的管理体制。管理体制应保证下情充分上达；应让员工参与决策，及时反馈信息。特别是在制定重大决策时，应鼓励一线员工提出建议，然后再由上级集中判断。

(2) 基层管理者享有充分的权利。基层管理者对基层问题要有充分的处理权，还要有能力协调员工们的思想和见解，发挥大家的积极性，商议出集体的建议方案。

(3) 中层管理者起到承上启下的作用。中层管理者要起到统一思想的作用，统一向上报告有关情况，提出自己的建议。

(4) 长期雇佣员工，及时整理和改进来自基层的意见。企业要长期雇用员工，使员工增加安全感和责任心，与企业共荣辱、同命运。

(5) 关心员工的福利。管理者要处处关心员工的福利，设法让员工们心情舒畅，营造上下级关系融洽、亲密无间的局面。

(6) 创造生动的工作环境。管理者不能只关心生产任务，还必须设法让员工们感到工作不枯燥、不单调。

(7) 重视员工的培训。要重视员工的培训工作，注意多方面培养他们的实际能力。

(8) 员工的考核。员工表现的考核面不能过窄，应当坚持长期全面评定员工各方面的表现，作为员工晋级的依据。

大内还提出，在建立 Z 型组织的过程中要重视组织价值观的建设。如果不能认同并接受组织价值、组织目标以及组织观念，那么上述任何一点都无从谈起。如果已经确定的组织价值观不能被实施，那么一切努力都是没有价值的。

(二) 竞争战略理论

哈佛大学商学院教授迈克尔·波特（Michael Porter）提出了著名的"五力模型"和"三大竞争战略"，被称为"竞争战略之父"。他认为，企业战略是一个战略体系，包含有竞争战略、发展战略、技术开发战略、市场营销战略、信息化战略、人才战略以及其他战略，竞争战略是企业战略的一部分。竞争战略是在企业总体战略的制约下，指导和管理具体战略经营单位的计划和行动。竞争战略要解决的核心问题是：如何通过确定顾客需求、竞争者产品及该企业产品这三者之间的关系，来奠定该企业产品在市场上的特定地位并维持这一地位。

1. 五力模型

波特的五力模型对企业战略制定产生了全球性的深远影响，该模型可以用于有效分析客户的竞争环境。五力模型如图 2-1 所示。

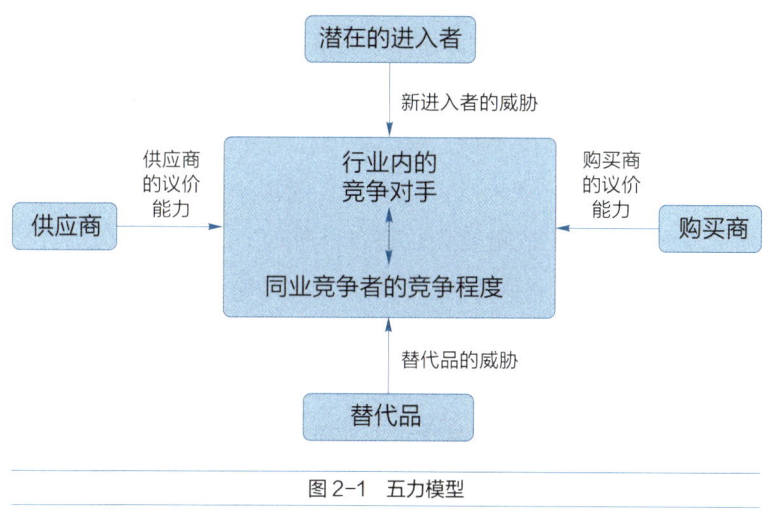

图 2-1　五力模型

五力模型的具体内容包括：

（1）供应商的议价能力。供方主要通过其提高投入要素价格与降低单位价值质量的能力，来影响行业中现有企业的盈利能力与产品竞争力。

（2）购买商的议价能力。购买者主要通过其压低价格与要求厂家提高产品或服务质量的能力，来影响行业中现有企业的盈利能力。

（3）新进入者的威胁。新进入者在给行业带来新生产力、新资源的同时，也希望在市场中赢得一席之地，因此可能会与现有企业发生原材料与市场份额的竞争，最终导致行业中现有企业的盈利水平降低，还可能威胁现有企业的生存。

（4）替代品的威胁。两个处于同行业或不同行业中的企业，可能会由于所生产的产品互为替代品，从而在它们之间产生相互竞争的行为，这种源自替代品的竞争会以各种形式影响行业中现有企业的竞争战略。

（5）同业竞争者的竞争程度。现有行业内企业之间的竞争常常表现在价格、广告、售后服务等方面，其竞争强度与许多因素有关。

这五种竞争能够决定产业的获利能力，它们会影响产品的价格、成本、投资，也决定了产业结构。企业要想拥有长期的盈利能力，就必须了解所处产业的结构，采取对企业有利的产品管理和生产措施。

2. 三大竞争战略

波特认为，在与上述五种竞争力量的抗争中，蕴涵着三种成功的战略思想，如图2-2所示。

（1）总成本领先战略。该战略要求企业必须建立起高效、规模化的生产设施，全力以赴地降低成本，严格控制成本、管理费用及研发、服务、推销、广告等方面的成本费用。为了达到这些目标，企业需要在管理方面对成本给予高度重视，使总成本低于竞争对手。

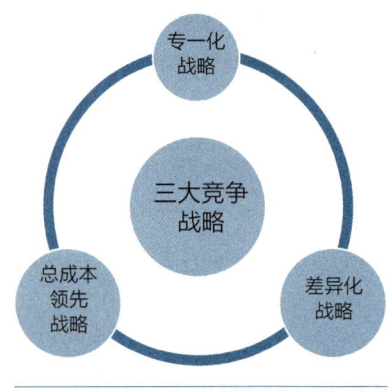

图2-2 三大竞争战略

（2）差异化战略。差异化战略是企业将自己所提供的产品或服务差异化，树立独特性。实现差异化战略可以有许多种方式，如设计名牌形象，保持技术、性能特点，在顾客服务、商业网络及其他方面打造独特性，等等。

（3）专一化战略。该战略是指主攻某一特殊的顾客群、某产品线的一个细分区段或某一地区市场。专一化战略的前提是：企业业务的专一化能够以较高的效率和更好的效益为某一狭窄的战略对象服务，从而超过在较广阔范围内竞争的对手。

波特认为，竞争优势是所有企业战略的核心，企业要获得竞争优势就必须做出选择，必须确定希望在哪个范畴取得优势。全面出击的想法既无战略特色，也会导致表现低于水准，它意味着企业毫无竞争优势可言。

即学即练

了解企业竞争战略

以小组为单位，选择两家比较熟悉的企业，搜索相关资料，分析这两家企业主要采用"三大竞争战略"中的哪些战略？它们之间的战略差异是什么？试总结他们成功或失败的原因。

（三）企业再造理论

管理学者迈克尔·哈默（Michael Hammer）与詹姆斯·钱皮（James Champy）归纳总结出了企业再造理论，该理论的核心是"从头改变，重新设计"。为了跨越性地改善成本、质量、服务、速度等现代企业的重大运营基准，需要对工作流程进行根本性重新思考和彻底改革，从而能够适应新的世界竞争环境。企业再造包括企业战略再造、企业文化再造、市场营销再造、企业组织再造、企业生产流程再造和质量控制系统再造。

企业再造过程需要遵循以下原则：以企业的生产作业或服务作业的流程为审视对象；以效率和效益为中心；以顾客为导向和坚持服务至上的信念；以人为中心。

在企业再造的实施过程中，可以按以下程序进行。

（1）对原有流程的功能和效率进行全面分析，发现其中存在的问题。

（2）设计新的流程改进方案并进行评估。

（3）制定与流程改进方案相配套的组织结构、人力资源配置和业务规范等方面的改进规划，形成系统的企业再造方案。

（4）组织实施与持续改善。

企业再造成功的关键因素主要有：

（1）人的因素。参加企业再造工程的人包括领导者、流程负责人、再造小组、指导委员会、再造总监。

（2）技术的因素。信息技术的充分应用是企业再造的前提。

（3）文化的因素。积极健康的企业文化是企业再造成功的保证。

管理实践

美的集团的发展

在企业经营管理过程中，美的集团秉承"科技尽善，生活尽美"——用科技创造美好生活的经营理念和"唯一的不变就是变"的创新变革理念，大力推行企业内部的股份制改革，积极实行股东、董事会、经营团队分设的经营模式，开创了民营企业股权改制、股权激励、职业经理人和现代化企业改革等方面的先河。美的是我国第一家由乡镇企业改组而成的上市公司，从一个街办塑料生产组发展壮大为海内外拥有16万名员工、近200家子公司、60多个海外分支机构的世界500强科技集团。

正是敢于尝试进行管理理论、理念和方法的运用与创新，美的组织管理状态一直处于顺畅并保持活力状态。如持续关注公司治理架构的搭建，建立超事业部制组织结构形式；建设集权、分权体系；建立以现代企业制度为基础的职业经理人管理体制等。美的的每个职业经理人都很清楚，职位意味着责任，同时也意味着权利，职位明确、责任明确、激励明确的组织管理体系成就了美的集团。

2012年以来，移动互联网不断重构各行各业，美的以变应变，续写出新的管理篇章，积极推动战略、商业模式、经营策略、组织与机制的不断变革。以全面预算为核心的经营管理体系确保美的经营效率持续提升，同时坚持在事业部组织模式下持续推进管理简单化、干部队伍年轻化，确保组织和团队活力。美的高度重视人才的引进和培养，营造开放、公正、公平的工作环境，提供平台和资源，激励员工创造价值和成就自我，实现个体与企业共同发展。

在先进管理和技术的创新发展下，美的顺利实现从制造到智造的数字化转型。顺应智造转型的浪潮，美的正在开启机器人产业新赛道的竞逐。美的先后收购了德国库卡机器人、以色列高创等企业，从家电产业大举进军机器人产业。美的库卡智能制造科技园是美的推进国际机器人技术在中国落地的首个重要成果。

（资料来源：美的集团官网，2022年6月整理，引文有删改。）

思考：
1. 美的在发展壮大过程中是如何运用管理理论和方法的？
2. 查找并分享通过不断改进管理，保障企业健康发展的其他成功企业案例。

第四节　中国企业管理理念与实践创新

一、持续发展的管理思想

中国古代管理思想是在中国长期的农业社会环境下孕育产生的，以中华民族的优秀传统文化为核心，以儒家思想为背景的管理文化思想，是中国传统文化精华与管理实践相结合的产物。中国传统文化的核心是人文精神，以安邦定国为主，以人为核心，强调整体的协同性。

从人类生产活动产生开始到公元前221年秦始皇统一中国的历史时期，是中国古代管理思想的初步形成和奠基阶段。《尧典》记载着尧、舜、禹的"禅让"故事，反映了原始公社制度的权位继承情况，这在一定程度上起到了权力制衡作用，避免了权力的绝对化和腐朽化，也在一定程度上提供了"协和万邦"、大治天下的施政条件。

中国先秦时期传统典籍《周易》提出了经权思想。其中，"经"指的是《周易》中的"不易"，即管理中普遍的、稳定的原则；"权"指的是《周易》中的"变易"，即根据时空和态势变化而不断改变着的方法和策略。

儒家提出了人本思想。即"民为贵，社稷次之，君为轻"，要求"贤人管理"和

"任人唯贤",秉持"仁爱",进行"德治",用"仁"的思想感化人,要求上司要以"仁"善待下属,下属对上司要讲"忠",平等的人与人之间要讲"义"。追求社会的普遍和谐是儒家管理思想的目标。

墨家提出了"兼相爱,交相利"的人际关系管理思想。这是墨家管理思想的核心内容,墨子提倡人与人之间不分远近亲疏和国别的"兼爱"。认为利益是相互的,只有人们各不相害,彼此互利,把个人利益建立在整体利益之中,才能实现富国安民的愿望。

在治理国家和社会管理过程中,道家提出了效仿自然之道,"无为而治"的管理思想。老子认为"人法地,地法天,天法道,道法自然",这种"道源于自然"的管理的本质是遵守自然之道,运用自然之道来达到管理的目的。

法家提出了"法治"管理思想,用法律规范人们的行为,通过"以法治国",做到"君必有明法正义",以达到"强弱不觳力,冰炭不合形,天下莫得相伤,治之至也"的最佳管理水平。

中国古代思想渊源悠久,很多论述都被中外管理者视为行动的格言,例如,早期的禅让制度与西方19世纪初科学管理理论中的组织理论思想的核心相通。又如,在当今的不确定性时代,唯一的不变是变化,这与经权思想与权变理论的观点存在共同点。而儒家以人为本的思想与许多管理学派思想出发点是一致的,在管理过程中重视人的因素,既重视人与人之间的和谐,也重视人与自然社会之间的和谐。墨家思想与西方科学行为管理理论的人际关系理论存在相同点,都重视人的因素,在管理过程中基于人性假设出发进行管理。道家无为而治的思想与法家法治思想对企业管理制度规范都提供了一定的指导。

通过提炼归纳,中国管理思想基本观点可以概括为以下几点:

(1) 人本观。人本观是中国古代管理思想的核心,是指把人作为管理活动的出发点和归宿,以伦理关系为基础,以道德和教育为轴心的一种人本主义型的管理。

(2) 平衡适度观。平衡适度观是中国管理行为的信条和管理控制过程的标准。有管理学者认为,中国管理行为的信条是"中也者,天下之大本也;和也者,天下之达道也"。中国管理控制过程的标准和规范是"不偏不倚,无过不及"。

(3) 整体观。整体观是中国管理思想的基础。要求把管理作为一个统一的整体和过程,以力求达到社会与自然、管理系统与外部环境、管理组织内各种组成和状态的最佳和谐为目标,把管理的各个要素和功能组成为一个统一的有序结构。

(4) 协和观。协和观是中国管理思想的灵魂,以追求管理系统的协调、和谐、稳定为目标。在生产管理上实现"天人合一",在社会管理上实现"天下一家",在人事管理上实现"知行合一"和"情理合一"。

（5）经权观。经权观是中国管理思想的规范。管理的经权观的理论根据就是《易》的三易：变易、不易和易简。以"不易"的"经"作为判断的准绳，以变易的"权"来达成最优的决策，并以易简中的"简"（即最简要明确的原则）让群众易知易行，形成共同的管理行动。

中国企业在改革开放过程中发扬民族精神，在博大精深、厚重的传统文化土壤里不断吸收运用这些管理思想，同时不断地借鉴世界先进管理思想并进行创新，因融会贯通而发展壮大。这样，我们的企业就能发展成国家经济社会发展的重要经济组织，跻身世界一流，为人类提供优秀的产品和服务。

即学即问

■ 如何在现代企业组织的管理中传承中国管理思想？请举例说明。

二、传承创新的管理实践

中国企业在改革开放过程中努力践行中国管理思想，积极运用中华民族的文化理念和方法论，在经济全球化发展进程中不断地融汇中西方管理思想，以锐意进取、开拓创新的企业家精神不断地发展壮大。

制造业是立国之本、强国之基。国家《"十四五"智能制造发展规划》明确提出，要建设智能制造示范工厂。2022年2月工业和信息化部、发展改革委等4部委公告了2021年度智能制造示范工厂揭榜单位和优秀场景名单，110家智能制造示范工厂和241个智能制造优秀场景上榜。在这份名单中除了制造业龙头企业，还有诸多中小企业的身影。这标志着我国工业制造进入新的发展阶段，工业经济的发展逻辑正在从"规模扩张"转向"专精特新"，大量具有"专业化、精细化、特色化、创新化"特征的中小企业做优做精做强优势产品，向高端产业链进军。

近年来，进入世界500强榜单的中国企业数量持续增长，先后超越德国、法国、英国和日本，并在2019年达到129家，首次超越美国。2021年中国企业上榜数量再创新高，达到143家。自1995年《财富》世界500强排行榜发布以来，还没有任何一个国家或地区的企业数量能在排行榜中如此迅速地增加。这些中国企业的成绩有目共睹，它们在人类社会经济发展中一直努力展示"中国自信"，贡献"中国方案"。

 管理思辨

有观点认为，"标杆企业不是经济体量最大的企业，也不是市值增长最快的企业,更不是创业者富可敌国、风光无限的企业,而是在企业发展史和管理思想史上契合历史规律、引领时代潮流、服务人类福祉且具有智慧与时代标志性意义和模式内涵的企业"。

请讨论:什么样的企业可以称得上标杆企业?标杆企业具有哪些管理特点?

近年来,一批优秀的中国企业在管理思想、方法和技术上大胆创新,亮点纷呈。例如,自2005年在全球经理人年会上首次提出"人单合一"这一概念以来,海尔在管理模式上不断创新,经历了三次迭代和突破。"人单合一"从1.0到3.0的变化如表2-5所示。

表2-5 "人单合一"从1.0到3.0的变化

阶段/时间	人	单	自主经营单位	海尔精神(作风)
"人单合一"1.0 (2005—2012年)	员工(在册 与在线)	用户价值	自主经营体 (利益共同体)	创造资源,美誉全球; 人单合一,速决速胜
"人单合一"2.0 (2012—2019年)	全球创客	用户价值	小微企业	诚信生态,共享平台; 人单合一,小微引爆
"人单合一"3.0 (2019年至今)	全球创客	用户价值	小微链群	诚信生态,共赢进化; 人单合一,链群合约

最新的"人单合一"模型分为3个层次,共包括9个核心要素,如图2-3所示。

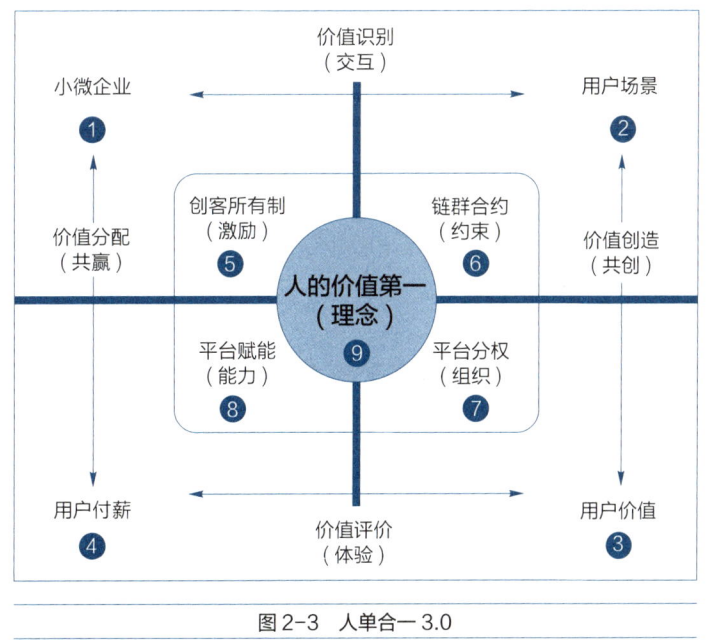

图2-3 人单合一3.0

其中，第一个层次为价值创造体系，主要包括小微企业、用户场景、用户价值和用户付薪；第二个层次为价值支持体系，主要包括创客所有制、链群合约、平台分权和平台赋能这4个核心要素；第三个层次是价值哲学，即"人的价值第一"理念，这是"人单合一"管理模式的灵魂。

海尔倡导以价值创造者为尊，将组织转化成自驱动的平台生态系统，最大限度地激发员工潜能，围绕顾客需求来创造，进而实现每个人的自我价值。"人单合一"已经发展为互联网时代的一种平台企业管理模式，它帮助海尔在推动组织变革的同时实现了业绩的同步增长。海尔在变革中坚持第一性原理，践行中国古代管理思想文化"人本观"的理念，高度重视人的因素，重视人与组织之间的和谐发展，充分调动了每个人的积极性，让每个人都成为自己的CEO（首席执行官），让每个人的价值最大化，践行个体与组织共同成长的管理理念。

即学即问

■ 还有哪些中国企业践行了管理理念创新？请举例说明。

创新对组织和企业而言是重要基石，是组织和企业的发展利器，是延长组织生命周期的核心要素。比亚迪是我国创新型企业之一，是一家致力于"用技术创新满足人们对美好生活向往"的高新技术企业。通过践行"与员工、社会、相关方、自然共赢"的可持续发展理念，比亚迪新能源汽车实现了从单品到全系列的巨大成就，也因此先后获得了联合国"能源特别奖"、彭博"最具创新力公司"、商业周刊"亚洲之星"等荣誉。比亚迪的管理思想体现了我国传统管理思想的人本观和协和观，它重视人与自然社会的和谐发展，与国家、社会、用户共同前进，通过大胆创新而努力实现争创世界一流企业的宏观组织管理目标。

除此之外，包括华为、格力、福耀玻璃、中国平安等中国企业在管理实践中努力践行中国管理思想，将中西方的先进管理思想融合创新，与自身的特点有机结合，运用这些科学理论指导企业的发展，在实践中持续地为管理思想的创新和人类社会的发展贡献中国智慧。

课后习题

一、单选题

1. 法约尔指出任何企业的经营都包括六种基本活动，（　　）只是其中之一。

   A. 变革　　　　　　　　　　B. 管理

   C. 营运　　　　　　　　　　D. 运转

2. （　　）提出了著名的科学管理理论。
   A. 弗雷德里克·泰罗　　　　　　B. 马克斯·韦伯
   C. 道格拉斯·麦格雷戈　　　　　D. 乔治·梅奥

3. "胡萝卜加大棒"的管理方式是将人看成（　　）。
   A. 社会人　　　　　　　　　　　B. 经济人
   C. 自我实现人　　　　　　　　　D. 复杂人

4. 梅奥等人通过霍桑实验得出结论：人们的生产效率不仅受到物理的、生理的因素的影响，而且受到社会环境、社会心理因素的影响，由此创立了（　　）学说。
   A. 行为科学　　　　　　　　　　B. 人文关系
   C. 社会关系　　　　　　　　　　D. 人际关系

5. 一位公司总裁说："如果我一年内做出十二个决定，那必定是重大的一年。我所做的决定是设定方向和挑选直接向我报告的人。但是，我的工作不是做许多决定，而是花在认定组织将来必须处理的重要课题，帮助其他管理者区别哪类问题应该由他做决策，以及进行组织设计这类高层管理工作上。"这种认识反映的管理原则是（　　）。
   A. 管理幅度原则　　　　　　　　B. 例外管理原则
   C. 等级链指挥原则　　　　　　　D. 权变管理原则

二、多选题

1. 中国的管理思想的观点包括（　　）。
   A. 人本观　　　B. 整体观　　　C. 协和观
   D. 经权观　　　E. 平衡适度观

2. 法约尔将管理活动分为（　　）和指挥五大管理职能。
   A. 计划　　　　B. 组织　　　　C. 激励
   D. 协调　　　　E. 控制

3. X 理论认为（　　）。
   A. 人类本性懒惰，厌恶工作，会尽可能地逃避工作
   B. 绝大多数人生来就缺乏进取心，宁愿听从指挥也不愿承担责任
   C. 多数人必须用强制办法乃至惩罚，才能使他们为达到组织目标而努力
   D. 激励只在生理和安全的需要两个层次上起作用
   E. 大多数人都具有解决组织问题的丰富想象力和创造力

4. 系统管理理论认为组织是由（　　）构成的整体。

A. 目标与价值子系统　　B. 技术子系统　　C. 社会心理子系统

D. 组织结构子系统　　E. 管理子系统

5. 波特认为在与五种竞争力量的抗争中蕴涵着的战略思想有（　　　）。

A. 目标领先战略　　　　　　　　B. 总成本领先战略

C. 差异化战略　　　　　　　　　D. 专一化战略

三、判断题

1. 自有人类集体活动以来就有管理活动。（　　）
2. 泰罗的科学管理是以工厂管理为对象,以提高车间生产率为目标。（　　）
3. 不同层级的管理人员应具备相应的、不同的能力结构。（　　）
4. 超Y理论启示要根据不同的情况,采取弹性、应变的领导方式。（　　）
5. 决策理论学派认为管理具有灵活性,要因地制宜,灵活运用。（　　）

四、简答题

1. 泰罗的科学管理理论的主要内容是什么?这些理论对于我们今天的现代企业管理还适用吗?
2. 梅奥的人际关系理论的主要内容是什么?
3. 请简述科学管理、行为科学等主要管理理论产生的历史背景、优点和局限性。
4. 管理理论丛林主要包括哪些学派?
5. Z型组织具有哪些特点?

综合实训

实训项目　　解决实际餐损问题

实训内容　　运用本章所学的管理理论解决餐馆的实际餐损问题

在餐馆成本中有一笔支出叫作餐损费:盘子打破了,叉子少了,这种损耗不会让客户支付,而是记到门店的损耗当中。这是一个不起眼的小开支,假设每个门店每个月有2万元餐损费,12家门店就是24万元。

实训要求 请以小组为单位进行讨论，如何运用管理理论解决餐馆的实际餐损问题。可参照表2-6的指引，完成实训。

表2-6 管理理论运用表

所运用的管理理论	具体措施
例如：Y理论	例如：开展员工培训，认可每位员工都是愿意负责任的，增强员工的集体荣誉感、参与感和团结感。
古典管理理论	
行为科学管理理论	
过程学派理论	
其他管理理论	

成果及评价
1. 每组能运用多个管理理论提出解决问题的建议。
2. 解决问题的措施要具有一定的可操作性或创新性。
3. 教师对每组实训成果进行评定，对有代表性的实训作业进行点评。

自我测评

通过本章学习，请根据个人学习收获进行自我测评，在相应栏目里打钩。

自我测评项目 （★表示需要关注测评项目）	显著提高	较大提高	略有提高
1. 核心知识点（科学管理理论、一般管理理论、组织理论、人际关系理论、X-Y理论等）的掌握程度★			
2. 运用科学管理理论和观点分析与处理实际管理问题的能力★			
3. 运用行为科学人性假设进行实际案例分析的能力★			
4. 对古典管理理论和行为科学管理理论产生的历史背景、优点和局限性做出基本分析和判断的能力			

续表

自我测评项目 （★表示需要关注测评项目）	显著提高	较大提高	略有提高
5. 养成持续学习与研究前沿先进管理思想的学习习惯（如阅读优秀管理期刊、论文和书籍，持续关注某一企业的成长与发展等）★			
通过本章的学习，你还有哪些收获？可分条列出			
学生签名： 时间：　　年　　月　　日		教师签名： 时间：　　年　　月　　日	

第三章 计划

学习目标

❖ 知识目标

- 了解计划的重要性
- 掌握计划的概念及主要内容
- 熟悉计划的种类及表现形式
- 熟悉并掌握制订计划的程序
- 掌握目标管理的概念、特点与程序

❖ 能力目标

- 能够运用"5W2H"等常用方法制订日常工作计划
- 能够按照计划制定流程开展相关工作
- 能够区分不同计划的制订方法,并通过计划制订对工作进行管理
- 能够运用目标与关键成果法制订各类计划

❖ 素养目标

- 养成事前有计划、事后有总结的良好管理习惯
- 树立既要有远大目标,又要脚踏实地的正确人生理念
- 养成宏观思考组织战略,定期规划和审视自己工作定位的全面思维方式

思维导图

- 计划
  - 计划及其类别
    - 计划的含义、地位和作用
    - 计划分类
    - 计划的表现形式
  - 计划制订的原则和流程
    - 计划制订的原则
    - 计划制订的流程
  - 计划制订的方法
    - 计划表法
    - 甘特图法
    - 平衡记分卡法
  - 目标管理
    - 目标管理的定义和特点
    - 目标管理程序
    - 目标管理应用：目标与关键成果法

学习计划

- 知识学习计划

　

- 技能训练计划

　

- 素养提升计划

◆ 管理探索

探索浩瀚宇宙，是我们不懈追求的航天梦

2019年1月3日，透过嫦娥四号探测器的相机镜头，人们第一次近距离看到了月球背部的模样。当天10时26分，中国嫦娥四号探测器成功着陆在月球背面，并通过"鹊桥"中继星传回了世界上第一张近距离拍摄的月背影像图。这一天，中国代表全人类第一次将探测器送至月球背部。这是中国航天科技集团辉煌成绩的缩影。

中国航天科技集团取得了以载人航天、月球探测、北斗导航等为代表的一系列重大成就，极大地提高了我国的综合国力和国际影响力。党的十八大以来，中国航天科技集团朝着"建设具有国际竞争力的世界一流航天企业集团，推动我国迈入航天强国"的目标阔步前行。"十三五"期间，中国航天科技集团坚守初心，圆满完成了各项目标任务，每年均获得中央企业经营业绩考核A级，五年累计营业收入增长67%，累计利润总额增长78%。展望"十四五"规划，中国航天科技集团将全面开启航天强国建设新征程。

"十四五"期间集团的中远期目标是，2030年将建设成为世界一流的航天企业集团，支持国防和军队现代化建设，推动我国跻身世界航天强国前列。"十四五"期间的主要发展目标包括：到2025年初步建成世界一流航天企业集团，为航天强国建设目标奠定基础；运载火箭、空间飞行器技术水平全面提升，部分领域世界领先；技术创新能力、科研生产能力、产业发展能力、经营管理能力显著增强，形成高质量发展的良好态势。

这样的伟大工程，离不开科学的前瞻规划，也离不开具体、可操作的详细计划及组织分工。管理工作就是要始于计划。

（资料来源：中国航天科技集团官网，引文有删改。）

请思考：

航天工程非常庞大，需要长远而周密的计划，中国航天科技集团是如何制定"十四五"规划的？我们的日常工作和学习是否也需要制订合理的计划？

第一节　计划及其类别

一、计划的含义、地位和作用

（一）计划的含义

在汉语中，计划既是动词也是名词。作为动词，计划是指为了完成某件事情提前进行规划和安排；作为名词，计划代表一种行动结果，通常情况下是一种用文字和指标等形式表示组织或组织成员在未来一定时期内的行动方向、内容和安排的文件。按照计划所包括的各项环节，狭义上的计划仅仅是指制订计划，而广义上的计划是指包括制订计划、执行计划、监督计划、总结提高等环节的完整过程。计划既存在于组织各个层次的管理活动中，也存在于每个人的学习、生活与工作中。

一个完整的计划通常包括"5W2H"，这既是内容也是方法。

- What——做什么？即明确计划的具体内容和任务目标。
- Why——为什么做？即明确计划制订的背景、原因、目的，并论证其可行性。
- When——何时做？即明确计划中各项工作的开始和完成时间，以便对管理进程开展控制，及时平衡组织的各项资源。
- Where——何地做？即明确计划实施地点或场所，了解计划实施的环境条件和限制，以便合理安排计划实施的空间和布局。
- Who——谁去做？即明确计划内容的主要负责人及分工情况。
- How——怎么做？即明确实现计划的措施和手段，以及相应的政策。
- How much——成本多少？即明确实现计划的成本预算，了解计划执行的数据信息。

制订一份有效的计划通常需要运用 5W2H 方法，否则可能导致计划不完整，甚至难以实现。例如，在制订计划的过程中不考虑时间要素，可能会导致团队成员按照个人理解执行计划，因此阻碍进度甚至失控；而如果没有明确负责人，则可能会出现计划搁置、落实不到位的情况。

即学即问

■ 请运用 5W2H 方法制订一个学习计划并在班级中进行分享，并讨论如何提升计划的可执行性。

（二）计划的地位和作用

计划是管理的首要职能，是各项管理的起点。科学计划指导组织发展，是组织实现其他管理职能的依据，贯穿于组织发展的全过程，具有重要的地位。特别是在人工智能和信息化时代，日新月异的科学技术使得组织内外部环境处在不断变化的过程中，科学制订计划是组织适应瞬息万变的内外部环境的重要方式，是实现基业长青的关键。计划在管理中处于核心地位，其主要作用包括：

1. 有助于管理者了解组织内外部的环境

制订计划建立在对组织内外部环境充分了解的基础之上。例如，企业管理者在制订销售计划时，既要考虑国内和国际市场需求、竞争对手产品市场前景等外部环境信息，又需要了解企业销售人员、产品质量、企业生产能力等内部环境因素，最终在总结内外部因素的基础上，制订适合公司发展的销售计划。制订计划的过程有助于管理者不断了解企业内外部环境。环境的复杂性和多变性给组织发展带来机遇和挑战，管理者需要提前制订合适的发展计划，才能让组织在变革中未雨绸缪、有效应对。

2. 有助于管理者进行协调和控制

现代社会分工越来越精细，组织内部的结构关系也随之不断变化，组织内部关系是否协调可控，对组织发展有着重要影响。制订严密的计划是组织内部各个部门、各个环节相互衔接的关键。如果没有建立完善的生产计划，会导致生产运营混乱。这种问题的产生是因为计划职能的缺失，从而导致组织发展受到影响。做好计划是管理者协调和控制组织并推动其发展的重要保障。

3. 能够降低未来不确定性所带来的风险

未来充满不确定性，而制订计划是应对不确定性并将其所带来的风险降到最低的最好方式之一。计划通过详细调查和周密安排提前对未来做出判断和预测，并制定相应备选方案，从而应对不确定性风险。

对于组织而言，计划帮助组织发展壮大；对于个人而言，科学制订计划、按时完成计划、勤于总结计划是个人成长的必备技能，梦想的实现离不开计划的制订和实施。要做一个有计划的人，科学规划并管理自己的人生。有计划的人往往都有明确的人生目标，能够稳步地前进。

管理思辨

有些人认为"计划赶不上变化"，还有些人认为"计划限制了行动，降低了组织灵活性"，所以不需要制订计划。

那么，对于变化快的工作，是否需要制订计划呢？为什么？

二、计划分类

组织的活动复杂多样，计划的种类也具有多样性。在不同的情境下，组织中的管理者需要因势利导地制订计划。计划分类如表 3-1 所示。

表3-1 计 划 分 类

划分标准	计划类型
计划时间长短	长期计划、中期计划、短期计划
计划职能范围	业务计划、财务计划、人事计划
计划作用层次	战略计划、战术计划
计划明确程度	指导性计划、操作性计划

（一）按照时间长短划分

按照时间的长短，计划可以分为长期计划、中期计划和短期计划。计划时间的长短一般没有严格的界定，通常情况下，1年或1年以内的计划称为短期计划，1年以上5年以下的称为中期计划，5年及5年以上的称为长期计划。从目的上来讲，短期计划主要是解决组织近期的问题，计划安排组织短期内需要完成的任务。长期计划主要聚焦组织未来的发展方向和长远性问题，需要分步骤、分阶段地完成。中期计划介于两者之间，它的内容比长期计划更加详细具体，但又比短期计划更宏观。一般来说，短期计划、中期计划都是长期计划的一部分，是组织落实长期计划的重要方式。

（二）按照职能范围划分

按照组织职能和工作内容，计划可以分为业务计划、财务计划、人事计划等不同类别。业务计划是组织的主要计划，主要是对组织业务活动进行提前规划和统筹。财务计划主要是从资金管理的角度统筹分配和安排组织资金资源。人事计划是为保证组织的生存和发展而提供相应的人力资源安排，因此也叫人力资源计划。

（三）按照作用层次划分

按照作用层次不同，可以把计划分为战略计划和战术计划。战略计划的作用层次最高，主要解决的是组织宏观、综合层面上的问题，主要由高层管理者参与完成。战术计划是战略计划的具体执行，它的计划期限较短、层次较低，主要针对某一具体问题或活动而制定具体的行动方案。

（四）按照目标的明确程度划分

按照目标的明确程度，计划可以分为指导性计划和操作性计划。指导性计划的主要作用是明确组织发展方向。通常情况下，它只规定一般的方针并指出重点，不规定具体行动方案，计划内容比较笼统，是概括性的。操作性计划则有明确的计划细则和行动方案，它需要围绕指导性计划编制，是指导性计划落地的关键。比如企业发布了销售额提高 5% 的指导性计划，就需要围绕提高销售额这一目标进一步明确时间、人员和工作安排等细化的操作性计划。

管理实践

京东方引领国产显示屏产业崛起

京东方科技集团股份有限公司（简称"京东方"）创立于 1993 年 4 月，是一家为信息交互和人类健康提供智慧端口产品和专业服务的物联网公司。中国在电子信息产业领域一直面临"缺芯少屏"的困境，京东方自成立以来一直围绕显示屏攻坚克难，经过 20 多年的不懈努力，使中国首条第六代柔性显示屏生产线迎来了量产，成功引领国产显示屏产业崛起。

1. 京东方的危机：技术替代

京东方的前身是北京电子管厂，曾经是中国最大、最强的电子元器件厂。但是由于半导体技术对电子管技术的替代，它开始面临企业生存危机。1992 年 9 月，王东升担任北京电子管厂厂长，在接手的时候提出了几个条件：一是企业要无条件接受股份制改造，走市场化道路；二是从厂长起，带头取消原先的等级制度，向职业经理人模式过渡；三是不能总是开会浪费时间，要经常出国考察，去学习先进技术。此后，北京电子管厂开始推行"厂长负责制"，以划小核算单位的方式把各个部门推向市场，并在此基础上组建北京东方电子集团。

2. 京东方的发展：生存战略

京东方当时的"发展"问题实际上是生存问题，所以它在实践中形成的战略就是生存战略，包括三个要素：

第一是分散经营，这是前述"分灶吃饭、划小核算单位"的结果。为利用资源，京东方与新加坡一家公司合资成立了北京东方恒通物业有限公司，把电子管厂的办公楼和部分厂区开发成为"东方花园"，吸引了雀巢、ABB 等著名企业租用公司房产以获得租金收入。

第二是把企业的产能转向 CRT（阴极射线管）工业配套。20 世纪 80 至 90 年代,正是中国彩电市场和彩电工业迅速兴起之时,当时中国的 CRT 工业刚刚起步,盈利状况较好,而且关键零部件如玻杆、电子枪等都需要从日本进口,国产化余地很大。京东方决定转向为 CRT 工业配套,从零部件做起。这样可以利用在电子管时代形成的能力基础(包括人才、工艺设备和技能等),而且所需投资不多。

第三也是最重要的就是建立合资企业。王东升曾多次出国考察,深感企业要想做到一定高度,就要国际化,而当时"走出去"最好的办法就是与外国企业建立合资企业,学习别人的本领。

3. 京东方的崛起:进取性战略

如果仅仅沿着生存战略的方向继续发展,京东方仍然不可能成为竞争性企业,因为这条道路使企业既不可能确定自己的成长空间,也无法摆脱对外人的技术依赖。京东方的管理层认为,生存战略只是权宜之计,并没有把合资业务当作主营业务。一旦缓过生存这口气,这个企业就开始表现出进取性,向能够改变技术和市场条件而不是被现有外部力量所左右的方向前进,这是京东方转变为竞争性企业的关键一步。1998年,在企业生存状况彻底好转之时,京东方高层提出了"两个转变"的计划方针:从主要以投资等手段推动企业成长转变为依靠合营和主营产业相结合推动企业成长,由传统的电子元器件制造企业转变为新型元器件、整机和系统并举的电子信息高科技企业。同时,京东方在发展过程中始终坚持自主创新,不断开展技术学习。截至2021年,京东方累计可使用专利超过7万件,在年度新增专利申请中,发明专利超90%,海外专利超过35%,覆盖美国、欧洲、日本、韩国等多个国家和地区。根据2021年美国专利授权量统计报告,京东方全球排名提升至第11位。在世界知识产权组织2021年的全球国际专利申请排名中,京东方位列第7。作为全球半导体显示产业龙头企业,京东方带领中国显示产业实现了从无到有、从有到大、从大到强的跨越式发展。

(资料来源:路风. 新火 [M]. 北京:中国人民大学出版社,2020.)

思考:

1. 京东方在发展过程中实行了哪些类型的计划?

2. 通过京东方的发展过程,应该如何看待战略、计划、目标与行动之间的关系?

三、计划的表现形式

计划是对未来行动的安排,其具体形式是多种多样的,按照从抽象到具体的顺序,计划可以划分为 8 个层次,包括宗旨、目标、战略、政策、规则、程序、规划和预算等表现形式,这些表现形式构成了一个计划的层次体系,如图 3-1 所示。

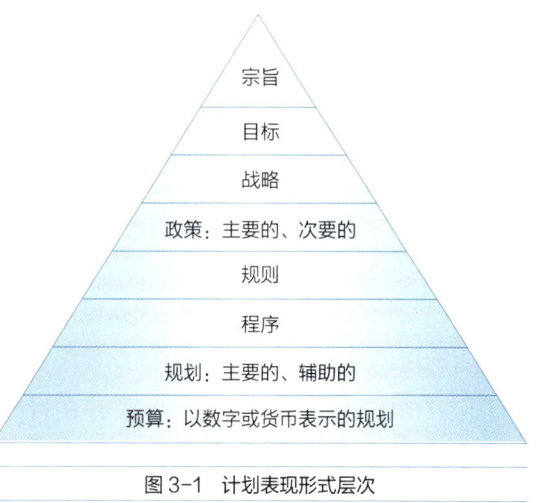

计划表现形式

图 3-1 计划表现形式层次

1. 宗旨

宗旨是一个组织生存的目的或原因,它反映的是组织的价值观念、经营理念和管理哲学等根本性的问题。宗旨用以表明组织是干什么的,以及应该干什么。例如,企业的宗旨是向社会提供有经济价值的商品或劳务,学校的宗旨是提供教育服务、培养人才、文化传承等。组织内部每个管理层次都应在明确理解宗旨的基础上开展工作。在优秀企业的发展过程中往往都需要明确企业发展的使命、愿景和价值观。企业的使命关注企业存在的目的,企业成立与经营的意义;愿景是企业未来发展的规划和梦想;价值观是实现企业发展目标的价值导向和行为准则。明确企业发展的使命、愿景和价值观是企业基业长青的驱动力和灵魂。此部分内容将在第九章中详细介绍。

2. 目标

一定时期的总目标或各项具体目标是在宗旨的指导下提出的,它具体规定了组织及各个部门的经营管理活动在一定时期内要达到的具体结果。组织中各个管理层次都应该建立自己的目标。

3. 战略

战略是为实现组织的长远目标,根据组织的环境条件及这些环境条件可能的变化所选择的发展方向、确定的行动方针、制定的资源配置方案的总纲。战略是指导全局和长远发展的方针,并不是要具体说明企业如何实现目标。战略指明企业的发展方向、重点以及资源分配的优先次序。

4. 政策

政策是表现在计划之中的文字说明或协商一致的意见,以此来指导决策过程中的思想和行动。政策把所要拟定的决策限制在一定的范围内,以保证决策和目标的一致性。

政策规定了解决问题的方法，有主次之分，鼓励组织成员在政策范围内自由处置问题。

5. 规则

规则是一种最简单的计划。它是控制人们在工作中的态度和行为的一种特定的常规计划。规则明确了具体情况下允许或不允许组织成员采取某种行动的规定。规则容易与政策、程序相混淆，三者的区别体现在：① 政策的目的是指导在决策过程中如何去考虑问题，并留有自由处理的权力，但规则通常没有自由处置权；② 规则不规定时间顺序而程序规定，可以把程序看成一系列规则的总和，但规则可以是也可以不是程序的组成部分，如"禁止吸烟"是一个与任何程序都无关的规则。

6. 程序

程序也是一种计划，它规定了如何处理那些重复发生的例行问题的标准方法。程序主要明确组织活动的时间顺序，因此程序也是一种工作步骤，它是对大量日常工作过程及工作方法的提炼和规范化。制定程序的目的是减轻主管人员决策的负担，明确各个工作岗位的职责，提高管理活动的效率和质量。一个有明确程序的组织能够大大提高工作效率。

7. 规划

规划是指为了实现既定方针依据所必需的目标、政策、程序、规则、任务分配、执行步骤、使用资源等制订的综合性计划。规划有大有小，有长期的和短期的，也有主要的和辅助的。规划一般是粗线条的、纲要性的。

8. 预算

预算用数字或货币表示预期结果，也可以被称为"数字化"的规划。预算有各种类型，如有反映经营的费用预算，有反映资本支出的基本建设预算，也有说明现金流动情况的现金预算等。预算也是一种控制手段，但制定预算属于计划的内容，它是计划的一个基本工作。预算也可能包括整个企业的规划，由于它是以数字形式出现的，所以能使计划工作更加精确。

❖ 即学即练

学习制定工作程序

在工作生活中，我们总是不可避免地要面对一些重复性的工作，为此制定清晰的程序可以有效提高工作效率。例如，企业在管理员工时有人力资源管理程序，举办会议时有会议服务程序等。请结合本章内容并参考更多资料，学习企业工作程序设计的内容和方式，选择一项你经常从事或感兴趣的活动，设计开展该活动的程序。

1. 你选择哪一项活动？
2. 该活动的开展应遵循怎样的程序？

第二节　计划制订的原则和流程

一、计划制订的原则

科学制订计划有助于计划目标的实现，为此制订计划通常需要遵循 SMART 原则，如图 3-2 所示。

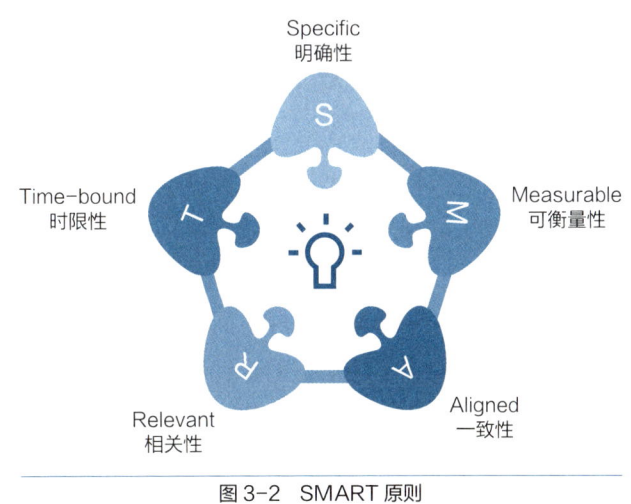

图 3-2　SMART 原则

1. 明确性（Specific）

计划一定要明确、详细、清晰。清晰具体的计划更有助于实现。计划无法实现的重要原因是目标设定得模棱两可、发展方向不明确等。例如，某餐饮企业将目标设定为采取措施提高消费者满意度，这个目标就很不明确，因为提高消费者满意度的方法有很多，有的需要增加厨房设备，提高菜品质量；有的需要加强服务人员培训，提高服务水平，此目标并未明确究竟该如何执行。计划制订得越具体、越清晰，计划的完成度就越高。

2. 可衡量性（Measurable）

通过计划制订出来的指标一定是可以量化或者行为化的。特别是在实现目标的过程中，对于完成目标的一些关键事务必须是可以量化的。例如，在"对所有的员工进一步开展管理培训"这一目标中，"进一步"是一个既不明确也不容易衡量的概念，到底什么是"进一步"？只要安排了培训，不管谁讲课，也不管效果好坏，都可以叫"进一步"吗？因此，计划的表述应该准确且可衡量，如可以改为"针对员工的沟通技能对所有的员工开展培训，要求员工的结课成绩在 85 分以上"。

3. 一致性（Aligned）

工作目标必须有大局观，部门或个人的工作目标应该是依据组织整体目标制定的，必须同整体目标保持一致。只有符合组织整体目标，部门或个人目标才具有可行性和现实性，这样才能达成组织与个体共同成长的双赢局面。

4. 相关性（Relevant）

如果制订的计划与工作岗位、工作职责等不相关，则即便计划完成也意义不大。如果企业计划对销售人员开展提高沟通能力的培训，那么这个计划就与工作岗位密切相关；但是如果企业计划对销售人员开展某种专业计算机编程技能的培训，它与工作岗位相关性就比较低，这个目标即使实现了，意义也不是很大。

5. 时限性（Time-bound）

要明确计划内容完成的时间。没有时间限制的计划很难考核，也难以掌握项目进展情况。例如，企业向员工下达了一项紧急的任务，却没有明确告诉员工完成的时间，即使上级很关注任务是否已完成，但下级却完全不紧张，这会导致上级对下级工作不满意，而下级员工也很委屈。可见，明确项目完成时间有助于掌握项目进度，合理安排工作任务的时间，且管理者也容易对项目中出现的异常情况及变化及时做出调整。

总之，制订计划通常都必须符合上述五个原则，缺一不可。

即学即练

你的计划需要改进吗？

请运用 SMART 原则分析你最近制订的一项计划，回答以下问题。

1. 你的计划目标明确吗？如何体现？

_____

_____

2. 你的计划目标可衡量吗？如何体现？
_____
_____

3. 你的计划目标与组织整体目标一致吗？如何体现？
_____
_____

4. 你的计划与你的工作或学习相关吗？如何体现？
_____
_____

5. 你的计划有明确的时限要求吗？如何体现？
_____
_____

二、计划制订的流程

计划类型具有多样性，但制订计划的流程却具有共同特征，通常情况下，制订一份计划时可以按照以下步骤进行。

（一）估量机会，明确组织环境

制订计划的环境是复杂多变的，所以在制订计划之前，一般需要全面考虑组织环境，从而制订出一个科学的计划。一般来说，在制订计划之前需要对组织内外部环境做一个全面分析。从组织外部来讲，需要了解宏观的社会经济环境、政府政策、市场环境、组织竞争者和竞争资源等。从组织内部来讲，需要了解组织现状、组织面临的问题和调整方案、组织的优劣势等。举例来说，某饮料公司要开发一款新饮品，就需要提前分析组织内外部环境，包括饮料市场消费前景、消费者需求、竞争对手产品、原材料供应商及设备情况、组织开发新饮品的优劣势等。只有通过全方位的分析和考察，最终才能制订一份科学合理的计划。

（二）确定并分解目标

明确组织发展面临的环境之后，可以确定计划的行动方向，即组织活动的目标。确定目标时一般关注3个问题：一是目标的内容和顺序，二是目标的实现时间，三是确立目标的具体指标和价值。在确定好以上内容之后，应该将总体目标分解落实到各个部门和环节。企业目标决定了企业的发展方向，所以企业目标确定应该建立在科学预测的基础上。接上一个例子，饮料公司在确定目标的环节，需要明确具体生产哪一种新饮品，什么时候完成新饮品开发，新饮品研发需要投入多少资金、人力、物力，新饮品的产值是多少等，同时将以上目标进一步细化，落实到各个环节、部门中。

（三）确定可供选择的方案

在确定并分解目标之后，需要围绕目标确定可供选择的方案。完成任务的方法具有多样性，只有发掘了各种可行的方案，才有可能从中选出最佳方案。但方案也不是越多越好，应对方案的数量加以限制，把主要精力集中在分析最有希望的方案上。在上面的例子中，饮料公司在确定要研发一款新果汁之后，需要提供多种实现的方案，如提出开发低脂健康饮料、纯天然萃取饮料、清热解毒饮料等多种产品开发方案。在管理实践中，管理者需要发扬群策群力、集思广益的精神，让员工提出备选方案以供参考。

（四）评价和选择方案

第四步是依照计划实施的组织环境、确定的目标等各种因素，综合比较各种方案的利弊，对各个方案进行评价，并从中选择一个最佳方案。评价和选择方案时通常需要考虑以下几个因素：

（1）要特别注意发现每一个方案的制约因素或隐患。所谓制约因素是指那些妨碍达成目标的因素。在评价各种可行方案时，对制约因素认识得越深刻，选择方案时的效率就越高。如在开发新饮品时，萃取果汁的设备成本高且技术不成熟就是影响该方案实现的重要制约因素。

（2）在将一个方案的预测结果和原有目标进行比较时，既要考虑有形的可以用数量表示的因素，也要考虑许多无形的不能用数量表示的因素。例如，拟开发的低脂健康饮料是否符合品牌定位、企业形象等。

（3）要用总体效益观点来衡量方案，因为对某一部门有利的不一定对全局有利，对某项目标有利的不一定对总体目标有利。同时，管理者不仅需要考虑方案带来的收益，而且需要考虑方案的潜在风险点，评估方案失败后企业面临的损失等。

在评价完所有方案后，就进入决策阶段。管理者通常需要对不同方案排序并最终确定一个或几个方案。在可能的情况下，除了确定主方案，还需要确定备选方案，以预防突发情况，确保企业目标顺利实现。在方案选择的过程中要充分发扬民主精神，广泛征求各方意见，这样不仅有利于选出最佳方案，而且可以使该方案得到广泛的支持和理解，为方案的实施打下基础。

（五）制订计划预算

计划工作的最后一步是把计划转化为预算，使之数量化，通过数字来反映整个计划。预算实质上是资源的分配计划。预算工作做好了，可以成为汇总和综合平衡各类计划的工具，也可以成为衡量计划完成进度的重要标准。如果预算编制合理，就能够确保管理者合理安排组织各项活动，并最终实现计划目标。

第三节　计划制订的方法

在现代企业管理中，常见的计划制订方法主要包括以下几种。

一、计划表法

计划表法简单实用，它是通过绘制计划表的形式来描绘和说明一项工作的目标，并列出各项任务的名称、起始或完成时间、主要工作、负责人等。例如，某大赛的活动计划如表 3-2 所示。

常见的计划表类型包括年计划表、月计划表、周计划表等。计划表法的优势是可以简洁直观地展示一项工作在各个阶段的任务信息。计划表的内容展示具有多样性和灵活性，可以根据不同活动做出灵活调整。但是，当计划活动需要多项任务同时进行时，运用计划表的方式制订计划就显得不够清晰了。

表 3-2　大赛活动计划表

任务名称	完成时间	主要工作	负责人
策划主题	1月30日	策划大赛的主题	甲
举办研讨会	2月8日	研讨并确定大赛主题	乙
宣传报名	3月15日	宣传大赛并组织报名	丙
比赛举办	5月13日	保障大赛顺利进行	丁
评选颁奖	5月18日	依据大赛结果颁奖	戊

二、甘特图法

甘特图（Gantt Chart）主要用于工作计划和工作进度安排，它通过条状图来显示项目、进度和其他与时间相关的系统的内在关系及推进情况。甘特图既是一种计划工具，也是一种有效的控制工具。其作用包括：① 建立任务间的序列关系，以便查看、更改某任务的工期，检查其如何影响其他任务和项目的完成日期；② 通过比较规划日期和实际的开始及完成日期，以及检查每个任务的完成百分比来跟踪项目进度。

甘特图基本上是一种线条图，用横轴表示时间，纵轴表示要安排的活动；用线条表示整个期间计划的和实际的活动完成情况，如图3-3所示。

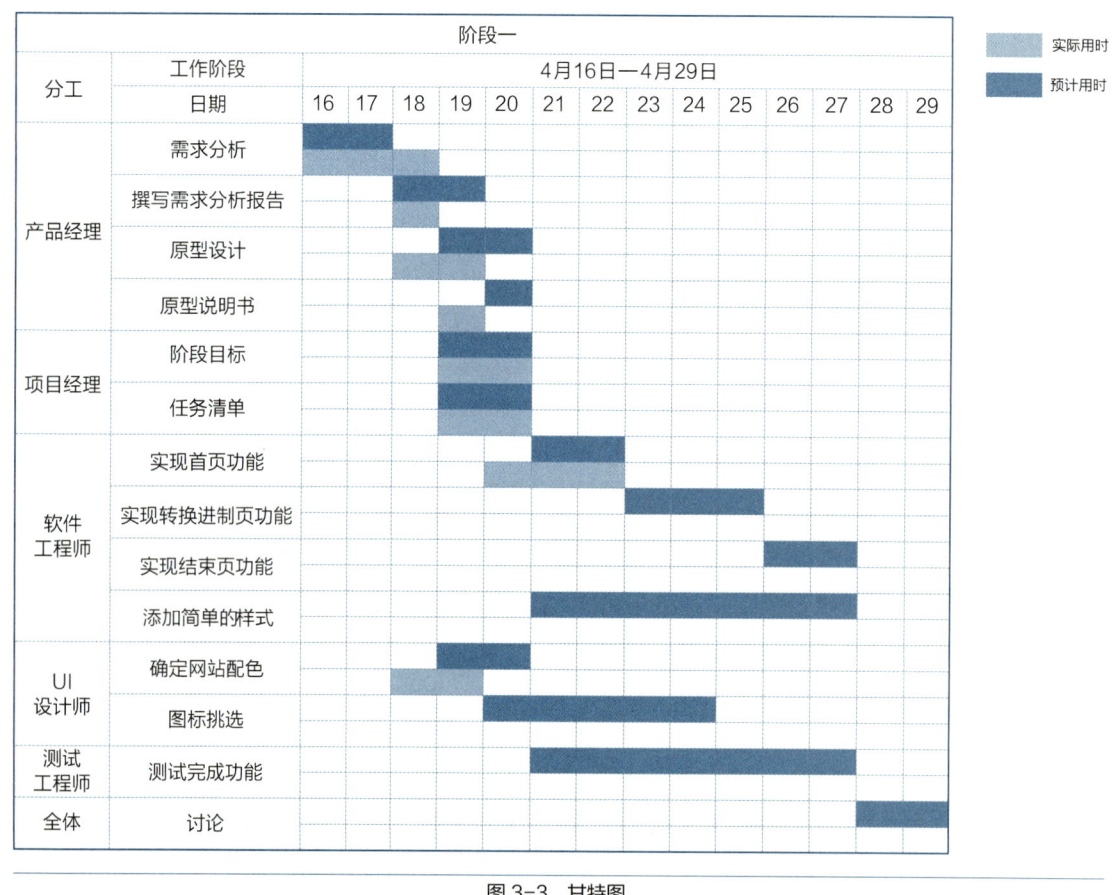

图3-3 甘特图

甘特图不仅能够帮助管理者制订项目计划，而且可以监督项目执行的情况，便于管理者弄清项目的剩余任务，评估工作进度。

三、平衡记分卡法

平衡记分卡（Balanced Score Card, BSC）是由哈佛商学院教授罗伯特·卡普兰和咨询专家戴维·诺顿在 20 世纪 90 年代创造的，其目的是帮助企业进行目标分解和任务执行，如图 3-4 所示。

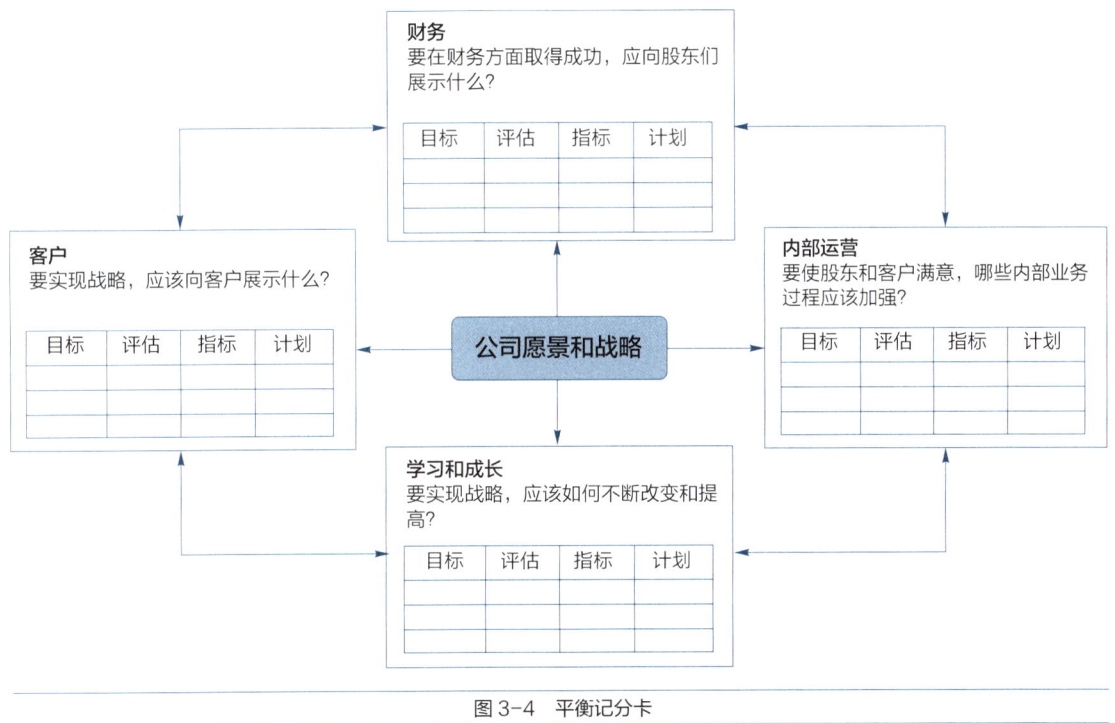

图 3-4　平衡记分卡

平衡记分卡法是一种战略计划和管理绩效评估的方法，它的突出特点是将企业的愿景、使命和发展战略与企业的业绩评估系统联系起来，把企业的使命和战略转变为具体的目标和考核指标。企业目标的偏差或短视，往往会对企业发展造成严重不良影响。使用平衡记分卡在一定程度上可以解决此类问题。企业在使用此方法设定目标绩效时，需要考虑以下四个方面的因素。

1. 财务

从财务角度看，目标设定时应该关注如何满足股东和投资者的诉求，如何实现股东价值最大化。财务目标通常与获利能力有关，其衡量指标有营业收入、资本报酬率、经济增加值等。

2. 客户

从客户角度看，目标设定时应该关注如何提供让客户满意的产品和服务。平衡计分卡要求企业将使命和策略诠释为具体的与客户相关的目标和要点。企业应以目标客户和目标市场为导向，应当专注于是否满足核心客户的需求，而不是满足所有客户的偏好。

3. 内部运营

从内部运营角度看，目标设定时应该关注组织的核心竞争力。内部运营指标涉及企业的改良及创新过程、经营过程和售后服务过程。内部运营目标既包括短期的现有业务的改善，又涉及长远的产品和服务的革新。建立平衡计分卡的顺序通常是先制定财务和客户方面的目标与指标，再确定企业内部运营的目标与指标。这样能够使得企业管理者在内部运营中抓住重点，提高管理效率，关注与股东和客户目标息息相关的关键流程。

4. 学习和成长

即学即问
■ 平衡计分卡可以应用在大学的学习生活中吗？如何操作？

从学习和成长角度看，目标设定时应该关注组织长远发展。换句话说，企业目标设定还应该帮助组织和员工个人不断实现自我成长，比如关注如何提高员工满意度、提升员工技能等，从而激励员工自我学习和进步。

总而言之，平衡记分卡认为在设定企业计划或目标时，既要考虑财务指标也要考虑非财务指标；既要考虑短期利益也要考虑长期利益；既要考虑外部平衡也要考虑内部平衡；既要考虑组织发展结果也要考虑组织发展过程等多个方面。

平衡记分卡能够有效地把企业活动和企业愿景、企业战略结合在一起，是企业制订战略计划并进行管理绩效评估的有力工具。在实践应用中，一些企业将这些指标编写成系统程序，通过手机或计算机可以实时查看企业或本部门的指标完成情况，进行进度和管理控制。

管理工具

商业计划书

商业计划书是一份全方位的项目计划，它可以帮助管理者理清商业思路，将其递交给投资商，可以方便他们对企业或项目做出评判，从而使企业获得融资。商业计划书一般包括6个部分：

（1）执行概要。介绍组织的商业概况，包括市场环境和行情、企业竞争对手情况等。

（2）商业细节。阐述组织的基本情况，包括主要业务主营产品、目标、客户、创业地点、主要团队成员等信息。

（3）市场和销售策略。主要阐述对市场的了解程度，为什么有人会买产品的原因以及销售方案等。

（4）管理模式和人力资源。主要阐述企业管理模式、企业员工构成情况等。

（5）企业基础设施。主要阐述企业基础设施建设情况，如企业办公场所、管理信息系统、信息科技手段等

（6）财务清单和规划。主要通过量化方式呈现，阐述投资价值。

商业计划书在写作时需要注意：

（1）简明扼要，去粗取精，突出重点。

（2）实际可行，注重可行性论述。

（3）图文并茂，多使用表格、图形，直接表达核心信息。

❖ 即学即练

选择一种本节所介绍的方法，制订大学阶段的学习生活规划或近期需要完成的一项任务的计划。

1. 该方法有什么特点，为什么选择该方法？

_____

_____

2. 请介绍此计划的制订过程。

_____

_____

3. 请分享计划的内容。

_____

_____

第四节 目标管理

一、目标管理的定义和特点

（一）目标管理的定义

目标管理（Management by Objective，MBO）是由著名管理学家彼得·德鲁克在

其著作《管理实践》中提出的一种管理方法。德鲁克认为，古典管理学派侧重于以工作为中心，对人性的关注不够，行为科学又侧重于以人为中心，忽视了同工作相结合。为此，德鲁克提出了目标管理，其目的在于把人和工作结合起来，既强调组织目标的实现，又致力于组织中人的成长和发展。

目标管理是指在一定时期内，由企业管理者提出总目标，然后从上到下分解目标，同时员工再从下到上，反复协商确定分目标，最终决定上下级的责任和分目标，并把这些目标作为组织经营、评估和奖励的标准。目标管理理论的核心观点认为，员工可以通过自我控制管理来代替公司管理。从员工的角度来说，目标管理实现的是从"要我干"到"我要干"的过程。

企业开展目标管理时需要做到以下几点。

（1）企业的任务必须转化为目标。企业管理人员通过分解目标对下级进行领导，从而保障企业总目标的实现。

（2）管理员工要靠目标管理。优秀的企业管理员工时不再单纯依靠上级行政指令和控制。如果员工目标和企业目标一致，通过目标管理员工，能够充分发挥员工进行自我管理、自我控制的积极性，从而推动组织总目标的实现。

（3）目标管理是一个自上而下、自下而上的程序。目标管理强调，组织中每一个员工都要参与到目标制定过程中来，上级和下级共同商定组织目标，并由此作为指导业务发展和衡量各自贡献程度的准则。

（4）及时进行工作反馈。在目标管理中，管理者要及时与员工沟通，了解工作结果，进行必要的调整，并为下一阶段的目标及战略的制定和调整做好准备。

（二）目标管理的特点

目标管理

与其他管理方法相比，目标管理具有以下几个特点。

1. 建立目标体系

目标管理方法将组织的总目标层层分解，形成了一个全面的目标体系。首先，由最高层管理者制定组织发展总目标；然后，各部门依据总目标设置部门分目标；以此类推，直到设置出每个组织成员的个人目标为止。总之，通过横向协调和综合平衡，目标管理将目标层层分解，逐级落实。

2. 强调自我控制

目标管理的宗旨在于激励员工从"要我干"转变为"我要干"，把"以作业为中心"和"以人为中心"结合起来，既注重组织目标的实现，又关注个人目标的实现。通过将个人目标和组织目标相结合，激发员工内在潜力，满足员工自我实现的需要。

3. 促使权力下放

目标管理是一种民主管理的方式，因为目标管理强调目标的制定和分解需要上下级共同参与，增强了组织中上下级之间的沟通和交流，给予员工充分表达意见的渠道和机会。通过权力下放，让全体员工参与管理，有助于在保持有效控制的前提下，更充分地调动员工的积极性和创造性。

4. 注重管理实效

目标管理不仅关注目标制定，还关注目标完成结果的考核。应依据目标管理设定考核体系，依据员工实际贡献大小和完成情况等进行评价和奖励，如实地评价员工的表现。工作结果是评价员工工作绩效最主要的依据。

管理实践

华为的目标管理

1. 明确目标

华为的领导者认为，如果不树立一个企业发展的目标和导向，就无法建立客户对华为的信赖，也无法树立员工的远大奋斗目标，培养其脚踏实地的精神。

华为在发展过程中注重成果导向的目标设计。华为始终坚持聚焦战略点，拒绝在非战略点上浪费。华为一步步发展，每个目标都很明确并逐步实现，没有跳跃式发展，这确保了华为在坚持总体战略目标方向的基础上稳步前进。

2. 目标细分

目标管理认为制定目标需要将组织整体目标往下层层分解，具体到各部门，甚至到每个人。目标越是细化，就越能牵引企业整体的执行力。华为每年年初都会将组织目标下达给各部门，然后经过部门一级一级往下细分，直到分到每位员工手中。华为还要求所有员工都要根据部门的年度目标制订自己的工作计划，并且对员工的绩效目标有明确的要求。团队中的每个人都应以实现团队目标为荣，将个人目标与团队目标紧密结合。在实现团队目标时，团队不仅要一起奋斗，每位员工还都要努力提升自己的个人能力。

3. 成果评价

既然在企业中一切行为都要以成果为导向，那么为了实现目标控制，部门与部门之间、部门与员工之间要在成果评价标准上取得一致的意见。如果意见不一致，就容易引发矛盾，影响工作的积极性。

（资料来源：郭楚凡. 华为目标管理法 [M]. 北京：电子工业出版社，2018.）

思考：

华为是如何运用目标管理方法的？有哪些结合企业自身特点所做的创新？

二、目标管理程序

目标管理的基本活动过程可分为三个阶段：确立目标体系、实施目标和评价成果。这三个阶段形成一个周而复始的循环，预定目标实现后，又要制定新的目标，进行新一轮管理循环。

（一）确立目标体系

目标的制定和展开是实施目标管理的第一阶段，也是最重要的阶段。目标的制定是实现目标管理的前提条件。在目标制定的过程中，需要注意：一是要搜集大量资料，了解组织发展的内外部环境，在此基础上确定组织发展的总目标；二是要注意目标的层层分解，不论是组织目标之间，还是组织目标和个人目标之间，都要具有一致性。目标的展开主要是将企业目标从上到下层层分解落实的过程。在目标展开的过程中，要充分注意上下级之间的协商和沟通。每个员工都要锚定企业目标，找准自身目标。

（二）实施目标

目标管理在实施阶段强调自主、自我管理。目标管理激励员工充分发挥自己的主观能动性和工作积极性，将员工目标和企业目标紧密联系，为此，在实施目标过程中，要授予员工一定的自主权。同时，上级管理者也不能忽视对下级的指导，要注意发现管理的薄弱环节并及时提出意见、予以修正。特别是当遇到重大难题时，更需要各级领导的帮助和指导。

（三）评价成果

目标管理强调效果，所以必须重视成果的评价。对各级目标的完成情况，要按事先规定的期限定期进行检查和评价，以确认成果和考核业绩，并与部门、个人的利益结合起来，进行恰当的奖惩。目标成果评价一般实行自我评价和上级评价相结合的方法，共同协商确认成果。作为自我控制的一种手段，在目标管理中自我评价非常受重视。在目标成果评价的同时，要认真全面地对本次目标管理活动进行总结，找出经验和教训，为下一循环的目标管理提供依据。

> **◆ 管理思辨**
>
> 有的人认为，"服从管理应该是员工的第一美德，它同样也是广大员工取得成就的必备条件"。也有人认为，"工业时代，机器的力量胜过了人的力量，对于产业工人来说，服从指令是那个时代的要务；但随着互联网时代的到来，个性化需求逐渐被重视，目标管理、鼓励创新才是未来"。
>
> 请讨论：
> 企业在未来更需要不折不扣地服从指令还是目标管理、鼓励创新？为什么？

三、目标管理应用：目标与关键成果法

目标与关键成果（Objectives and Key Results）法，简称 OKR，它的主旨是明确公司和团队的目标以及达成每个目标的可衡量的关键结果。

OKR 围绕两个核心环节展开，即制定目标（Objectives）和明确关键成果（Key Results）。

什么是OKR

1. 制定目标

好的目标是导向成果的关键性驱动因素，通常具有以下特点：① 强调前瞻性和导向性。好的目标能够指引企业朝着使命、愿景、价值观前进，由此制定的目标一定要有前瞻性和导向性，指引组织发展方向。② 优先级最高，既重要又紧迫。

在制定目标的过程中要注意以下几点：① 目标是具体的、可衡量的。不能抽象地将目标设定为"我要让企业变得更好"，而应该具体指出目标内容，如"让企业的年营业收入增长 10%"等。② 目标需要有一定的挑战性，且目标设定要做到少而精。一方面，具有一定难度的目标才会激励员工不断为之奋斗；另一方面，也要注意，过多的目标容易使得员工失去发展方向。③ 目标设定要注重自上而下和自下而上相结合。目标设定时应充分听取一线员工对目标的意见，企业目标通常是在管理者和员工充分沟通之后确定的。上下级之间应该是联结关系，下级在制定目标时，不应只盯着上级目标，而应思考自己的贡献和使命，完成策略性的工作任务。

2. 明确关键成果

在确定企业和员工的目标之后，需要进一步明确关键成果。一般情况下，目标代表的是一种价值取向，关键成果是对目标的量化和描述，就是指为了完成这个目标员工需要做什么，是结果导向。

在确定关键成果的过程中，通常需要注意：① 关键成果紧密围绕目标，能够帮助企业和员工实现目标。② 关键成果必须具有一定的创新性，能够体现员工的进取心，并不是常规的工作。③ 关键成果注重结果评定，必须是可衡量的，可以设定评分标准。④ 关键成果不宜太多，一般每个目标的关键成果不超过 4 个。⑤ 关键成果要明确完成时间。⑥ 关键成果的确定需要企业和员工充分沟通并达成共识。

目标与关键成果法受到企业和员工广泛青睐的原因在于：① OKR 是自上而下和自下而上相结合的方式。对于企业来说，制定目标的过程中，员工广泛参与且充分讨论，使得企业目标更具有精确性，也为员工接受目标打下基础；对于员工来说，有更多发挥的空间，参与感强，更能实现自身的价值。② 通过 OKR 制定企业发展目标，使得企业的大目标逐步分解成一个个小目标，且小目标与员工个人息息相关，有助于企业目标的实现。③ 通过 OKR 制定和实现企业发展战略的组织，通常管理方式更加扁平化，员工有充分发表意见和反馈建议的渠道，便于及时发现和解决问题，从而保障组织朝着实现目标的方向发展。

◆ 即学即练

搜集资料或调研企业，了解一家创新型企业如何运用 OKR 制定目标

请选择一家使用 OKR 工具的企业，通过互联网搜集资料或调研等方式，分析该企业使用 OKR 的主要方式、优势和存在的问题。

1. 请简单介绍所选择的企业。
   _____
   _____

2. 该企业如何运用 OKR 工具？
   _____
   _____

3. 该企业通过使用 OKR 工具，在哪些方面获得了优势？
   _____
   _____

4. 该企业在使用 OKR 工具时面临哪些问题?
   _____
   _____

5. 基于以上分析试总结：应该如何看待 OKR？
   _____
   _____

课后习题

一、单选题

1. 以下不属于计划活动范畴的是（　　）。
   A. 目标　　　　　B. 策略　　　　　C. 预算　　　　　D. 实施

2. 计划工作应当是一项（　　）的工作。
   A. 普遍
   C. 专业计划人员
   B. 高层管理人员
   D. 基层职工

3. 目标管理强调的是（　　）。
   A. 方法论
   B. 工作进度安排
   C. 员工和管理者的活动
   D. 确定目标体系，实施目标并评价成果

4. 目标管理的一个主要优点是（　　）。
   A. 减少了书面工作
   B. 为产品组合制定了目标
   C. 由"要我干"向"我要干"转变
   D. 明确了企业发展的环境

5. 某企业在推行目标管理中，提出了如下目标："质量上台阶，管理有水平，效益创一流，人人争上游。"你对此目标做何评价？（　　）。
   A. 目标很好，有挑战性
   B. 目标表述不够清楚
   C. 目标无法量化考核
   D. 目标设定得太高

二、多选题

1. 在现实工作过程中，计划的表现形式包括（　　）。

A. 目标 B. 战略
C. 政策 D. 规划

2. 目标管理的优点包括（　　　　）。

A. 有利于提高管理水平 B. 有利于调动人的积极性和责任心
C. 灵活 D. 有利于长期目标的实现

3. 为了制定出科学合理的、能够发挥作用的目标及目标体系，在计划制订过程中应坚持的基本原则包括（　　　　）。

A. 明确性原则 B. 可衡量性原则
C. 相关性原则 D. 时限性原则

4. 按时间长短可以把目标分为（　　　　）。

A. 主要目标 B. 次要目标
C. 长期目标 D. 年度目标

5. 目标的作用可概括为（　　　　）。

A. 为管理工作指明方向 B. 激励作用
C. 凝聚作用 D. 考核标准

三、判断题

1. 在管理中居于首要地位的职能是计划。（　　）
2. 计划工作是只有管理人员才需要从事的工作。（　　）
3. 运用平衡记分卡法制订计划时需要考虑四个方面的因素，分别是：财务、客户、内部运营以及学习和成长。（　　）
4. 目标管理的特点是员工自己制定目标，不需要与领导者沟通。（　　）
5. 目标管理实现的是从"要我干"到"我要干"的过程。（　　）

四、简答题

1. 制订计划为什么很重要？
2. 制订计划的流程是什么？
3. 制订计划需要坚持哪些原则？
4. 什么是甘特图法？它的优点是什么？
5. 目标管理的特点和程序是什么？

综合实训

实训项目　小微企业发展计划制订

实训内容　假设你和你的伙伴准备创办一家小微企业（如餐馆、打印店、宠物店等），面对激烈的市场竞争环境，企业要生存、要发展，任何一项经营活动都不能处于盲目的状态，计划能够指引企业科学经营和发展壮大。为此，请试着设计拟创立企业的宗旨、使命、愿景等，并制订合理的发展计划，并尝试分析制订计划与企业发展之间的关系。

实训要求
1. 为了更好地指引小微企业发展，请试着设计企业的宗旨、使命、愿景。
2. 运用 SMART 原则，进一步制订企业发展的计划。
3. 结合目标管理理论，分析个人目标和组织目标之间的关系。为了让员工和企业共同成长，准备如何开展目标管理？流程是什么？准备采取哪些方法以保证员工目标和企业目标的一致性？

成果及评价
1. 每组能够明确创业企业发展的宗旨、使命和愿景。
2. 每组能够运用 SMART 原则，制订一份合理的企业发展计划。
3. 每组能够运用目标管理理论，分析个人目标和组织目标之间的关系，并且能够制定合理的目标管理方案。
4. 教师对每组同学的作业评定成绩；对有代表性的作业进行点评。

自我测评

通过本章学习，请根据个人学习收获进行自我测评，在相应栏目里打钩。

自我测评项目 （★表示需要关注测评项目）	显著提高	较大提高	略有提高
1. 树立正确的人生理想和目标，进行职业生涯规划的能力★			

续表

自我测评项目 （★表示需要关注测评项目）	显著提高	较大提高	略有提高
2. 核心知识点（计划重要性、计划分类、计划表现形式、计划流程、目标管理等）的掌握程度★			
3. 掌握制订计划的不同方法，制订个人发展计划的能力★			
4. 运用平衡记分卡、OKR等工具帮助企业制订计划的能力			
5. 了解目标管理的特点，思考个人目标和组织目标之间的关系，培养让个人和组织相互赋能的自主意识★			
通过本章的学习，你还有哪些收获？可分条列出			
学生签名： 时间：　年　月　日		教师签名： 时间：　年　月　日	

决策

第四章

学习目标

- **知识目标**
  - 了解和熟悉决策的概念、类型、作用
  - 熟悉决策的原则和基本过程
  - 熟悉定量和定性的决策方法及其适用范围
  - 了解大数据等现代信息技术在决策中的应用

- **能力目标**
  - 能够分析并确定合适的决策目标
  - 能够正确搜集和利用信息,提高决策正确率
  - 能够按照科学决策的主要步骤和环节进行简单的决策工作
  - 能够运用盈亏平衡分析法对组织的经营活动进行决策分析

- **素养目标**
  - 养成遇到问题冷静思考,按照科学决策程序处理问题的良好习惯
  - 养成倾听多方建议,主动调查分析以减少决策失误的管理习惯
  - 在决策中树立正确的历史观和价值观,增强道路自信,坚定理想信念

思维导图

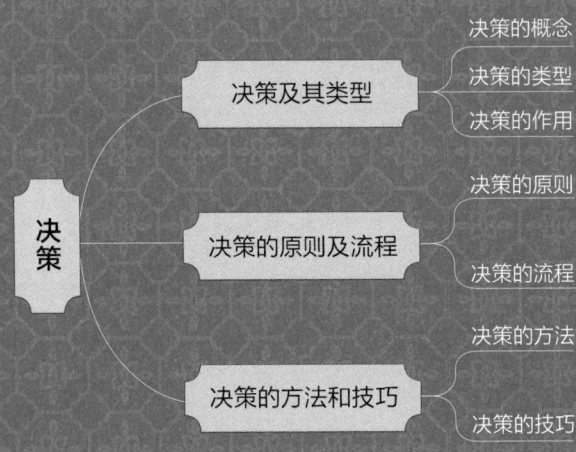

学习计划

- 知识学习计划

　

　

　

- 技能训练计划

　

　

　

- 素养提升计划

管理探索

平安集团的数字化变革决策

2022年1月16日,《求是》杂志发表了习近平总书记的重要文章《不断做强做优做大我国数字经济》,文章强调,要充分发挥海量数据和丰富应用场景的优势,促进数字技术与实体经济深度融合,赋能传统产业转型升级,催生新产业、新业态、新模式。

现在数字化已成为广大企业的共识。作为数字技术最早重塑的行业之一,金融业在数字技术的赋能之下,在其经营管理、风险管控、客户服务等方面,正在显现出数字化应用巨大的叠加、放大、倍增效应。

2019年,平安集团做出了在业内率先探索寿险数字化转型的重要决策,决定通过"产品+渠道"双轮驱动,运用科技赋能,打造"数字寿险"新模式。公司从渠道、产品、运营、共同资源等方面进行了数字化改革。

在渠道方面,数字化助力实现营销精准化、分析自动化、决策数字化,以提升内勤管理水平,更好地支持一线业务人员。

在产品方面,借助数据驱动,产品迭代更加智能,帮助公司更精准地掌握客户的细分需求,从而打造更加优质、更具竞争力的产品。

在运营方面,实现服务线上化、远程集中化、场景智能化,例如,将经验丰富的专家配置在统一的数字化后台中,以支持前台客服人员,建立一个"远程服务前台+后台专家"的运营模式,提升客户服务效率和品质。

在共享资源方面,数字化可以帮助公司实现报表自动化、分析智能化和投产管理精细化,让数据来指导公司的经营。

在技术赋能数字化决策下,平安集团在组织管理和客户体验方面得到了双重提升。

请思考:

1. 执行数字化变革方面的决策,对企业实现高质量发展有什么作用?
2. 请结合决策工作流程分析,大数据分析是如何帮助平安集团提升客户体验的?

第一节　决策及其类型

管理者在组织中开展管理工作时,会遇到各种各样需要解决的问题,而解决问题的方式和途径往往也有很多种。因此管理者经常需要做出决策,而其决策正确与否会对组织的发展产生一定影响。因此,决策是管理者从事管理工作的基础。

一、决策的概念

简单来说,决策是决策者为了实现某一特定目标而从若干个可行的备选方案中选择一个满意方案的分析判断过程。这一定义包含了以下五层含义。

1. 决策要有明确的目标或是需要解决的问题

没有目标就无从决策,没有问题就无须决策。目标的明确程度和问题的不同类型都会影响管理者所采取的决策方法。

2. 决策要有若干个可行的备选方案供选择

没有备选方案,就没有决策可做。科学决策必须基于"多方案抉择",在若干个方案的比较中分析优劣。这些方案必须是可行的,都需要基于"守住底线"和"组织资源有限"这两个限制条件去设计,以实现目标。

3. 决策过程中的重点是对备选方案进行分析比较

每个备选方案都有利有弊,通过对每个备选方案进行综合分析与评价,可以明确各方案的优劣,为选择提供依据。

4. 决策的结果是选择一个满意的方案

由于组织的内外部环境随时会变化,现实世界中的管理者不可能获得决策所需要的全部信息,许多管理者也缺乏吸收和正确评估这些信息的智力和心理能力,很难确切把握每个方案的执行结果。因此,管理者根本不会试图去寻找所有可能的方案,也无法追求最优方案,管理者只会遵循"满意原则",即在现实条件下,从备选方案中选择能够使主要目标得以实现,同时足够兼顾其他次要目标的可行方案。

5. 决策的实质是基于客观事实的主观判断过程

虽然决策有一定的程序和规则,但决策者的价值观念和经验会影响决策过程的每个环节。即使面对同一个问题,不同的人也会有不同的决策。因此,管理者需要在听取各

即学即问

■ 如果你在一栋建筑的7楼,而5楼突然发生了火灾。在这种紧急情况下,你能想到多少种可行的应急方案?此时,有多种备选方案的人与无备选方案的人相比,谁的逃生概率更大?

方面不同意见的基础上根据自己的判断做出正确的选择。

二、决策的类型

管理者对决策类型的界定将决定其所采用的决策方法，而决策类型本质上是依据其所要解决的问题的性质和内容而确定的。一般而言，决策的类型按重要程度、重复性和性质三个标准进行划分。

（1）按照重要程度不同，决策可分为战略决策、战术决策和业务决策，这三类决策的定义、作用及特点、示例如表 4-1 所示。

表 4-1 按决策的重要程度不同分类

类型	定义	作用及特点	示例
战略决策	是指直接关系到组织生存发展的全局性、长远性问题的决策	这种决策对于组织的发展具有重要意义，一般涉及的时间较长、范围较宽，主要谋求组织内部条件、外部环境和目标三方面的动态均衡。所要解决的问题大多内容比较抽象、复杂且常常是以前没有遇到过的，因此管理者要借助于经验、直觉和创造力进行判断。 战略决策一般由高层管理者做出	企业关于经营目标、方针、产品等的决策
战术决策	又称管理决策或策略决策，是指具有局部性、短期性和执行性特点的决策	战术决策是为了保证战略决策的实现所做的决策，所面临的大多是实施方案的选择、资源的分配、实际业绩的评估等方面的问题，比较具体，带有局部性且灵活性较大。这些问题大多可以定量化，可以进行系统分析。但在动态环境中，有时也较多地依赖于管理者的经验判断。 战术决策大多由中层管理者做出	企业生产计划和销售计划的确定、新产品设计方案的选择、新产品的定价等决策
业务决策	又称日常管理决策，是指为了提高日常业务活动效率所做的决策	业务决策所要解决的问题常常是明确的，决策者知道要求达到的目标、可以利用的资源，知道有哪些途径，也知道可能的结果，一般可以采用分析工具来辅助操作。 业务决策一般由基层管理者做出	生产任务的日常安排，工作定额的制定等决策

（2）按照重复性不同，决策可分为程序化决策和非程序化决策。这两类决策的本质区别在于其所针对问题的性质不同。有效的决策者往往需要先判断问题是经常性发生还是偶然性发生。对于经常性发生的问题可进行程序化决策，对于偶然性发生的问题可进行非程序化决策。这两类决策具体的定义、作用及特点、示例如表 4-2 所示。

表4-2 按决策的重复性不同分类

类型	定义	作用及特点	示例
程序化决策	是指针对重复出现的问题，能按规定的程序和标准进行的决策	由于这类问题经常重复出现，因而可以把决策过程标准化、程序化，可通过惯例、标准工作程序和业务规则予以解决。这类决策较多，且多属于业务决策	员工请假的批准、退货的处理、企业签订购销合同等例行事务的决策
非程序化决策	是指针对不易确定、错综复杂且前所未有的新问题做出的决策	由于是新问题，因而不能依据业务规则来解决，需要管理者进行专门的处理。这类决策较少，且多属于战略决策	新产品的研究开发、多样化经营、技术改造等例外问题的决策

（3）按照决策问题所处的条件和各种结果发生的可能性等性质不同，决策可以分为确定型决策、风险型决策和不确定型决策，这三类决策的定义、作用及特点、示例如表4-3所示。

表4-3 按决策的性质不同分类

类型	定义	作用及特点	示例
确定型决策	是指未来影响决策方案的所有因素是明确而固定的，一个方案只有一个确定结果	由于各方案的条件、结果已知，所以只要比较一下各方案，就可以做出最佳决策	当某企业需要贷款时，可选的三家银行的利率不同，在其他条件相同的情况下，应选择利率最低的银行贷款
风险型决策	是指可供选择的方案中存在着两种及两种以上的自然状态，哪种状态可能发生是不确定的，但可估计其发生的客观概率的决策	由于对每个备选方案的执行可能会出现的几种不同后果只有有限的了解，决策时需要冒一定的风险。一般需要通过比较各方案的损益期望值来进行决策	在比较成熟的情况下，进行市场开拓、新产品研发、组织结构变革、投资等决策
不确定型决策	是指对备选方案及其可能出现的后果是未知的，或只能靠主观概率判断的决策	处理这类问题无规律可循，一般依靠决策者的经验和直觉来进行决策，或者依靠大数据分析提供决策依据	某企业拟将一种新产品投放市场，有大批量、中批量和小批量三种生产方案，由于缺乏相关资料，对于产品投放市场后的情况完全不清楚

三、决策的作用

管理学家西蒙认为，"管理就是决策"。决策在管理活动中具有重要的地位与作用，决策的质量关系到组织的生存与发展，其作用主要体现在以下几个方面。

1. **决策贯穿于管理过程的始终，管理各项职能都离不开决策**

从确定组织目标、人员招聘、对下属的奖惩到纠偏措施的实施等，管理的计划、组织、领导和控制职能都需要管理者做出决策。管理职能中的决策如表 4-4 所示。

表 4-4 管理职能中的决策

管理职能	决策举例
计划职能	什么是组织的长远目标？ 采取什么策略来实现组织目标？ 组织的短期目标应该是什么？ 组织资源要如何配置？
组织职能	需要招聘多少人员？ 工作如何分配？ 权力如何分配？ 采用何种组织形式？
领导职能	如何管理积极性不高的员工？ 在一定环境中采用何种领导方式更合适？ 如何解决管理中出现的纷争？ 如何贯彻某项新措施？
控制职能	组织中哪些活动需要控制？ 如何控制这些活动？ 偏差多大时应采取纠偏措施？ 出现重大失误时如何处理？

（资料来源：邢以群. 管理学［M］. 5 版. 杭州：浙江大学出版社，2020.）

2. **决策的好坏关系到组织的生存与发展**

一个组织的管理成效取决于决策的正确性，高层管理者的决策正确性甚至决定了该组织的兴衰存亡。然而，随着企业所面临环境的复杂性和不确定性日益增加，管理者无法完全依靠经验进行决策。同时，激烈的竞争还需要企业反应灵敏、及时，因此管理者需要学习多学科的综合知识、做出科学决策，努力提高决策水平。

3. **决策能力决定管理者水平的高低**

做出正确决策的难度及其在管理中的重要作用，使得它成为衡量管理者水平的重要标准之一。为了提高决策的有效性，管理者在决策的理论、技能以及经受决策风险的心理素质等方面需要有一定基础。

即学即问

■ 在你曾经历过的某一次"事关重大"的决策中，有哪些成功的经验或失败的教训可供分享和借鉴？

第二节　决策的原则及流程

一、决策的原则

决策是一项涉及很多因素的复杂工作，为了提高决策的科学性并减少失误，决策者在整个决策过程中应遵循以下原则。

1. 明确性原则

明确的决策目标是确定备选方案是否可行的依据。在决策之前，管理者必须弄清为什么要进行决策，即决策是为解决什么问题。只有确定了具体、明确、可衡量的目标，才能有效避免在决策时犹豫不决。明确的目标可以帮助管理者减少决策次数。

2. 预测在先原则

预测是决策的先导，它有助于克服没有科学根据的主观臆测，防止盲目决策。正确的决策取决于准确的预测，如果无法判断行动后果，往往会造成决策失误。因此决策之前应做好预测工作。

3. 系统性原则

系统性是现代决策的重要特性之一。由于组织是社会大系统中的一个子系统，组织的决策也应从社会整体利益出发。为了提高决策的正确性，决策者应树立系统思想，站在全局的高度考虑问题，处理好组织内部条件与外部环境、整体与局部、长远利益与短期利益、主要目标与次要目标之间的关系。

4. 科学可行性原则

决策的原则及流程

科学决策不仅要考虑组织发展的需要，而且要认真分析组织外部环境和内部条件中的制约因素，对决策结果进行严密的可行性分析论证，坚决避免不符合实际、可能行不通的决策。另外，由于内外部环境的动态变化，为保证决策的可行性，还需要注意决策反馈的及时性，必要时需要对初始决策做出相应的调整或改变。

5. 民主集中制原则

民主集中制原则要求在决策过程中充分发扬民主，避免一言堂，这在一定程度上可减弱个体有限理性的消极影响。同时，民主有助于激发组织成员的智慧、活力和责任感，为决策目标实现奠定基础。另外，也需要在充分民主的基础上对科学决策实行正确的集中，决策过程应由决策者进行协同指挥。

管理实践

海底捞的决策难题

餐饮行业一直被认为收益快、门槛低，近几年很多资本巨头纷纷入场，特别是对火锅行业颇为青睐。海底捞在餐饮行业同质化竞争白热化的情况下逆势扩张，从2019年的768家门店扩张到了2021年上半年的1 597家，在不足两年时间里新增了829家门店。

然而，海底捞在2021年11月5日发文称，将陆续关停300家左右门店，其中部分门店将暂时休整、择期重开。但公司不会因此裁员，会妥善安顿所有员工。

海底捞的这个声明是一份坦诚的战略收缩声明——"让各级管理人员无法理解且疲于奔命的组织结构变革""目前的苦果只能由我们一口一口咽下去"……看上去更像是公司内部的通知文件，而不是对外传播的声明。

海底捞关停门店的决策的确能有效缩减成本。在十几年前海底捞能崛起，是因为教科书式的服务和创新。而今天各种专精的火锅品类已经完全占满了火锅市场，没有大而不倒的火锅餐饮企业。

留给海底捞思考的现实问题是，当极致服务已经不再是核心竞争力的时候，该如何创新才能推动企业在竞争激烈的大环境下成功转型？

思考：

海底捞面对经营困境时做出的关店决策依据了哪些原则？为应对现在的危机，海底捞拟定了哪些决策方案？这些决策方案是否与企业的发展目标相一致？

二、决策的流程

决策是一个过程，而非瞬时的行动，这个过程比较复杂，涉及分析现状、确定问题和目标、拟定方案、评价选择等阶段的工作。在此过程中，会有许多具体任务和参与人员。因此了解和掌握科学的决策流程，在一定程度上有助于管理者提高决策正确率。

决策的过程是不断循环和进步的，理性决策流程如图4-1所示。

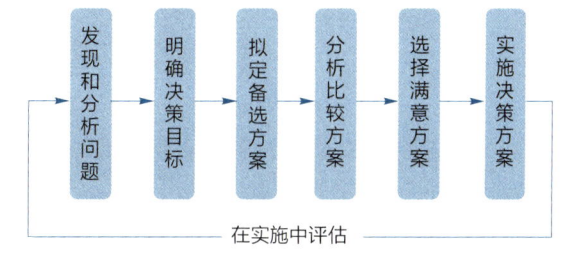

图4-1 理性决策流程

(一) 发现和分析问题

决策是为了解决一定的问题。所谓问题，就是目标和现实之间的差距，这种差距的存在会影响组织内部活动与外部环境之间动态平衡的实现。通过收集信息，发现差距并判断其可能的影响，明确需要解决的问题，就是决策的起点。例如，差距可能是由于企业自身竞争力不足而产生的，也可能是因为外部竞争而出现的。

决策的正确与否首先取决于问题判断的准确程度，而这一环节不仅重要也非常困难。管理者在实际工作中要么容易判断错误，要么流于问题表象而无法把握实质。因此一般由能统观全局的高层管理者来判断问题。在这一环节，要确定所需解决的问题及其关键决策责任人，要判断是否真的需要一项决策。

管理工具

发现和分析问题的思路图

在实际工作中，管理者可以目标为起点，通过发现和分析问题的思路图（见图4-2），更加细致和全面地观察和判断问题所在，以免陷入"忙于解决问题而忘记真正的责任与目标"的误区。

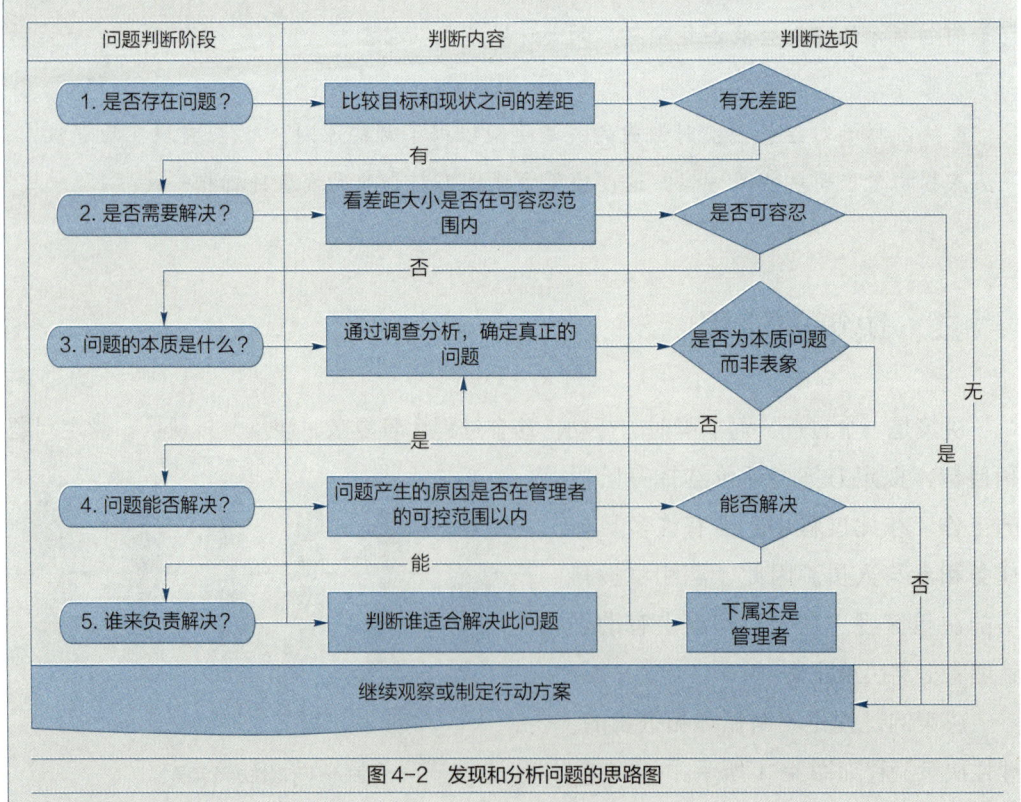

图4-2 发现和分析问题的思路图

问题判断包括五个阶段：① 确定是否存在问题，可以将现状与目标加以比较确定差距；② 确定问题是否需要解决，由于资源有限，因此决策的前提是确定存在某个需要解决的问题；③ 确定问题本质是什么，只有找到真正的问题及原因，才能提出有效的解决方法；④ 确定问题能否解决，这要看管理者的问题解决能力；⑤ 确定应由谁来负责解决，管理者有责任解决需要解决的问题，但并不是所有问题都必须由管理者亲自解决。

（资料来源：邢以群. 管理学［M］. 5 版. 杭州：浙江大学出版社，2020.）

❖ 即学即练

运用"发现和分析问题的思路图"帮助自己明确学习目标

大学往往被视为学生步入社会的第一站。每个人都是怀着憧憬和向往进入大学的，面对多样化的自由选择，可能会无所适从。因此，明确目标是大学生活的起点。

需要认识和分析自己以及所在大学环境的现状，发现差距，从而明确学习目标。按照上述发现和分析问题的思路参照图 4-2，用简单的文字描述完成表 4-5。

表 4-5　发现和分析问题

分析问题的思路	需要理清的问题	回答
是否存在问题？	a. 你给自己的大学生活树立的目标是什么？	
	b. 你当前的生活和学习状态怎么样？	
	c. 你的学习内容和目标之间有无差距？	
是否需要解决？	这个差距是否让你有失落感？	
问题本质是什么？	a. 出现了什么让你感到失落？	
	b. 你为什么在意这些现象？	
	c. 你觉得你的回答是最根本的原因吗？	
问题能否解决？	a. 你所找到的原因是可以改变的吗？	
	b. 采取行动做出改变需要你付出什么成本？	
谁来负责解决？	a. 这个问题是需要寻求外界帮助才能解决的吗？	
	b. 这个问题只能依靠你自己来解决吗？	

把本次练习的结果分享到课堂上，开展线上线下混合式讨论交流。

(二) 明确决策目标

在确定了所要解决的问题和决策责任人后,要明确问题的解决应符合哪些要求,又应达到哪些效果,也就是明确决策的目标。这一环节为后续的方案制定、选择与实施提供了依据和标准,目标不同所采用的决策方案也会不同。

企业想要确定一个明确、公开、共享的目标,就需要完成多项工作:明确公司的愿景和使命;对各类数据和事实进行调查和分析,确定目标的范围;对组织的总体目标和各级目标、最低目标和理想目标进行综合平衡;确定不同任务的轻重缓急。总之,应结合时间期限、组织价值观和决策者的努力意愿,对决策目标进行确定。

(三) 拟定备选方案

决策的本质是选择,是对解决问题的多种行动方案进行选择的过程。为解决问题,必须寻找切实可行的各种行动方案,但这些方案并不是显而易见的。因此,对管理者而言,拟定可替代的方案往往要付出很大努力。但方案拟定值得多花时间,否则后续就会将时间消耗在反复争辩某一个方案的利弊上。

行动方案的拟定过程比较复杂,必须基于所要解决的问题和决策目标,根据已有条件和可实现的各种条件提出多种变革设想(可以充分发动员工的创造性和想象力),再对基于设想而形成的方案进行修改和完善,制定出尽可能多的可行方案。

> **管理工具**
>
> ### SWOT 分析法
>
> SWOT 分析法,也称优劣势分析法,即对内外部竞争环境和竞争条件下的态势进行分析,通过调查列举与研究对象密切相关的各种主要的内部优势(Strengths)、劣势(Weaknesses)和外部机会(Opportunities)、威胁(Threats),并依照矩阵形式排列。先设置并完成SWOT分析的四象限,如图4-3所示。再用系统分析的思想把各种因素相互匹配起来加以分析,从中得出一系列相应的结论,这种结论通常带有一定的决策性。
>
> 运用这种方法,可以对研究对象所处的情景进行全面、系统、准确的分析,从而根据分析结果制定相应的发展战略、对策及行动方案等。
>
> SWOT分析法一般有四个步骤:① 列出和评估SWOT要素;② 分析因素并排定等级;③ 识别战略协调性;④ 开发策略。
>
> 如果经过SWOT分析发现,外部的机会正好是组织的优势,应赶紧利用;如

果外部的机会是组织的劣势，就需要改进自身；如果组织虽然具有优势但是外部存在威胁，就需要时刻保持警惕；如果既有威胁又有劣势，应及时收缩以规避风险。

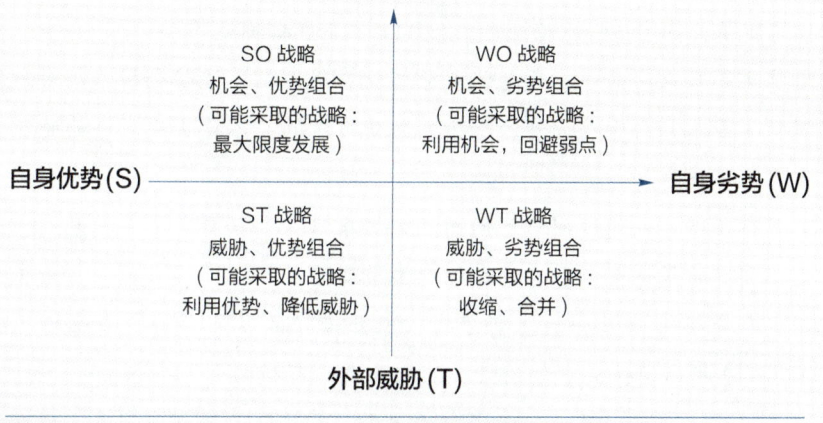

图 4-3　SWOT 分析的四象限

❖ 即学即练

运用 SWOT 分析法对自己进行求职分析

在 SWOT 所代表的四个维度中，优势和劣势是针对自身的分析，机会和威胁是针对外部环境的分析。

请基于自我认知，利用 SWOT 分析法完成表 4-6 中的个人求职分析。

表 4-6　个人求职分析

外部因素	内部能力	
	优势（Strengths） ● ●	劣势（Weaknesses） ● ●
机会（Opportunities） ● ●	SO战略 ● ●	WO战略 ● ●
威胁（Threats） ● ●	ST战略 ● ●	WT战略 ● ●

问题拆解建议：

（1）优势罗列可以从两个方面进行：① 与技能、能力相关的优势（擅长的领域或工具、专注的事、成就感来源、特殊资源等）；② 与人格特质相关的优势（可进行职业性格测试，如 DISC 人格测验、MBTI 职业性格测试等）。

这里要注意两点：第一，要把优势分析放在第一位，优势分析不彻底时，不要去分析问题。第二，由于人的资源和力量总是有限的，不要去追求全面的优势，建立相对优势非常重要。

（2）劣势分析可以通过问自己问题的方式来进行，如自己最不擅长的、最讨厌做的、最想拥有的是什么，受过的批评有无道理等。

（3）机会分析可以结合优劣势思考：所处专业的发展潜力、专业技能的竞争力、未来 5~10 年内岗位的发展前景、外部环境的有利因素等。

（4）威胁的识别可以思考：现实中的阻碍、无法改变的环境因素、现有的技能是否会被淘汰、阻碍发展的因素等。

（四）分析比较方案

实际决策时，方案的拟定和分析比较往往是相互交织的，因为方案拟定需要在比较中进行不断完善，在此阶段，企业往往会借助大数据分析系统和计算机辅助系统进行决策。

即学即问

■ 大学生初次就业时应该选择大型企业还是中小型企业？做此决策时应考虑哪些因素？

进行方案分析比较的具体步骤包括：首先，确定一套决策准则，一般包括实施方案的成本代价、长期和短期的收益、失败可能性等后果，要注意每条准则的重要性会不同。其次，用决策准则去衡量每一个方案并给出评分。再次，分析各方面的差异，比较各方案的优劣。最后，结合决策者对每项决策准则的重视程度和可承受程度，对方案进行综合评价，提出推荐方案。此外，为了对可预测的未来变化做好充分准备，还应确定备用方案。

（五）选择满意方案

通过对各方案的理性比较分析后，决策者将选择一个满意方案并付诸实施。在这一环节需要注意，是选择"满意方案"而非"最优方案"。

选择"满意方案"的原因包括：人的理性是有限的，环境会不断变化，决策者预测能力有局限性，备选方案的数量和质量会受到不充分信息的影响等。这导致最佳方案可遇不可求，几乎任何方案都存在风险。最好的可选方案，常是许多创新想法的组合。另外，如果实在没有相对满意方案，可暂缓决策，以免冒不必要的风险。

(六) 实施决策方案

通常，决策流程并不包括实施和评估，但决策是一个迈向目标并不断进步的过程，没有实施就无法判别决策的正确性及有效性，会导致不负责任的决策或无法执行的决策出现，而且实施过程中的评估和反馈也会影响决策的成败。有效的决策要兼顾执行措施，让决策变成可以得到贯彻的行动。因此，应该将实施和评估纳入决策流程。

决策的实施包括传递决策、解释决策、争取理解支持、分配资源及任务、建立信息反馈渠道等。其中，争取理解支持和分配资源及任务非常重要，这将决定执行者是否愿意积极检查决策实施情况，是否愿意且有能力在出现问题时不断进行修正和完善，直至解决问题、实现目标或做出新的决策。

即学即问
■ 人生中会面临很多抉择，回忆你曾遇到的某件大事项，你当时是怎样做出决策的？是否静心思考，评估了决策的多种可能性？

管理实践

新任项目经理的烦恼：这个员工该不该留？

小赵最近因为工作表现突出，被提拔为项目经理。这是公司的认可，小赵心里非常高兴，希望可以好好干，成为一名出色的项目经理。

在担任项目经理之后的一段时间内，小赵工作勤恳，项目进展也让人满意。然而，小赵心里却一直有一个烦恼：该项目中的一个监察员总是不能按时递交监察报告。

按照公司规定，报告应该在监察完成之后的十个工作日之内递交。这是一个比较宽松的标准，两周的时间无论如何监察报告也应该可以完成，其他的监察员基本都可以在这个期限内递交报告。

小赵给这个监察员打了电话，也写了邮件，告诉他公司的规定时限，请他下次务必按时交报告。该员工的态度很好，连连答应，并且为自己迟交报告而道歉。然而到了下一次的提交时间，他的报告依然还是迟交。为了保证监察报告的时限，小赵不得不在每次快到期限之前打电话提醒，然而效果并不明显；而打电话也增加了小赵的工作量。

对此，小赵十分苦恼，可以做的事情都已经做了，为什么情况还是没有改善？小赵和自己的上级商量这个问题，向他请教解决方法。小赵的上级认为，如果这个监察员实在无法按时提交报告，建议换人。

对于这个回答，小赵比较纠结：一方面自己才刚刚担任项目经理，就去讨论换人，是不是不太合适？另一方面，每次和这个监察员沟通时，他的态度还是不错的，有没有必要再给他一次机会？但是如果真的给了他机会，他的表现还是没有改善，那又该怎么办呢？

思考：

案例中小赵所面临的决策问题是什么？他的决策目标仅是解决一位员工的去留问题吗？现有哪些解决问题的方案可供选择？这些方案该如何执行？

第三节　决策的方法和技巧

决策的科学性主要体现在决策过程的理性化和决策方法的科学化。管理者为了提高决策的正确率，需要与时俱进地学会各种决策的方法和技巧。

一、决策的方法

决策的方法可以分为两大类：定性决策方法和定量决策方法。每一类又包含不同的具体决策方法，如表 4-7 所示。

表 4-7　决策方法分类

决策方法的类型	具体决策方法及示例
定性决策方法	● 程序化决策——快速处理日常事务，如按规章制度和程序处理； ● 适应性决策——处理复杂多变环境下的不确定性问题，如摸着石头过河； ● 创造性决策——处理战略设计、流程再造等需要创造性方案的问题，如头脑风暴法
定量决策方法	● 确定型决策——未来自然状态已知时的决策，如盈亏平衡分析法； ● 风险型决策——各种方案的发生有随机性但概率可预测，如期望值法； ● 不确定型决策——各种方案发生的概率完全不确定，如大数据分析、最小后悔值法

定性决策方法是指决策者根据已知情况和现有资料，直接利用个人的知识、经验、直觉和组织规章进行决策。定性决策分为程序化、适应性、创造性三种具体的决策方法。其中，程序化决策方法简单易行、经济方便，日常生活中大量的决策均属于此种类

型。而适应性和创造性决策方法适用于一些受社会经济因素影响较大、错综复杂、涉及社会心理因素较多的综合性决策。

定量决策方法就是运用数学决策的方法。其核心是把与决策有关的变量与目标用数学关系表示，通过建立数学模型来计算答案，以供决策者参考。定量决策分为确定型、风险型和不确定型，采用计算机辅助计算，在量化条件具备时一般比较客观、准确性高，并可进行多方案选优。

不同的决策方法各有其优缺点，在实际决策中要根据具体决策问题灵活运用。限于篇幅，本节只介绍以下三种具有代表性的决策方法。

（一）头脑风暴法

头脑风暴法属于定性决策方法，是最常用的一种集体式创造性决策方法。头脑风暴法主要用于群体决策，它可以克服群体决策中常见的"群体思维"——这种思维会削弱群体的批判精神和创造力，降低决策的质量。

什么是头脑风暴法

头脑风暴法主要采取会议形式，可召集相关人员在轻松氛围中不受约束地围绕某一问题（最好是开放性问题）畅所欲言、相互启发，提出尽可能多的新观点和方案。该方法常用来解决管理创新方面的问题。

使用头脑风暴法时需要注意：

第一，会议的组织形式要求。会议参与人数一般为5~10人，最好由不同专业或不同岗位的人员组成；会议时间控制在1小时左右；设主持人一名，主持人只主持会议和控制时间，不评论与会人员的设想。主持人应善于激发与会人员的思想。设记录员1~2人，记录人员要认真地将与会人员的每一个设想都完整地记录下来，无论好坏。

第二，会议的原则。为使与会者畅所欲言，互相启发和激励，提高效率，必须严格遵守以下原则：① 不批评别人和自己的意见；② 自由奔放地畅想；③ 多提方案，以量求质；④ 结合别人的方案提出自己的设想。

（二）盈亏平衡分析法

盈亏平衡分析法又称本量利分析法，属于定量决策方法，是一种常用的确定型决策方法。盈亏平衡分析法是通过分析生产成本、销售量和利润三者之间的关系，得出数量变化规律，用以指导企业选择能实现高效率和高利润的经营方案。

盈亏平衡分析法

通常情况下，企业利润（税前利润）是销售收入减去生产成本后的剩余；销售收入是产品销售量和销售价格的乘积；生产成本包括固定成本和变动成本，其中，固定成本是指在一定时间和范围内不随产量变化而变化的成本（如固定资产折旧费），而变动成本是指随着产量增加而变动的那部分费用（如原材料费用、计件工资等）。

企业获得利润的前提是销售收入至少等于生产成本（也称保本）。因此盈亏平衡分析法的关键是找出盈亏平衡点，即企业利润为零的点，此时的产量称为保本产量。为了确定保本产量，企业需要计算：在一定时期内，当销售价格、固定成本和变动成本已知的情况下，企业至少需要生产多少产品才能使销售收入与生产成本达到平衡？

根据上述本量利间的关系分析，可以用公式来计算保本产量。假设 C 为生产成本，C_F 为固定成本，C_V 为单位变动成本，P 为销售价格，Q 为销售量，S 为销售收入，W 为利润。

首先，用公式表示本量利之间的关系：

利润 = 销售收入 − 生产成本
= 销售价格 × 销售量 − 单位变动成本 × 销售量 − 固定成本

然后，用设定好的符号表示本量利之间的关系：

$$W = S - C$$
$$= P \cdot Q - C_V \cdot Q - C_F$$

当组织处于盈亏平衡点时，利润（W）为 0，$W = P \cdot Q - C_V \cdot Q - C_F = 0$，据此可以推导出盈亏平衡点的销售量，即：

$$Q_0 = \frac{C_F}{P - C_V}$$

这就是计算保本产量的基本公式。从该公式可知，盈亏平衡分析法可以用来解决以下问题：① 当产品售价、固定成本和变动成本已知时，可以确定企业的盈亏平衡点销量，即销售多少产品可以保本，也可以确定企业在实现目标利润时的销售水平。② 当生产成本、销售量和目标利润已确定时，可制定企业产品的售价。

如果在盈亏平衡的基础上要实现预期利润（用 E 来表示），那么销售量则表示为：

$$Q = \frac{C_F + E}{P - C_V}$$

在本量利分析中，可根据已知的价格和成本绘制盈亏平衡图，如图 4-4 所示。

从图 4-4 可知，销售收入线与总成本线的交点 A 正是盈亏平衡点，此处利润为 0。此时，A 点所对应的销售量 Q_0 就是盈亏平衡时的销售量。当企业的销售量 $Q < Q_0$ 时，企业处在亏损区；当销售量 $Q > Q_0$ 时，企业处于盈利区。

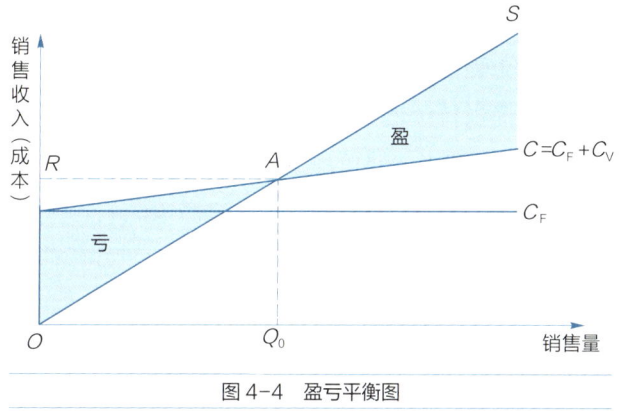

图4-4 盈亏平衡图

（三）大数据决策法

大数据决策法属于定量决策方法，是一种应对不确定性的决策方法。随着我国经济的快速增长和本土企业规模的不断扩大，各行各业的决策活动在频度、广度及复杂性上显著增加，传统的数据分析方法以及基于人工经验的决策已难以满足大数据时代的决策需求，大数据驱动的智能决策逐渐成为决策研究的主旋律[1]。

大数据指大小超出了传统数据库软件工具抓取、存储、管理和分析能力的数据群。大数据可以自动综合使用云计算、物联网、智能终端等各种技术资源，建立高效流畅的连续性服务。

大数据决策是指决策的制定不仅基于数据或个人经验，而且基于系统的统计研究[2]，它能通过提高预测概率而提高决策成功率。因此，大数据已成为一种新型的战略资源，并被运用于各种商业场景中。

随着大数据应用越来越多地服务于人们的日常生活，基于大数据的决策方式逐渐呈现出动态性、全局性、不确定性、偏向满足个性化需求等特点。

用大数据服务管理决策，会改变企业的决策主体、决策方法和决策过程，从而大大提高管理者的决策能力[3]。具体体现在：① 大数据将决策从精英层面推向了普通员工。大数据决策系统是一种群体化决策的模型，大数据决策可以帮助企业员工建立数据收集、汇总、传递、共享等机制。让高层决策变成全员决策，并渗透到企业的日常经营中。② 管理决策方法由"经验决策"转变为"数据决策"。企业利用大数据分析可以发

---

1 于洪，何德牛，王国胤，等．大数据智能决策［J］．自动化学报，2020（05）．
2 伊恩·艾瑞斯．大数据思维与决策［M］．官相真，译．北京：人民邮电出版社，2014．
3 中共中央组织部中国科学技术协会．领导干部和公务员科学素质读本［M］．北京：科学普及出版社，2016．

现新客户群体,确定最优供应商,并不断推出创新产品。同时,数据分析能使管理得以量化,尤其在完善员工的绩效考核制度、人事管理体系方面,它能够提高员工素质、改善人员结构并为公司发展提供持续的动力。③ 管理决策过程从"事后管理"向"事前预测"转变。大数据可以使管理者的决策思维实现超越。

> **管理思辨**
>
> 全世界对塑料危害基本达成了清晰认识与共识。2020 年修订的《中华人民共和国固体废物污染环境防治法》体现了我国塑料污染防治力度升级的态势和导向。
>
> 如何科学应对塑料污染防治挑战?有学者提出,塑料污染防治应以减小环境影响、追求经济效益、保证社会平稳过渡、构建长期稳定运行的塑料行业为最终目标,但需要为实现目标规划可执行、可操作的实施路径。
>
> 有观点认为,塑料垃圾泛滥成灾,只有完全禁止使用才能彻底控制白色污染。也有观点认为,塑料和经济发展密切相关,应倡导用创新的方式解决问题。除了垃圾分类回收外,应鼓励使用"生物塑料""零废弃""循环经济"等替代、重复利用的创新技术和理念。也有环保组织认为这个问题不简单,塑料污染是一个需要从源头上解决的系统性问题。
>
> (资料来源:温宗国. 塑料污染防治面临哪些主要挑战[N]. 中国环境报,2020-08-20.)
>
> 请讨论:防治塑料污染的措施出台要考虑哪些因素?面对这样的社会问题,管理决策应该"一刀切"还是"一步一步"渐进完善?为什么?

二、决策的技巧

决策既是一门科学,又是一项艺术。很多因素都会影响最终决策。管理者要提高决策的能力,就要识别影响决策的主要因素,也要掌握提高决策正确率的要点。

(一)识别影响决策的主要因素

影响决策的主要因素包括如下三个方面。

1. 环境的制约

环境会限制人们对行动方案的选择。这里所指的环境包括内外部环境,内部环境包括组织文化、组织基于过去决策形成的反应模式等;外部环境包括市场的稳定性、市场的结构形式等。内部环境会影响决策者对问题的认识、所采用的决策准则和可能采取的决策方式。而外部环境会直接影响决策的正确性。

2. 问题的类型

问题的类型会决定决策方式方法的选择。在决策前应结合问题的特性进行区分。常见的问题分类方式包括三种：① 按照属于当下还是属于未来分为"需改变"和"需实现"的问题；② 按照是否有明确的解决方法，分为"结构良好"和"结构不良"的问题；③ 按照是否重复发生，分为"经常性"和"例外性"的问题。

3. 决策者的个性特点

决策会受到决策者的价值观念、经验、能力等因素的影响，其中，决策者的价值取向、风险倾向更会直接影响决策方案的选择。另外，决策者的个人目标和组织目标必须一致，如果有冲突或相违背，必然会出现决策失误。

提高决策能力一般有两种途径：一是加强对科学决策理论和方法的学习；二是在实践中知行合一，提高决策技巧。虽然决策者无法排除各种不确定因素和风险的干扰，但通过有意识地提高干扰识别和风险管理的能力也可以提高决策能力。

（二）提高决策正确率的要点

遵循理性决策过程有助于提高决策的正确率，因为决策失误往往是在决策的某个环节或几个环节出现了问题。但是，完全遵循理性决策过程也并不能保证最终的决策一定正确，在实际决策时还应注意以下要点。

1. **准确地收集和利用信息**

管理者在决策时离不开信息，信息的数量和质量直接影响决策水平。因此，管理者需要确定应收集什么样的信息，并在决策过程中尽可能地通过多种渠道、利用各种技术手段去收集这些信息，进而系统地对收集到的信息进行归纳整理、比较、选择和加工，为决策和评估提供依据。

需要注意的是，在收集、利用信息时，管理者要紧密围绕决策目标的需要来进行，不然容易误入信息"陷阱"，收集大量无效信息。

2. **正确运用直觉中的价值理性**

决策中的理性分析和价值考量应相辅相成。常规决策思维往往关注具体和明确的目标以及结果的实现，偏向工具理性。而在当下趋于复杂的环境中，评判行为本身能否有助于实现社会公平、正义、忠诚、荣誉等的价值理性也会影响决策。

一个优秀的管理者能正确运用直觉中的价值理性，它在问题尚未显现、时间紧张、难以抉择等情况下显得尤为重要，对判断问题、分析方案等具有积极作用，可以协助决策者做出正确决策。

3. 明智把握决策时机，确定决策者

决策是一个需要多方参与的、开放性的、不断反复的过程，要密切关注决策的每个环节及其变化，准确把握决策时机并确定决策者。

把握决策时机包括对核心问题和决策时间的判断与掌握。在工作中要分清问题的轻重缓急，因为问题的性质会随着时间的变化而变化。而对问题的正确判断会影响决策行为，有时需要果断决策，有时则应在适当的情况下改变决策。

作为管理者，更应该做问题的发现者而非问题的解决者。很多时候管理者无须直接决策，而是要找到适合解决问题的人。在管理实践中，确定决策者有三种方式：个人决策、协商决策、集体决策。个人决策适用于时间紧迫的情况或危机问题的处理；协商决策适用于时间允许且其他人对此问题有相关经验的情况；集体决策适用于问题重大，需要考虑多方面因素或需要提出创新性方案的情况。

4. 克服决策过程中的心理障碍

管理者在面临决策问题时，往往会出现不同的心理障碍，从而影响决策的正确性。决策中常见的心理障碍包括优柔寡断、急于求成和追求完美，具体表现分别为：① 优柔寡断者往往考虑如何避免自身风险而不是如何解决问题，常采取回避、拖延、转嫁等行为。② 急于求成者往往停留在问题的表象上、只希望快速解决问题，经常会强行采取应急管理方法或条件反射式地采取行动，导致同一问题反复发生。③ 追求完美者往往过分考虑如何实现理想化的目标，经常会错过决策时机，导致问题迟迟不能得到解决。

为了避免以上三种心理障碍，决策者应将决策看作一个不断进步的过程而不是一次性事件，熟悉决策的原则，加强科学决策过程理论的学习，在实践中不断优化自己的决策思维。

管理实践

诺基亚的四次转型决策

诺基亚成立于 1865 年，总部位于芬兰，它在发展过程中经历了四次转型。

第一次转型，敏锐洞察时代发展先机：诺基亚成立早期以伐木、造纸为主业，后逐步向胶鞋、轮胎、电缆等领域扩展。到 20 世纪 90 年代中期，诺基亚因涉及产业过多而濒临破产，当时的诺基亚管理层果断地把其他所有产业都舍弃掉，只保留了诺基亚电子部门，最终发展成为一家手机制造商，以通信基础业务和先进技术研发及授权为主业。

第二次转型，开启全球手机帝国的辉煌时代：在电信时代，由于专注于传统功能手机的研发，诺基亚功能手机在当时具有极佳的品牌效应，并从1996年开始连续15年占据手机市场份额第一的位置。1998年，诺基亚和爱立信、摩托罗拉共同成立了推进手机和掌上电脑智能化的公司塞班（Symbian），研发了当时手机最主流的操作系统"塞班"。当时三星、LG、索爱、西门子、松下等十多家大品牌手机厂商都是塞班系统的使用者。

第三次转型，传奇落幕：智能手机时代的到来以苹果公司的iPhone和谷歌公司安卓系统的崛起为标志。此后，三星、HTC、摩托罗拉、LG、爱立信等手机制造商相继放弃塞班系统，选择新兴的安卓系统。当时谷歌和诺基亚展开了几轮谈判，希望诺基亚能够使用安卓系统，但双方始终没能达成一致。诺基亚希望智能手机操作系统最好掌握在自己的手里，但是又无法收购谷歌。

面对使用新操作系统的智能手机的崛起，从世界第一到破产，诺基亚只用了一年的时间。虽然在此期间，诺基亚与微软达成战略同盟，深度合作共同研发Windows Phone手机，但这个尝试也失败了。2014年4月25日，诺基亚宣布完成与微软公司的手机业务交易，将设备与服务业务出售给微软后，正式退出手机市场。

第四次转型，5G时代的新转折：剥离掉手机业务后，诺基亚公司明确定位为电信设备制造公司，致力于5G网络、物联网、安全和虚拟现实等业务。到2020年，其5G标准专利超过1 471项，在通信行业，诺基亚与爱立信、华为并列为世界三大电信设备商。对于诺基亚当前的发展态势，其董事长认为应成为一名"偏执的乐观主义者"，即面对恐惧和迷茫的时候，依然保持乐观，坚信总能找到克服困难的办法。

思考：

诺基亚手机业务的失败是由哪些决策失误导致的？诺基亚公司经历的四次转型，有哪些启示？

5. 正确处理决策失误

决策失误是不可避免的，而如何正确处理决策失误是决策能力的一部分。通过自我反省认识错误，并采取适当方法积极予以弥补，有意识培育风险管理能力，可以提高决策能力。

具体来说，发生决策失误后，应努力做到四步：承认错误、检查反思、调整、改正。承认错误有助于管理者集中精力去弥补失误；检查反思有助于学习决策技巧，避免重蹈覆辙；调整有助于在后续决策执行中更好地实现目标；改正是指当检查和调整无效时，针对原因拟定修正计划，以减少由于决策失误可能造成的损失。

课后习题

一、单选题

1. 决策所涉及的问题一般与（　　）有关。
   A. 将来　　　　B. 过去　　　　C. 现在　　　　D. 以上都对

2. 某项决策具有极大的偶然性和随机性，既无先例可循，其方法和步骤又难以程序化和标准化，那么这项决策的类型是（　　）。
   A. 风险型决策　　B. 不确定型决策　　C. 非程序化决策　　D. 业务决策

3. 永明灯具厂生产的吊灯每只成本为 2 500 元，其中劳动力与原材料等直接成本为 1 700 元，由固定成本分摊的间接成本为 800 元，吊灯售价为 2 800 元。现有某客户提出，要按每只 2 200 元的价格订购 5 只。此时该厂的决策是：（　　）。

   A. 订购价格低于生产成本，不能接受

   B. 订购价格远低于通常售价，不接受

   C. 订购价格高于直接成本，尽管生产任务已经很紧，也应接受订货

   D. 生产任务不足时，可以考虑接受订货，否则应拒绝接受此订货

4. 对于盈亏平衡分析，下述说法不正确的是（　　）

   A. 在盈亏平衡点，企业的总销售收入等于总生产成本

   B. 在盈亏平衡点，产品的单位价格等于产品的单位变动成本

   C. 在盈亏平衡点，产品的单位价格等于产品的单位成本

   D. 在盈亏平衡点，企业的利润为零

5. 企业经营方案决策最终所选出的一般为（　　）方案。
   A. 较为满意的　　　　　　　　　　B. 最佳的
   C. 利润最大的　　　　　　　　　　D. 成本最低的

二、多选题

1. 决策就是决策者为实现某一特定目标而从若干个可行的备选方案中选择一个满意方案的分析、判断、选优的过程。这一定义的含义包括（　　）。

   A. 决策要有明确的目标

   B. 决策要有若干个可行的备选方案

   C. 决策是一个对备选方案进行分析比较选优的过程

   D. 决策的结果是选择一个满意的方案

2. 一般来说，越是组织的下层主管人员，所做的决策越倾向于（　　　）。
   A. 战略型　　　　　B. 风险型　　　　　C. 常规型　　　　　D. 确定型
3. 属于长期决策的有（　　　）。
   A. 人力资源的开发　　　　　　　B. 生产中的资源配置
   C. 投资方向的选择　　　　　　　D. 企业日常营销
4. 属于业务决策范畴的主要有（　　　）。
   A. 技术改造　　　　　　　　　　B. 岗位责任制的制定
   C. 生产进度安排　　　　　　　　D. 企业产品的更新换代
5. 头脑风暴法是一种有代表性的群体决策中的专家会议决策法，为使与会者畅所欲言，互相启发和激励，达到较高效率，必须严格遵守的原则有（　　　）。
   A. 不批评别人的意见
   B. 自由奔放地思考
   C. 多提方案
   D. 结合别人的方案提出自己的设想

三、判断题

1. 为决策所做的若干个备选方案应是可行的，这样才能保证决策方案切实可行。这就是决策的科学性特征。（　　）
2. 不确定型决策和风险型决策的主要区别在于能否确定方案的客观概率。（　　）
3. 我国制订的五年规划属于战略决策。（　　）
4. 决策不是某个时点的拍板决定，而是一个从有关信息收集一直到决策结果的过程。（　　）
5. 战略决策主要是谋求组织内部条件、外部环境和目标三方面的动态均衡。（　　）

四、简答题

1. 有哪些常见的决策类型？
2. 决策者要做出科学合理的决策，通常应遵循哪些原则？
3. 理性决策过程由哪几个步骤组成？
4. 如何才能提高决策的正确率？
5. 应用头脑风暴法进行决策应注意的要点是什么？

综合实训

实训项目 大数据精准营销决策

实训内容 以小组为单位,收集整理科技公司(如小米等)的手机或其他产品基于大数据的精准营销案例,从中选取一个典型案例,用决策流程框架展示其过程。

实训要求: 1. 针对所选案例,列出该案例中的产品在营销过程中遇到的决策问题,并分析这些决策问题的复杂性和决策难点。
2. 基于决策流程,为所选案例绘制完整的决策流程图。
3. 根据上述决策流程图,结合大数据对于提升营销决策精准性的作用,撰写实训报告。

成果及评价 1. 每个小组提交一份包含决策流程图与大数据精准营销作用分析的实训报告。
2. 教师对每组同学的实训报告进行评定,并对有代表性的实训报告进行点评。

自我测评

通过本章学习,请根据个人学习收获进行自我测评,在相应栏目里打钩。

自我测评项目 (★表示需要关注测评项目)	显著提高	较大提高	略有提高
1. 核心知识点(如决策概念和类型、决策流程、三类决策方法等)掌握程度★			
2. 按照科学决策的主要步骤和环节进行简单决策的能力★			
3. 组织简单的"头脑风暴"活动的能力			
4. 运用盈亏平衡分析法对组织的经营活动进行分析的能力			

续表

自我测评项目 （★表示需要关注测评项目）	显著提高	较大提高	略有提高
5. 倾听多方建议、正确地搜集和分析信息，以减少自己工作失误的意识和能力★			
通过本章的学习，你还有哪些收获？可分条列出			
学生签名： 时间：　　年　　月　　日		教师签名： 时间：　　年　　月　　日	

组织

第五章

学习目标

知识目标

- 熟悉组织的作用和构成要素
- 了解组织环境和组织生命周期
- 掌握组织效果的含义和评价指标
- 掌握组织结构的含义、设计原则、步骤、内容及类型
- 熟悉组织变革的含义、分类、要素、过程
- 了解学习型组织的关键特征

能力目标

- 能够运用 PESTLE 工具进行组织环境分析
- 能够对小型组织进行组织结构设计
- 能够通过组织架构分析企业特点

素养目标

- 正确认识自己在组织中的定位、作用和发展状态
- 敢于迎接组织变革,主动应对数字时代的挑战
- 树立个人和组织互相赋能、共同成长的正确管理和发展理念

思维导图

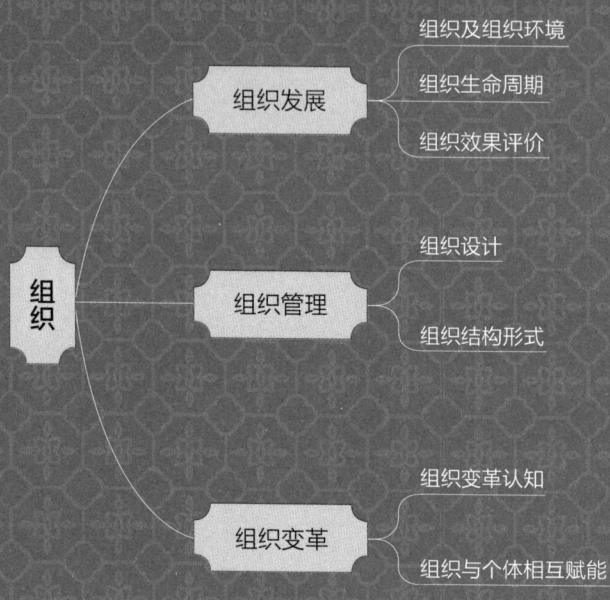

学习计划

- 知识学习计划

_____
_____
_____

- 技能训练计划

_____
_____
_____

- 素养提升计划

_____
_____
_____

> ❖ **管理探索**

美的的企业组织结构变革与创新

美的创立于 1968 年，秉承用科技创造美好生活的经营理念，经过 54 年的发展，已成为一家集智能家居、楼宇科技、工业技术、机器人与自动化、数字化创新五大业务板块为一体的全球化科技集团，2021 年，美的营业总收入达 3 434 亿元。在美的快速成长的背后，是其长久以来对经营体制的建设与不断创新。美的创始人认为，除了培养人，组织体制与管理机制建设应是美的最关心的内容。

美的最初是一家生产电风扇的小企业，是典型的直线职能型组织结构。1997 年，美的进行了组织结构调整，开始采用事业部制，解决了多产品线同时发展的问题。从 2011 年开始，美的启动了新一轮改革，从事业部制组织结构转变为平台化组织，把产品的经营、设计放在事业部，把物流、客服、金融等通用内容放到统一的业务平台上，以提高生产效率，降低成本。2015 年，美的进行了"789 组织改造"，即建设 7 大平台、8 大职能、9 大事业部，明确提出了赋能平台的概念，其组织由平台、职能、事业部构成。2019 年，美的把平台拆分成两个部分：一部分是职能平台，偏向创新；另一部分是公共支撑平台，偏向支撑和赋能。2022 年，美的启动了新的一轮组织结构变革，在全国 30 多个主要市场区域逐一设立商务中心，以统筹规划和管理该市场的所有品类业务的运营和部署。

有人说，正是结合中国企业和东方组织文化的特点，进行不断创新和体制变革，才成就了今天的美的。

请思考：
结合案例进行分析，企业组织结构为什么要不断地进行变革与创新？

第一节 组织发展

一、组织及组织环境

（一）组织的概念

组织有时是无形的，它可能是一幢高层建筑、一层办公室、一家零售店；组织有时

> **即学即问**
>
> ■ 某些企业把组织定义为"以解决用户问题为生存方式的团队"。在这个时代,如何才能抢先发现用户问题及其变化和变化的根源?有人给出了答案:数字化。如何理解此观点?

是模糊、抽象的,它可能分布在若干个地方。组织是由人及其相互之间的关系构成的。当人们之间相互作用以完成实现目标的基本活动时,组织就存在了。

组织的概念可以从两个维度理解:

(1) 从静态维度来看,组织是指一个社会实体,它设定了明确的目标导向、周密的组织结构及有意识协调的活动系统,同时与外部环境保持密切的联系。

(2) 从动态维度来看,组织是指组织工作,通过组织的建立、运行、发展、变革,从而不断配置与调整组织资源以便达到组织目标。组织是达成管理目标的途径。

(二)组织的构成要素

组织的构成要素包括:

(1) 组织成员。组织是一定数量的个人的集合体。

(2) 组织目标。组织治理达到的目的,包括终极目标和阶段目标。

(3) 组织活动。组织活动的内容由组织的使命、愿景、价值观、战略目标和业务决定。

(4) 组织资源。包括人、财、物、信息、技术、时间、数据等。

(5) 组织环境。组织的发展与组织所处的内外部环境各种要素紧密关联。

(三)组织环境

组织离不开环境。广义上的组织环境分为外部环境与内部环境。组织的管理者必须清楚外部环境和内部环境分别会对组织带来什么样的影响和改变。内部环境可以更直接地向组织提供有用的信息,更容易识别;外部环境则给组织带来间接的、更深层的影响。

组织环境如图 5-1 所示。

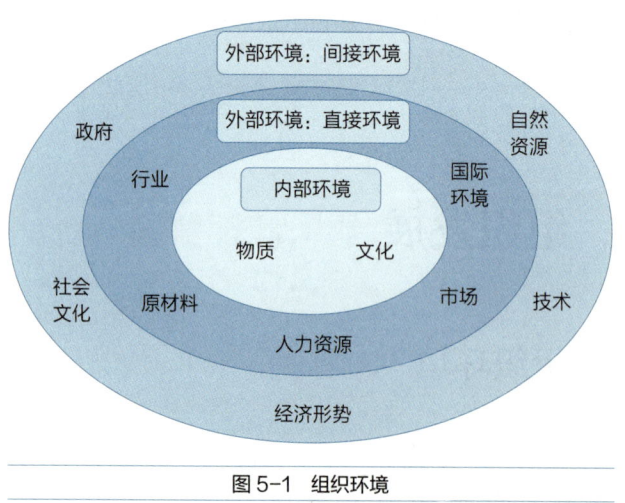

图 5-1 组织环境

1. **外部环境**

外部环境是相对无限的,它包括了组织外部的每一个方面。可以通过分析组织外部的领域来认识外部环境,外部领域其实是指组织所选择活动的环境区域,它是组织为了实现组织目标,根据所提供产品或服务的市场而选定的区域。不同领域决定了组织的经营方向,包含了组织为了实现管理目标必须进行相互作用的外部环境要素。

外部环境可进一步细分为直接环境和间接环境。

(1) 直接环境。包括行业、原材料、人力资源、市场和国际环境。

① 行业。包括市场竞争者、行业规模与竞争激烈程度等。技术的高速发展与迭代,给很多行业组织发展带来巨大的挑战与动力。现在,市场竞争变得更为复杂,出现了越来越多的跨行业竞争者,市场竞争程度也变得更为激烈。

② 原材料。包括供应商、制造商、不动产商、服务商等。随着数字化变革所带来的供应链变化,组织与原材料的供应商、制造商、服务商等之间的关系也在发生变化。

③ 人力资源。包括人口增长状况、劳动力市场状况、就业状况、学习培训情况等。这是组织管理中非常重要的一项。组织外部的人力资源状态决定了组织外部的人才供给状况,而组织内部的人力资源管理状况则决定了组织的人才管理水平。

④ 市场。包括用户群、潜在客户群等。组织存在的意义之一就是解决用户问题。现在越来越多的企业组织开始重视用户体验,以提高市场竞争力。

⑤ 国际环境。包括价值观、信念、教育程度、宗教、职业伦理、国际竞争、国际管制等。随着越来越多的中国企业进入海外市场,它们需要面对更为复杂多样的国际环境,这为组织管理带来了众多考验。

(2) 间接环境。包括政府、社会文化、经济形势、技术和自然资源。

① 政府。包括国家政策、法律法规、税收、服务、司法系统、政治活动情况等。其中,国家政策与组织边界紧密关联,例如,2021年我国对《产业结构调整指导目录》进行了修改,现行版本在第一类鼓励类中增加了"人力资源与人力资本服务业""人工智能"等新行业。法律法规则规范了组织行为的合理性。例如,2021年1月1日起《中华人民共和国民法典》正式施行,体现了对组织权利的充分保障。

② 社会文化。包括社会文化特色、社会和谐程度等。不同的国家或地区的社会文化程度和教育水平存在差异,人们的生活习惯和价值观念也不相同,为此对组织提出了不同要求。风俗习惯、文化传统、价值观念等对人们具有较强的约束力。

③ 经济形势。包括经济状态、失业率、通货膨胀率、投资回报率、经济增长率等。例如,新冠肺炎疫情对全球经济形势带来巨大的影响,部分国家或地区的经济因此陷入低迷状态,很多企业组织的发展也深受影响。

④ 技术。包括生产技术、社会科技、计算机、互联网、电子商务等。近代以来相继经历了三次技术革命，推动人类社会相继进入"蒸汽时代""电气时代"和"信息时代"，由此带来了世界经济的飞跃性发展。当前，以人工智能、大数据、物联网、太空技术、生物技术、量子科技为代表的新科技革命正在全面酝酿，由此推动了新产业、新业态、新模式的巨大发展，也给组织带来了显著变化。

⑤ 自然资源。各种各样的自然资源对组织而言也是一个需要考量的外部因素。虽然不是直接影响，但是自然资源对组织未来发展的影响不容忽略。

要破解组织发展难题，厚植发展优势，必须牢固树立并坚定不移地贯彻创新、协调、绿色、开放、共享的新发展理念。坚持绿色发展，就必须坚持节约资源和保护环境的基本国策，坚持可持续发展，坚定走生产发展、生活富裕、生态良好的文明发展道路，加快建设资源节约型、环境友好型社会，形成人与自然和谐发展的现代化建设新格局。例如，我国明确提出，要在2030年前实现"碳达峰"、2060年前实现"碳中和"。

2. 外部环境对组织的深刻影响

"唯一不变的是变化"，组织的管理者必须清楚外部环境的剧烈变化会对组织带来什么样的影响和改变。当今世界正处于百年未有之大变局，这里的"百年"在本质上是一个大历史概念，是指一个相对较长且正在发生巨大变化的历史时期。这里的"世界"不只是传统意义上的国际关系，而是指视野更为宏大、内涵更为丰富的人类社会。因此，所谓"世界百年未有之大变局"，是指在一个相对较长的历史时期深刻影响人类历史发展方向和进程的世界大发展、大变化、大调整、大转折、大进步。

组织管理者唯有深刻认识世界大变局与中国大发展之间的历史性交汇，才能更好地抓住重要战略机遇，准确把握组织外部环境的基本变化特征，才能对变化剧烈的外部环境有准确的认知，才能更好地应对发展变化中的外部风险和挑战。

3. 内部环境

内部环境是指对组织直接影响最大的因素，它直接影响组织的日常运营、生存和发展。内部环境包括物质和文化两个方面。

（1）物质。物质是指组织内部所拥有的资源及其利用情况。组织所拥有的资源也是有限的，在主观上对资源的利用能力也是有限的，组织内部的物质资源直接影响组织利用资源的情况与效果。组织资源一般包括人、财、物、信息、技术、数据、时间等。

（2）文化。文化是组织在动态发展中不断形成的，被外部、组织合作伙伴所认同，全体员工共同遵守的具有符合本组织与业务特点的使命、愿景、宗旨、精神、价值观、经营理念和行动指针的总和。其核心是组织的精神和价值观。不同的组织具有自己特定的组织文化。组织文化最终会影响组织的绩效。

4. 组织环境分析

对于组织而言，任何发展与改革都需要对其历史发展、现行策略和未来发展机遇进行总结，对组织环境进行必要分析。组织环境分析最常见的方法是 PEST 分析方法，即从政治（Political）、经济（Economic）、社会（Social）、科技（Technological）四个方面来分析影响组织发展的重要因素。管理学教授韦恩·卡西欧（Wayne Cascio）在此基础上添加了法律（Legal）和环境（Environmental）这两个因素，构建了 PESTLE 框架，其内容如表 5-1 所示。

表 5-1 PESTLE 框架

因素	内容
政治	监管发展、影响行业的政府政策、税收计划、政府补助和财政奖励等
经济	利率、货币汇率、经济状况、价格、通货膨胀、社会财富分配、全球化的影响、行业纵向和横向整合、行业趋势和变化等
社会	人口变化、生活方式的发展（如向"保健"和健康生活迈进）、不同年代的人对职场内外的愿望和需求、教育和对高等教育的期望等
科技	产品科技（如智能手机、虚拟现实）、通信科技（如互联网、电子邮件、社交媒体）、营运科技（如全球分销系统、全球供应链、大规模定制化）等
法律	法律的制定和发展，包括企业竞争、劳动保护、环境保护等法律
环境	气候变化、关于使用自然资源（包括空气、水和土地）的全球可持续性、采矿、水力裂解技术、化石燃料、清洁能源、替代能源等

❖ 即学即练

运用 PESTLE 框架进行组织环境调研

请选择一位在某一企业任职的亲朋好友作为访谈对象，利用课余时间进行访谈，完成以下任务：

1. 参照表 5-1，对企业组织环境 PESTLE 的六个方面进行简要分析。
2. 选择其中一个方面深入分析。
3. 在"环境"方面结合可持续发展理念、碳中和理念等进行分析。

调研完成后，在课堂上分享调研结果。

二、组织生命周期

(一) 组织生命周期的概念

组织生命周期是指一个组织的诞生、成长直至最后消亡的过程。组织生命周期的各阶段在本质上是顺序演进的，它遵循的是一种规律性的进程。随着组织向生命周期下一阶段的演进，其结构、领导风格及管理系统都会演变为一种相对可预见的模式。组织生命周期是衡量组织发展和变革的途径。在组织的不同时期，根据不同的要求，管理人员应该采取相适应的管理方式，帮助组织向更高级的管理阶段过渡，以取得更大的成功。

(二) 组织生命周期阶段特征

哈佛大学教授拉瑞·葛雷纳（Larry Greiner）提出，组织从创立、发展到衰老，直至死亡的过程包括五个主要阶段：创业阶段、聚合阶段、正规化阶段、精细化阶段和整合阶段。在组织发展的不同阶段，组织结构、领导方式以及管理系统遵循一个可预测的模式不断变化，如果不能成功地运用这一模式克服在某一阶段遇到的问题，组织的发展则会停滞甚至死亡。组织生命周期五个阶段的组织特征如表5-2所示。

表5-2 组织生命周期五个阶段的组织特征

特征	创业阶段	聚合阶段	正规化阶段	精细化阶段	整合阶段
管理焦点	研发、销售新产品	提高经营效率	拓展市场	巩固组织	团队协作创新
组织结构	多为非正式组织，员工之间交流频繁	职能化组织结构，专业化分工	逐步建设分支机构	将分支机构重组为业务群	矩阵式组织结构
管理风格	注重创新创业，个人领导风格和色彩鲜明	教官式的频繁指导	集中管理，重点在并购拓展	监察式管理	鼓励创新，聚焦关键问题
控制系统	销售结果导向控制	预算和工作绩效控制	定期报告与例外管理	集中审查计划，全面控制	简化控制制度
报酬重点	时薪较低，激励为主	绩效薪资	逐渐完善的奖金制度	分享利润与股份	团队奖金

在每一个阶段都有其独特的管理作风、人际关系、管理危机和组织管理方法。组织生存的关键在于克服困难，从一个阶段适时地进入下一个阶段。因此，组织管理者必须了解组织的动力、需要和目前所处的发展阶段，这样才能使组织顺利地向前发展。

三、组织效果评价

（一）组织效果的概念

一流的企业是如何组织的？如何衡量组织和企业？衡量组织和企业的标准是什么？如何衡量组织效果的重要性？为了解决这一系列的问题，管理者需要掌握有关组织效果的概念、内容和衡量方法。提升组织效果能够体现组织存在的价值，进而完成组织使命。组织效果是指组织实现目标的程度，主要体现在能力、效率、质量和效益这四个评价维度上，如表5-3所示。

如何衡量组织效果

表5-3 组织效果评价维度

评价维度	含义	具体表现
能力	能力是组织运作的基础和发展潜力	包括土地、资本、资源、工具、技术、人才和组织能力等
效率	效率是组织的天然要求，组织的存在就需要不断提升效率	包括管理效率和运营效率
质量	质量是指组织所提供的产品（服务）的品质或功能满足目标客户的需求，真正体现组织存在的价值	包括组织提供的产品和服务的各项性能指标，如可靠性、安全性、使用寿命、便利性等
效益	效益是指增加值或附加价值，是组织运行的产出，也是组织存在的基础	包括利润、员工报酬、税收、利息和折旧等

组织效果往往是多维的，因此其评价也是多维的。员工认为组织效果在于能够按时发放薪酬，兑现奖励承诺；顾客认为组织效果在于能够提供优质低价的商品；管理者认为组织效果在于能够盈利；政府认为组织效果在于能够创造就业岗位、增加税收和承担社会责任。商业性组织一般会将利润、股票绩效、员工满意度、顾客忠诚度、社会责任、创新性等作为评价组织效果的指标。

（二）组织效果的评价

管理者可以采用目标法、资源法、内部程序法和战略性利益主体评价法中的多个指标对组织效果进行评价[1]。一般地，评价组织效果的常用指标有以下15个，如图5-2所示。

---

[1] 理查德·达夫特. 组织理论与设计 [M]. 13版. 王凤彬，石云鸣，张秀萍，等，译. 北京：清华大学出版社，2022.

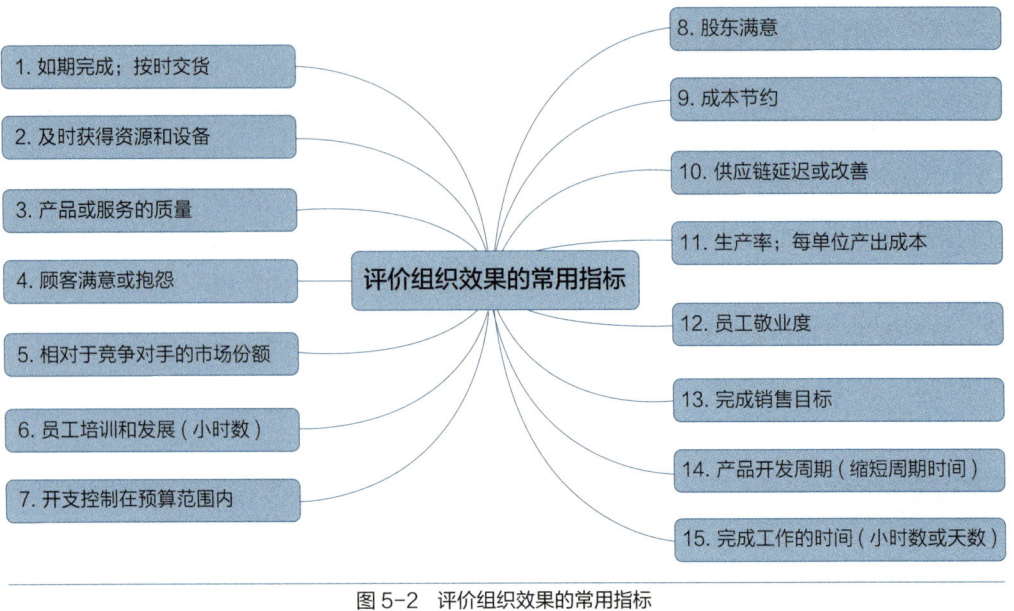

图 5-2 评价组织效果的常用指标

除此之外，还需要评估组织的社会责任承担情况。企业作为组织主体，其发展离不开内外部环境的影响。企业不仅是一个经济组织，更是一个社会组织。社会责任对企业而言尤为重要。好的企业必须是勇于承担社会责任的企业。

（三）中国企业社会责任评价体系

中国企业践行社会责任的时代内涵包括：第一，坚定构建人类命运共同体主张；第二，贯彻新发展理念；第三，融入"五位一体"总体布局；第四，全面推动企业社会责任战略引领，着力提升企业竞争力和生命力。

通过中国企业社会责任评价体系可以引导我国企业未来的发展方向与战略。在此评价体系中，目前常用的是中国企业社会责任领先指数。该指数依托大量数据和科学的分析工具，分别从国家贡献、社会贡献、经济贡献、环境贡献、行业贡献和公司治理贡献6个方面对企业的社会责任行为进行能力性评价，并从品牌创建的维度对企业的社会综合认可度进行了绩效分析，创新开发了"6+X"评价模型。其中，能力性指标分别设有13个二级指标和34个三级指标，以形成中国企业社会责任领先指数。

中国企业社会责任领先指数的启示有：第一，企业战略履责认识更强，重视社会责任与国家战略的统一；第二，企业主动履责意识更强，重视实现社会责任和商业运营的统一；第三，企业系统履责能力更强，重视个体力量和组织力量的统一；第四，企业常态履责需求更强，重视内化于心与外化于行的统一。

第二节 组织管理

一、组织设计

（一）组织设计的概念

组织设计是指管理者为了完成组织目标，对组织所有要素进行系统性的整体设计，构建一种与业务相匹配的组织结构的过程。组织设计是提高管理有效性的重要管理手段，其实质是对管理人员的管理活动进行横向和纵向的分工。组织设计的目的是发挥组织的整体优势，对有限的组织资源（如人力资源）进行优化，以实现组织资源价值的最大化。

即学即问

■ 通过个人行为和组织行为完成工作的推动方式有何不同?

（二）组织设计的原则

组织设计是组织管理工作的核心内容。组织设计者在设计时应遵循以下原则。

1. 使命、业务、目标一致原则

每个组织在特定的环境下都有其使命、业务和需要实现的目标，在组织设计过程中设计者要注意三者之间是否能够保持一致。组织设计者的根本目的是在其使命的指引下提供特色业务，保证组织目标的实现。因此，在进行组织结构设计时，要明确组织的使命、业务和目标分别是什么，认真分析为了保持三者一致，必须做的事情是什么，设立什么部门、什么岗位、选择什么样的员工。要做到因事设岗、因岗用人、人岗匹配，实现"事事有人做"和"人人有事做"的组织管理有序状态。

2. 分工与协作原则

分工与协作是社会化生产的必然要求，随着科学技术的发展，组织内外部的分工越来越细，相应的协作也变得更加紧密。尤其是在互联网技术的发展下，组织外部的分工与协作变得普遍化。分工就是为了提高专业化程度和工作效率，把需要达成目标的任务进行合理的分解，明确规定管理每个层次、部门、岗位及员工的工作职责、方式、手段和范围。协作则是明确组织与外部资源之间、内部管理层次之间、部门之间、岗位之间、人与人之间的协调关系与配合方法，解决由于分工所带来的各种冲突，使得多方面关系变得规范和程序化，出台各种具体可行的协调配合方法、制度或流程。分工与协作是相辅相成的，在进行组织设计时，要处理好两者之间的关系。

3. 统一指挥原则

组织在管理过程中总是受到外部环境不确定性因素的影响，一个高效管理的组织需要遵循统一指挥原则，即组织的各级机构以及个人必须服从同一个上级的命令和指挥。只有这样才能降低和化解外部环境不确定性因素所带来的各种突发状况，提高管理者的决策力，避免组织在管理过程中出现混乱无序现象。

4. 合理管理幅度原则

管理幅度的合理性与管理者的能力、管理技术的发展紧密关联。合理管理幅度是指根据业务需要确定一名主管人员直接管理下属的合理人数。

管理者的能力是决定合理管理幅度的重要因素，因为管理者的能力存在差异，所以任何管理者的管理幅度都有一定的限度，超过此限度时就不能做到具体、高效、正确的领导。

管理技术的发展会帮助管理者提升管理效果，增加管理幅度。例如，远程办公技术的发展就使得管理者的管理幅度有所增加。

管理者的管理幅度以多大为宜，至今尚无定论，合理则好。管理幅度的变化不仅与下属人数的增减相关，也与下属之间关系的变化相关。法国管理学者格拉邱纳斯根据管理者和下属之间的相互关系推导出如下结论：如果下级数目按算术级数增加，其直接领导者需要协调的关系数目则按几何级数增加。

这一结论使得管理组织必须分成若干管理层次。管理幅度同管理层次成反比关系：管理幅度越大，管理层次就越少；反过来，管理幅度越小，管理层次就越多。

5. 责权利对等原则

在组织设计过程中，需要明确规定不同管理层次、不同部门、不同岗位的工作人员的职责范围、权力和利益，这三者要对等，即职责有多大，其管理权力则有多大，同时所获得的利益就有多大，这就是责权利对等原则。例如，美的集团在管理过程中，其管理者的职务越大，责任就越大，每一次提拔都意味着责任的增加。

6. 合理集权与分权原则

在组织设计过程中要根据业务、组织目标的变化来确定合理的集权与分权程度。明确集权与分权是相对的，二者程度不同；一个组织是高度集权、高度分权还是两者相结合，则要考虑很多因素的变化，如组织外部环境的变化情况、组织处在哪个发展阶段、业务的变化情况、管理者素质高低、部门或岗位工作性质与重要程度等。总之，集权与分权不是一成不变的，应根据不同的情况和需要加以调整，保持合理状态。

7. 弹性高效原则

弹性高效原则包括弹性原则和高效原则两个部分。弹性原则是指组织可以根据外部环境的变化和业务需要及时地调整职能部门和岗位，在管理上赋予各部门和岗位（尤其是核心部门或岗位）较多的自主权和灵活性。高效原则是指在保证业务活动顺利开展的前提下，力求减少管理层次，精简部门、岗位和人员，充分发挥组织全体成员的积极性，提高各个管理层次的管理效率，更好地实现组织目标。无论哪种组织形式都必须将弹性高效原则放在重要地位。一个组织是否具备弹性高效的特点，是衡量其组织结构是否合理的重要标准之一。

（三）组织设计结果

组织设计结果是组织结构。组织结构是指设置合理的职能机构部门、岗位职务范围、责任、权利和工作绩效标准。组织结构是表明组织各部门排列顺序、空间位置、聚散状态、联系方式以及各要素之间相互关系的一种模式，是整个管理系统的"框架"。组织结构是组织的全体成员为实现组织目标，在管理工作中进行分工协作，在职务范围、责任、权利方面所形成的结构体系。组织结构本质是为实现组织战略目标而采取的一种分工协作体系，组织结构必须随着组织重大战略的调整而调整。组织结构是帮助企业执行战略和达成目标的重要元素之一。

组织结构包含三个方面的关键要素：① 组织结构决定了组织中的正式报告关系，包括职权层级的数目和主管人员的管理幅度。② 组织结构确定了将个体组合成部门、部门再组合成整个组织的方式。③ 组织结构包含了确保跨部门沟通、协作与力量整合的制度设计。这三个关键要素涉及组织的纵横方向。具体地说，前两个要素规定了组织的结构框架，即纵向的组织层级。第三个要素与组织成员之间的相互作用关系有关。一个理想的组织结构应该鼓励成员在必要的时间和地点通过横向联系共享信息、协调工作。

1. 组织结构图

组织结构图也称组织树，即用图形表示组织的整体结构、职权关系及主要职能。组织结构图包含部门岗位（及其权利和沟通关系）、部门岗位管理范围及分工情况、组织资源流向等信息。某中型企业组织结构图如图5-3所示。

人们不可能像观察制造设施、办公室或产品那样"看清楚"组织的内部结构。虽然能看见在各处上班的员工们在履行他们的职责并完成各项的任务，但要切实地看到所有这些活动背后的组织结构就要借助于组织结构图。组织结构图是对组织的一整套基本活动和过程的形象化表现，组织结构反映在组织结构图上。组织结构图对了解一个组织如何运行具有很大作用。它不仅说明了组织的各个构成部分和相互关联的方式，而且展现了各职位、各部门是如何整合为一个组织整体的。

2. 工作说明书

在组织的不同发展阶段，以业务和组织目标为出发点，展开组织岗位工作分析与设

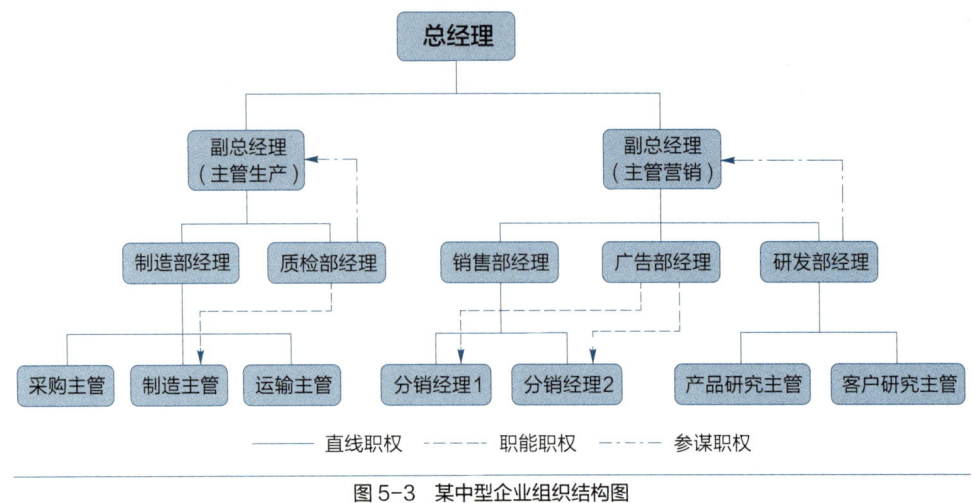

图 5-3　某中型企业组织结构图

计，最终会形成所有岗位的工作说明书。工作说明书包括对应岗位的任职描述和任职资格，任职描述是描述一个岗位工作做什么，任职资格是描述一个岗位工作由谁来做。工作说明书的具体内容包括岗位名称、岗位级别、岗位概要、工作职责、负责程度、职能关系、沟通关系、工作条件、任职条件和绩效考核等方面的定义性说明。

3. 组织手册

组织手册是企业组织结构图与工作说明书的综合文件，用以说明组织内部各部门以及每一个岗位的主要职能、职责、职权和相互关系。组织手册用于帮助组织提高管理效率，为发现组织问题、组织变革提供相应的依据。组织手册通常包括以下内容：

（1）各部门的职责范围。组织手册应按照组织结构图为其中各个部门的职责及其之间的相互关系提供评估说明，明确部门职责。

（2）人员定岗定编资料。包括各个部门的岗位名称、人员编制以及目前实际的人员状况。

（3）工作说明。即每一个岗位的详细任职描述和任职资格。

（4）管理制度。组织手册会根据组织的实际情况和要求制定一系列管理制度，通过制度规范全体员工的工作流程、工作行为和工作准则，从而更有效地实现组织目标。

（四）组织设计步骤

组织设计是一个动态的工作过程，包含了众多的工作内容。科学地进行组织设计，要根据组织设计的内在规律有步骤地进行，这样才能取得良好效果。组织设计通常是在以下三种情况下进行的：① 组织外部环境发生剧烈变化，如经济下滑、行业新政策出台；② 组织进入生命周期的不同阶段；③ 组织要进行新业务的拓展、新产品的开发、新技术的运用等。

组织设计通常可分为以下几个步骤。

1. 确定组织目标

通过收集及分析资料，进行组织设计前期评估，以确定组织目标。

2. 划分工作

根据目标一致和效率优先的原则，把达成组织目标的总任务划分为一系列各不相同又互相联系的具体工作任务。

3. 建立部门

在组织内，根据工作性质和内容把相近的工作归为一类，在不同类别的工作基础之上建立相应的部门。

4. 确定合理的管理幅度

应该根据人员素质、工作复杂程度、授权情况等合理地确定管理幅度，并据此相应地确定管理层次和管理者职权、职责的范围。

5. 确定职权关系

授予各级管理者完成任务时所必需的职务、责任和权力。从而确定组织成员之间的职权关系：① 上下级之间的职权关系——纵向职权关系。上下级之间权力和责任的分配，关键在于授权程度。纵向职权是一种等级式的职权，管理人员具有决策权与指挥权，可以向下级发布命令，而下级必须执行。如企业总经理对分公司经理，学校校长对系主任。② 直线部门与参谋部门之间的职权关系——横向职权关系。参谋部门的横向职权是一种顾问性质的职权，其作用主要是协助直线部门去完成组织目标。参谋人员一般具有专业知识，可以就自己职能范围内的知识储备向直线管理人员提出相关建议，但参谋人员没有越过直线管理人员去命令下级的权力。

6. 形成组织结构

对组织设计进行审查、评价及修改，并确定正式组织结构及组织运作程序，颁布实施。

7. 决定人员配备

按职务、岗位及技能要求，选择配备恰当的管理人员和员工。

8. 通过组织运行不断修改和完善组织结构

组织设计不是一蹴而就的，是一个动态的不断修改和完善的过程。在组织运行的过程中，必然会出现许多矛盾和问题，也会获得某些有益的经验，这一切都应作为反馈信息，促使管理者重新审视原有的组织设计，进行相应的修改，使其日臻完善。

即学即练

依据组织结构设计指导手册进行部门关键职能调研活动

组织结构设计流程相对标准化，可以按照相应步骤进行操作，其目的是帮助组织评估实现战略远景目标所需要的职能部门的组织结构及其职责；确定在此组织结构下需要的职位及职位要求。组织结构设计一般包括5个步骤：① 确定部门关键角色；② 定义部门关键职能；③ 确定活动和关系，分析工作流程；④ 进行组织深度和跨度分析；⑤ 设计职位。

请选择某一企业作为调研对象，利用课余时间进行调研，完成组织结构设计流程的步骤二：定义部门关键职能。请用文字简短描述与分析，完成表5-4。

表5-4 定义部门关键职能

所在企业		日期	
所在部门		作者	
目的 （主要职责——此部门为什么存在？）			
关键职能 （为实现整体目标，所在部门必须履行的职能）			

二、组织结构形式

（一）传统组织结构演变规律

从企业组织发展的历史来看，企业组织结构的演变过程本身就是一个不断创新、不断发展的过程，先后出现的传统组织结构基本类型有：直线制、职能制、直线职能制、事业部制、矩阵制等。虽然不同的组织有不同的特点，不可能使用统一的固定模式，但各组织在进行组织结构设计时，可以参考已有的组织结构形式。

1. 直线制

直线制是工业发展初期最早、也是最简单的组织结构形式之一，如图5-4所示。它的特点是企业各级行政单位从上到下实行垂直领导，下属部门只接受一个上级的指令，各级主管负责人对所属单位的一切问题负责。在直线制组织结构中，厂部不另设职能机构，一切管理职能基本上都由部门主管执行。直线制组织结构的优点是：结构简单，责任分明，命令统一，决策迅速；缺点是：它要求部门主管通晓多种知识和技能，亲自处理各种业务，在业务比较复杂、企业规模比较大的情况下，部门主管可能会难以胜任。因此，直线制只适用于规模较小，生产技术比较简单的企业，并不适合生产技术和经营管理比较复杂的企业。

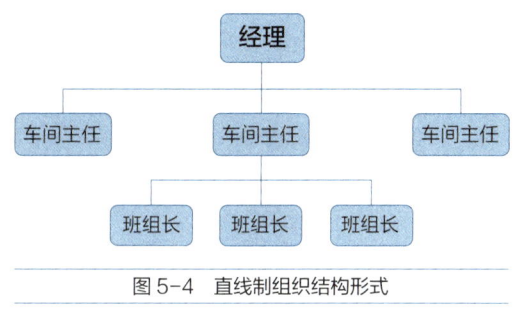

图5-4 直线制组织结构形式

2. 职能制

在职能制组织结构中，各级行政单位除了主管（经理）外，还相应地设立了一些职能机构和管理人员，协助经理从事职能管理工作，如图5-5所示。这种结构要求经理把相应的管理职责和权力交给相关的职能机构，而职能机构有权在自己业务范围内向车间主任发号施令。因此，车间主任除了接受上级经理的指挥外，还必须接受上级各职能机构的领导。

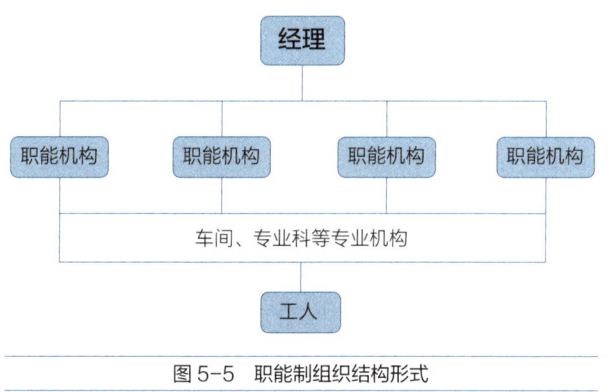

图5-5 职能制组织结构形式

职能制组织结构的优点是：能适应生产技术比较复杂，管理工作比较精细的特定企业组织；能充分发挥职能机构的专业管理作用，减轻直线领导人员的工作负担；缺点是：容易形成多头领导；不利于建立和健全各级行政负责人和职能科室的责任制，在中间管理层往往会出现"有功大家抢，有过大家推"的现象；容易造成纪律松弛，生产管理秩序混乱。由于这种组织结构形式存在明显的缺陷，现代企业一般都不采用。

3. 直线职能制

直线职能制也叫生产区域制，或直线参谋制，如图 5-6 所示。它是在直线制和职能制的基础上，取长补短，吸收两者的优点而建立起来的组织结构形式。被很多企业采用。它把企业管理机构和人员分为两类，一类是直线领导机构和人员，按命令统一原则对各级组织行使指挥权；另一类是职能机构和人员，按专业化原则从事组织的各项职能管理工作。直线领导机构和人员在自己的职责范围内有一定的决定权和对所属下级的指挥权，并对自己部门的工作负全部责任。而职能机构和人员则是直线指挥人员的参谋，不能对有关部门发号施令，只能进行业务指导。

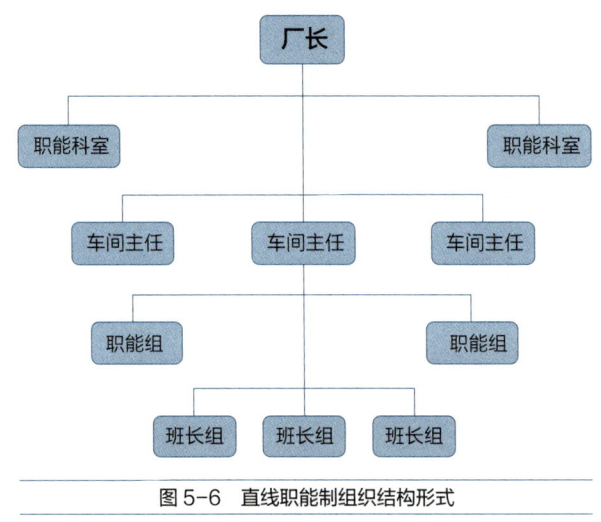

图 5-6 直线职能制组织结构形式

直线职能制的优点是：既保证了企业管理体系的集中统一，又可以在各级行政负责人的领导下，充分发挥各专业管理机构的作用。其缺点是：职能部门之间的协作和配合性较差，职能部门的许多工作要直接向上级领导报告请示才能处理，这一方面加重了上级领导的工作负担；另一方面也降低了办事效率。为了克服这些缺点，可以在组织中设立综合委员会或建立对应的会议制度，以协调各方面的工作，实现有效沟通，帮助高层领导出谋划策。

4. 事业部制

事业部制是一种高度（层）集权下的分权管理体制，如图 5-7 所示。它适用于规模庞大、品种繁多、技术复杂的大型企业，是国内外大型联合公司经常采用的一种组织形式。事业部制是一种分级管理、分级核算、自负盈亏的组织结构形式，即一个公司按产品、地域、服务对象等标志来划分事业部，事业部的主要特点是：经营单一产品系列，对产品的生产和销售实行统一管理，自主经营，独立核算。

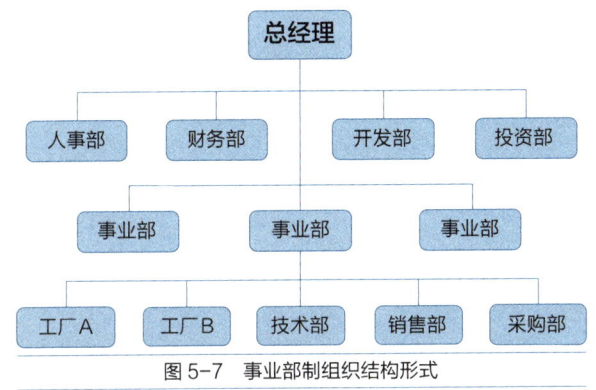

图 5-7 事业部制组织结构形式

事业部制组织结构的优点有：帮助最高管理层摆脱日常事务，集中精力去考虑宏观战略；发挥各事业部的积极性、主动性；可以锻炼和培养部门管理人员。缺点有：对管理者要求高，需要精干得力、知识面广、经验丰富的管理者，同时分权管理也会带来一些不足，如本位主义、指挥不灵、企业整体性减弱、职能机构重复设置、管理人员冗余等。

5．矩阵制

在组织结构上，把既有按职能划分的垂直领导系统，又有按产品（项目）划分的横向领导关系的结构称为矩阵制组织结构。矩阵制是为了改进直线职能制横向联系差、缺乏弹性的缺点而形成的一种组织形式，如图 5-8 所示。它的特点表现为围绕某项专门任务成立跨职能部门的专门机构。例如，组成一个专门的产品（项目）小组去从事新产品开发工作，在研究、设计、实验、制造等不同阶段由有关部门派人参加，力图做到"条块结合"，以协调有关部门的活动，保证任务的顺利完成。

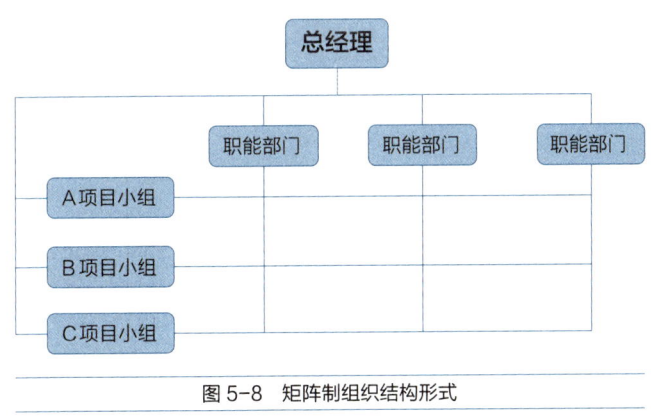

图 5-8 矩阵制组织结构形式

矩阵制组织结构的优点有：机动、灵活，可随项目的开发与结束进行组织结构调整；加强了不同部门之间的配合和信息交流，克服了直线职能制中各部门互相脱节的现象。缺点有：因为参加项目的人员都来自不同部门，隶属关系仍在原部门，只是为"会战"而来，所以项目负责人对他们的管理比较困难，项目负责人的责任大于权力，没有足够的激励、惩治手段，这种人员上的双重管理是矩阵制结构的先天缺陷，组织成员必须接受双层领导；项目组成人员来自各个职能部门，当任务完成以后，他们仍要回原部门，这对他们的工作有一定的消极影响。

矩阵制适用于涉及面广的、临时性的、复杂的重大工程项目或管理改革任务，特别适用于以开发与实验为主的单位，尤其是应用性研究单位等。

（二）新型组织结构形态发展

如今，企业组织结构发展呈现出新的趋势，其特点包括：① 重心两极化；② 外形扁平化；③ 运作柔性化；④ 结构动态化。团队组织、动态联盟、虚拟企业等新型的组织结构形式相继涌现。具体来说，具有这些特点的新型组织结构形态有如下几种。

1. 横向型组织结构

横向型组织结构弱化了组织的纵向层级，打破了刻板的部门边界，注重横向的合作与协调。其特点有：① 组织结构是围绕工作流程而不是围绕部门职能建立起来的，传统的部门界限被打破；② 减少了纵向的组织层级，使组织结构扁平化；③ 管理者更多的是授权给较低层次的员工，重视自我管理；④ 体现顾客导向和市场导向，围绕顾客和市场的需求组织工作流程，建立相应的横向联系。

2. 无边界组织结构

这种组织结构寻求的是削减命令链，使组织成员的等级秩序降到最低点，拥有无限的控制跨度，取消各种职能部门，取而代之的是授权的工作团队。无边界的概念是指打破企业内部和外部边界。打破企业内部边界，主要是在企业内部形成多功能团队，代替传统上割裂开来的职能部门；打破企业外部边界，则是与外部的供应商、客户包括竞争对手进行战略合作，建立合作联盟。

3. 网络型组织结构

网络型组织结构是以项目为中心，利用现代化信息技术，将企业内部各项工作（包括生产、销售、营销、财务和其他关键业务等）通过委托合同交由其他组织负责，以有效发挥核心业务专长的协作型组织形式，如图5-9所示。

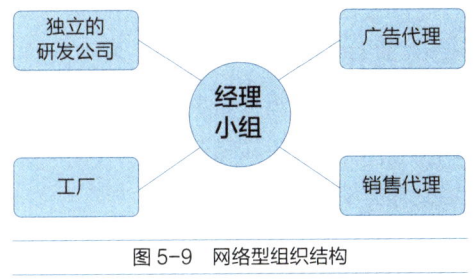

图 5-9 网络型组织结构

对小型组织来说，这种网络型结构是一种合适的选择。伴随着互联网技术的进步，这种组织形式得到了充分发展，进一步向虚拟网络组织方向发展。当然，它也适用于一些大型生产制造企业。

管理思辨

当下，组织外部不断变化的环境给组织发展与管理带来巨大变化，用户问题不断发生变化，组织、战略、业务范围也在变化，在不少企业组织中出现了新的部门。

请讨论：

企业是应该在确定进行战略调整后立即增设新部门，还是应该在新业务增加到一定数量并形成一定规模后再增设新部门？为什么？

管理实践

字节跳动的组织结构

2020年11月，字节跳动宣布正式搬入新办公大楼。很多人认为字节跳动启用了新总部，但实际上这是一家"没有总部大楼"的公司，这栋楼只是字节跳动在北京的第39处办公点。这是一家"生活在互联网上的互联网公司"，它采用"插座式后台"来增强团队之间的协作。

什么叫"插座式后台"？一般字节跳动这样规模（几万人）的公司基本都采取事业部制，如把公司分散成抖音事业部、今日头条事业部、西瓜视频事业部等。事业部制的好处是可以拆大为小，独立核算，减小事业部内部的管理成本；坏处是盖起了事业部之间的"墙"，增加了跨事业部的沟通成本。那怎么办呢？答案是用大后台支持小前台。

> 在字节跳动，有个巨大的后台——由上万名员工组成的研发团队。这个大后台就像一个插座一样，给无数个小前台供电，如抖音、今日头条、西瓜视频等。为解决集中管理的大型研发中心与前端的沟通问题，字节跳动研发了协同办公软件"飞书"，同时使用OKR来进行目标管理。互联网时代的"工具效率"所能支持的管理规模远大于传统时代。这就使得其巨大的"插座式后台"组织得以实现。
>
> （资料来源：刘润. 花了50亿元买楼的字节跳动，其实没有总部大楼 [Z/OL].）
>
> 思考：
> 1. 字节跳动的新型组织结构形态有哪些特点？
> 2. 新技术发展向传统组织结构提出了哪些挑战？

第三节　组织变革

一、组织变革认知

（一）组织变革的概念

组织变革是组织为了使命和战略目标的实现，根据组织内外部环境的变化，诊断组织现状，主动或被动地进行调整、改变甚至创新的过程。组织变革是组织应对因内外部环境的变化而做出的相对反应，贯穿于组织的不同生命周期。创新和变革是共存的，即一种变革实施后常常要求实行另一些变革，如新产品的开发可能会要求在生产技术上进行相应的变革，组织结构方面的变革可能会对员工提出某种新技能的要求。组织结构变革是技术变革的自然结果。组织内部是一个相互依存的系统，对组织某一部分的变革通常会影响到组织的其他部分。

组织变革的影响因素可分为外部因素和内部因素。外部因素包括经济状况、政治局面、法律政策变化、社会文化创新、市场竞争、人口多寡和人口素质的高低、技术发展水平、外部利益相关者、自然资源和自然环境稀缺性等。内部因素包括组织生命周期、组织经营状况、组织结构的缺陷、组织战略变化、组织规模调整、人力资源变化等。

(二) 组织变革的分类

组织变革根据不同的方法可以划分成不同的类别。

1. 按照变革的范围不同分类

（1）激进式变革。激进式变革是在短时间内对企业组织进行大幅度的全面调整，尽快彻底打破现有组织模式并迅速建立新形态组织模式。激进式变革能够以较快的速度达到目的，因为这种变革模式对组织进行的调整是大幅度的、全面的，所以变革过程会比较快；同时也会导致组织的平稳性差，严重的时候甚至会导致组织崩溃。

（2）渐进式变革。渐进式变革是通过对组织进行小幅度的局部调整，力求通过一个渐进的过程，实现从现有组织模式向新形态组织模式的转变。渐进式变革依靠持续的、小幅度的变革来达到目的，这样有利于维持组织的稳定性；但波动次数多，变革持续的时间长。

以上两种模式各有利弊，都有着丰富的实践案例，企业应当根据组织的承受能力来选择企业组织变革模式。在企业内外部环境发生重大变化时，企业有必要采取激进式变革，但不宜过于频繁，否则会影响企业组织的稳定性；因而在两次激进式变革之间的更长时间里，组织应当进行渐进式变革。

2. 按照变革的内容不同分类

（1）战略性变革。战略性变革是指组织对其长期发展战略或使命所做的变革。全球政治经济环境变化、产业发展、文化演变等外部因素和内部因素都会影响组织的战略变革。文化变革也是战略变革的一种，即对组织文化的要素进行识别和调整。组织和管理者可以通过组织文化评估量表等诊断工具进行识别和调整，详见本书第九章。

（2）结构性变革。结构性变革是指组织需要根据环境的变化适时对组织的结构进行变革，并重新在组织中进行权责分配，使组织变得更为灵活、易于合作。

📦 管理实践

"前台、中台、后台"三台理论生态组织架构的运用——以京东为例

未来的企业组织模式应当是生态型组织的范式，兼具生物生态系统的柔韧性和稳定性。组织内部各部门之间，以及组织内外部之间的边界将逐渐消融。生态型组织将聚合成一个命运共同体。其采取的结构是"三台架构"。

（1）面对目前短期目标的灵活型"前台"：前台是灵活性要求最高的业务部门，需要快速适应瞬息万变的市场，其直接面对客户并提供相关专业服务，从而直接创造利润及价值。从创新的视角来看，前台主要负责产品和服务的快速迭代试错；还要帮助后台探索开发未来的资源（包括技术），为后台的突破式创新提供事前的初步启发和事后的初步实验。

（2）面对中期目标的稳定型"中台"：中台是敏捷性要求适中的战术性应用部门，主要是为了保障前台部门业务和为项目提供支持，尤其是连接众多事业部，为客户提供统一支撑性服务，实现数据在企业各个业务部门之间的透明流动。中台既赋能内部前台，也赋能生态圈共生企业和其他客户。中台将前台的成功经验总结成为高度标准化和模块化的工具，为前台提供丰富有效的积木式工具库。

（3）面对未来长期目标的灵活与稳定兼顾型"后台"：后台是敏捷性要求最低的部门，主要负责高度前瞻性的长期战略设计、基础科技研究、未来市场培育（包括商业趋势分析、长期市场预测）以及企业文化传承与领导力培养这四大任务，为前台和中台等提供未来的长期性支撑。

2018年12月，京东内部宣布进行新的组织架构调整，将此前三大事业群的架构划分为前、中、后台。调整后的所有事业群以及各业务部的负责人，都直接向京东轮值CEO（首席执行官）汇报。

京东前台部门主要围绕C端和B端客户建立灵活、创新和快速响应的机制。在前台方面，京东新成立了平台运营业务部和拼购业务部，整合了生鲜事业部。

京东中台部门通过沉淀、迭代和组件化地输出，可以服务于前端的不同场景，不断适配前台。在中台部门，京东成立了3C电子及消费品零售事业群、时尚居家平台事业群和生活服务事业群。另外，将中台研发调整为技术中台和数据中台两个部门，用户体验设计部服务也属于中台。

京东后台部门则成立CEO办公室，将增长及管理提升部并入，另外承担重大组织及业务变革的整体协调，为中前台提供保障和专业化支持，包括为整个商城提供基础设施建设、服务支持与风险管控。京东将中台模块化，做成细、小、多元的积木模块，更便于由前台运用到实际业务中去。

（资料来源：李平，杨政银，胡华."万联网"与多智生态系统[J].清华管理评论，2019-03.）

思考：

1. 查找京东的组织结构图，尝试分析京东组织结构的特点？
2. 京东为什么要进行组织结构变革？本案例中的"三台理论"有哪些特点？

（3）流程主导性变革。流程主导性变革是指组织紧密围绕其关键目标和核心能力，充分应用现代信息技术对业务流程进行重新构造。这种变革会使组织结构、组织文化、用户服务、质量、成本等各方面发生重大改变。

以 5G、移动互联网、大数据、人工智能为代表的数字化、网络化、智能化技术，推动制造业全方位、全角度、全链条转型升级。"十四五"时期是建设制造强国、构建现代化产业体系和实现经济高质量发展的重要阶段。大力推进信息化和工业化深度融合，是把握新一轮科技革命和产业变革新机遇的战略选择，对于推动构建新发展格局和构筑国家竞争新优势具有重要战略意义。作为当前的主要任务和工作重点，做好制造业数字化改造这道"必答题"，不仅有利于实现数据驱动的企业业务、组织、商业模式变革转型，构筑改造提升传统产业的新支点，而且可以培育新的经济增长点。

（4）以人为本变革。以人为本变革是指组织必须通过对员工的培训、教育等引导方式，使他们能够在观念、态度和行为方面与组织保持一致。

（三）组织成功变革的要素

组织成功变革的要素及其序列关系如图 5-10 所示。为成功地推行一项变革，管理者必须确保组织具备所有的要素，如果缺少了其中某一个，变革过程就会以失败告终。变革要素的序列关系是非常重要的，构想与需要是并列的。组织成功变革的要素及其序列关系说明，赋能个体和激活组织一定是存在关联的。

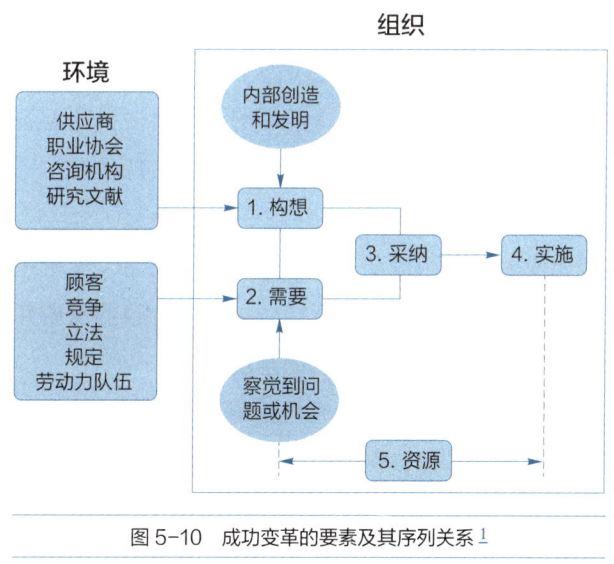

图 5-10　成功变革的要素及其序列关系[1]

---

[1] 理查德·达夫特. 组织理论与设计 [M]. 13 版. 王凤彬，石云鸣，张秀萍，等，译. 北京：清华大学出版社，2022.

1. 构想

变化是一种思想的外在表现，没有哪个企业可以始终保持竞争力，除非不断产生新的构想，变革是构想的外在表现和延伸。构想指的是一种新的事物或新的做事方式，具体表现可能为一项新的产品或服务，一种新的管理思想、一项新的工作流程等。构想可以来自组织内部，也可以来自组织外部。内部创造力（组织内部成员的创造和发明）的来原动力有两个：一是内驱力，即成员发自内心产生的构想；二是外驱力，由组织的管理者激发成员的构想，激发更多的内部创造力，鼓励成员冒险和学习，给予更多的自由和空间去接触更多的与自己不同的人，从而达到赋能个体的目的。

2. 需要

构想通常不会得到重视，除非组织中的人们察觉到变革的需要，通常在管理者发现组织的实际绩效与期望绩效之间出现差距时，才会认识到变革的需要。组织管理必须重视需要，实际上用户的需要倒逼变革的需要。

3. 采纳

当管理者或者其他决策制定者选择继续推进变革时，就要做出采纳的决定。要想使构想得到采纳，主要的管理者和员工必须达成支持变革的一致意见。采纳对组织活力和变革适应性的要求极高。

4. 实施

当组织成员将新的构想、技术或方法付诸实际运用时，组织变革将进入实施阶段，实施是变革中的一个重要步骤。没有实施，前面的工作将变得毫无意义，实施通常是变革过程当中最困难的环节，只有当人们确实采用某一构想并实施时，变革才会成为现实。

5. 资源

要实现变革则需要投入精力和行动，变革不会自动发生，无论是提出还是实施某个新构想都需要一定资源的投入。必须得花费精力去发掘变革的需要并提出满足这一需要的构想。从构想到实施，资源贯穿组织变革的全过程。

变革的要点是构想和需要，它们同时列为变革过程的起始环节，因为两者当中的任何一个都可能会率先引发变革过程。例如，为了满足全国各地客户的美食需求和提高烤箱市场占有率的需要，海尔食联网应运而生，并诞生了新的构想——通过厨艺数字化、菜品标准化、家电物联化等一系列技术赋能，令海尔食联网不断满足各方需求，让用户在家就可以做出大师菜，让更多的人打破时间和空间的概念，可以在家里更方便地吃到美食。同时为了更好地满足不断迭代的用户需求，海尔食联网吸引了越来越多的生态合伙人汇聚共创。

(四) 组织变革过程

组织变革过程包含解冻、变革、再冻结三个步骤[1],用以解释和指导如何发动、管理和稳定变革。

1. 解冻

这一步骤的焦点在于创设变革的动机。应鼓励员工改变原有的行为模式和工作态度,采取新的适应组织战略发展需要的行为与态度。为了做到这一点,一方面需要对旧的行为与态度加以否定;另一方面要使管理者和员工认识到变革的紧迫性。可以采用比较评估的办法,把组织的总体情况、经营指标和业绩水平与其他优秀组织或竞争对手一一加以比较,找出差距和"解冻"的依据,帮助管理者和员工"解冻"现有态度和行为,使其迫切要求变革并愿意接受新的工作模式。此外,应注意创造一种开放的氛围和心理上的安全感,减少变革的心理障碍,提高变革成功的信心。

2. 变革

变革是一个学习过程,需要给管理者和员工提供新信息、新行为模式和新视角,指明变革方向,实施变革,进而形成新的行为和态度。在这一步骤中,应该采用角色模范、导师指导、专家演讲、群体培训等多种途径,为新的工作态度和行为树立榜样。变革是个认知的过程,它通过获得新的概念和信息加以完成。

3. 再冻结

在再冻结阶段,利用必要的强化手段使新的态度与行为固定下来,使组织变革处于稳定状态。为了确保组织变革的稳定性,需要注意使管理者和员工有机会尝试和检验新的态度与行为,并及时给予正面的强化;同时,要加强群体变革行为的稳定性,促使形成稳定持久的群体行为规范。

二、组织与个体相互赋能

(一) 重新认识和激活个体价值意义

关于组织与个体之间的关系,现代管理理论奠基人切斯特·巴纳德(Chester Barnard)在其著作《组织与管理》中提出了基于工业时代的传统观点:组织基于合作,而合作基于个体生存的需要,组织是由于个体需要实现个体无法单独实现的目标而存在的。组织目标处于核心地位,个体目标与组织目标具有一致性。

---

1 即库尔特·勒温(Kurt Lewin)的三阶段变革过程模型。

而在互联网时代，组织与个体之间的关系需要重新塑造与建立，即需要重新认识和激活个体价值的意义。在传统意义上，组织为实现个体无法单独实现的目标而存在。在互联网出现之前，个体要实现目标一定要依附于组织；而在互联网出现之后，这种情况发生了变化：个体不一定要依靠组织实现目标，而组织在实现目标时对个体的依赖性却增加了。因此，今天的管理需要提供新的模式——一种以共享价值为基础的模式。一些企业出现了组织内创业、灵动组织等创新，其核心思想是组织要激发每一个个体的内在价值，个体价值的创造成为组织管理的新核心。

作为组织中的个体，要敢于挑战自己，先让自己变得更强大，再通过组织集合智慧，以面对变革的不确定性。换言之，给个人赋能就是给组织赋能，这也是当下组织管理的根本性改变，组织成员拥有持续创造力才是企业持续成长的秘诀。

总之，在数字时代个体必须具备主动适应时代挑战的勇气，组织必须敢于迎接变革，通过管理创新帮助个体具有解决新问题和创新的能力，只有个体与组织共同成长，才能面对不确定性时代的挑战。

（二）构建学习型组织

学习型组织

1990 年，麻省理工学院管理学教授彼得·圣吉（Peter Senge）出版了《第五项修炼：学习型组织的艺术与实践》一书，掀起了组织学习和创建学习型组织的热潮。圣吉认为，"未来最成功的企业将是学习型企业"，学习型组织是指通过培养弥漫于整个组织的学习气氛，充分发挥员工的创造性思维能力而建立起来的一种有机的、高度柔性的、扁平的、符合人性的、能持续发展的组织。这种组织具有持续学习的能力，具有高于个人绩效总和的综合绩效。建立学习型组织需要进行五项修炼：自我超越、改善心智模式、建立共同愿景、团队学习和系统思考。

学习型组织的关键特征如表 5-5 所示。

表 5-5 学习型组织的关键特征

特征	具体描述
支持性学习环境	● 员工能够自由大胆地表达自己对工作的想法，发表与管理人员不同的意见，或者承认错误 ● 鼓励从不同的职能与文化的角度考虑问题 ● 鼓励员工冒险、创新，探索未被证实或未知的领域，比如尝试开发新的产品与服务 ● 鼓励深入回顾公司现有的流程
学习过程与实践	● 使知识的创造、传播、共享与应用具有可操作性 ● 开发用来创造、获取与共享知识的系统

续表

特征	具体描述
管理者强化学习	● 管理者重视员工的想法，鼓励对话与论辩 ● 管理者愿意考虑各种不同的观点 ● 组织愿意花时间去识别问题、学习实践，进行事后反思 ● 学习能得到奖励、推动与支持

资料来源：彼得·圣吉. 第五项修炼：学习型组织的艺术与实践［M］. 张成林，译. 北京：中信出版社，2018.

在学习型组织中，每个人都积极参与发现问题和解决问题，使得组织在变化的外部环境里不断提高它的适应性。学习型组织的基本价值在于解决问题，其实质就是提高管理效率。在学习型组织里，业务一线员工能够第一时间发现顾客需求的变化并及时满足，这就是及时发现问题和解决问题，而不是被动地等待组织或上级管理者来解决。

一流的企业都会重视建立学习型组织。例如，中国平安集团基于互联网和移动互联网，针对人才成长与组织成长进行了系列创新，通过"人才地图、快乐平安、知鸟O2O移动学习平台、HR集中作业中心、平安大学、知筑平安系统"六个管理模块帮助组织成员成长。通过不断创新培训模式和手段，使人才管理和培养挂钩，让培训真正助力个人成长、团队成长和业务发展。

即学即问
■ 请阅读本小节提到的相关书籍并讨论学习型组织，建设对个人成长有何帮助？

管理实践

顺丰集团的企业培训与学习

顺丰集团是国内领先的快递物流综合服务商和全球第四大快递公司。对于事关数十万员工技能培训、业绩支持以及企业长远发展的企业培训，顺丰集团非常重视，"服务规范，放心可靠"的差异化服务优势与之密不可分。可以说，企业员工培训是支撑顺丰发展的重要支点之一。

顺丰集团使用移动学习平台对员工开展培训，主要包括：

1. 提供内容丰富又精准的移动培训

移动培训既缩减了全体新员工的上岗时间，也减少了培训对正式员工工作时间的占用，节省了人力成本。推送式学习任务让新员工按图索骥、成体系学习，培训效果丝毫不逊色面授培训；扫一扫、搜一搜让新员工在工作过程获得支持，即学即用；21法则固化了培训效果，让新员工自然而然地成为熟练员工。顺丰还创造了一年1 000万次线上考试的记录，通过考试让员工获取学习和进步的动力。

2. 提升作业规范和执行力

顺丰集团信息快速、有效的上传下达，有效结合即学即用的学习系统，大大提升了全员的作业规范认知，并潜移默化地提升了作业质量。

3. 创造社交化、人性化的口袋企业家园

顺丰强调提升员工的归属感，组织各种福利活动，第一时间让员工积极参与，努力使员工不再感觉天各一方，而是随时和集团紧密连接，使员工产生强烈的归属感，随时和集团同步前进。

（资料来源：职行力. 顺丰集团：超级企业的超级学习［Z/OL］. 知乎网.）

思考：

顺丰集团所构建的学习型组织有哪些特征？

❖ 即学即练

某一企业学习型组织的特征调研

请选择某一企业，利用课余时间进行调研，根据有关学习型组织特征符合程度的匹配，完成表5-6。

表5-6 学习型组织特征调研

所在企业		日期	
所在部门		作者	
学习型组织特征		符合	不符合
员工能够自由大胆地表达自己对工作的想法，发表与管理人员不同的意见，或者承认错误			
鼓励从不同的职能与文化的角度考虑问题			
鼓励员工冒险、创新，探索未被证实或未知的领域，比如尝试开发新的产品与服务			
鼓励对公司现有的流程进行深入回顾			
知识的创造、传播、共享与应用具有可操作性			
开发用来创造、获取与共享知识的系统			
管理者重视员工的想法，鼓励对话与论辩			
管理者愿意考虑各种不同的观点			
组织愿意花时间去识别问题，学习过程与实践，并进行事后反思			
学习能得到奖励、推动与支持			

在课堂上分享本次调研结果，谈一谈个人的认识体会。

课后习题

一、单选题

1. 汪力是一家公司的职员,他在工作中经常接到来自上级相互冲突的命令。导致这一问题最本质的原因是( )。

   A. 该公司在组织设计上采取了职能型结构

   B. 该公司在组织运作中出现了越级指挥问题

   C. 该公司的组织层次设计过多

   D. 该公司在组织运行中有意或无意地违背了统一指挥原则

2. 在某组织中设有一个管理岗位,连续选任了几位干部,结果都是由于难以胜任岗位要求而被免职。从管理的角度来看,出现这一情况的根本原因最有可能的是( )。

   A. 组织设计上没有考虑命令统一的原则

   B. 管理部门选聘干部上没有找到合适的人选

   C. 组织设计忽视了干部特点与能力要求的匹配情况

   D. 组织设计没有考虑到权责对应的原则

3. 具有更大灵活性和柔性,而且更容易操作的组织结构形式是( )。

   A. 矩阵制组织结构   B. 网络型组织结构

   C. 直线职能制组织结构   D. 事业部制组织结构

4. 一家产品单一的跨国公司在世界许多地区拥有客户和分支机构,该公司的组织结构应考虑按照( )因素来划分部门。

   A. 职能   B. 产品

   C. 地区   D. 矩阵结构

5. 某公司有三级管理层:公司总部、产品部(共有12个)和各职能部门。由于公司的产品种类不断增多,总裁感到越来越难以继续对所有的产品部进行有效的领导。为此,最可行的组织变革方案是( )。

   A. 在公司总部和产品部之间增加一个按产品大类组的管理层

   B. 选拔一位能力更强的公司总裁

   C. 淘汰几种产品

   D. 各产品实行自主管理

二、多选题

1. 组织的构成要素有（　　　）。
   A. 组织成员　　　B. 组织目标　　　C. 组织活动
   D. 组织资源　　　E. 组织环境

2. 企业管理者可以采用（　　　）方法对组织效果进行评价。
   A. 目标　　　B. 资源　　　C. 绩效考核
   D. 内部程序　　　E. 战略性利益主体评价

3. 组织设计的结果有（　　　）。
   A. 组织结构图　　　　　　　B. 工作说明书
   C. 管理制度　　　　　　　　D. 组织手册

4. 组织变革的成功要素包括（　　　）。
   A. 构想　　　B. 变革的需求　　　C. 采纳
   D. 实施　　　E. 资源

5. 建立学习型组织需要进行五项修炼，即自我超越、改善心智模式和（　　　）。
   A. 建立共同愿景　　　　　　B. 系统学习
   C. 团队学习　　　　　　　　D. 系统思考

三、判断题

1. 组织是由人及其相互之间的关系构成的。（　　）
2. 组织外部领域是组织为了实现组织目标，面对所提供的产品或服务市场而选定的区域。（　　）
3. 政府认为组织效果在于能够创造就业岗位，增加税收。（　　）
4. 组织结构图展现了各职位、各部门是如何整合为一个整体的。（　　）
5. 不确定性时代下组织给个人赋能，就是给组织赋能。（　　）

四、简答题

1. 组织的含义和作用分别是什么？组织的构成要素有哪些？
2. 组织的生命周期有哪些阶段？
3. 请简述组织结构设计的原则、步骤及结果。
4. 传统组织结构的基本类型有哪些？请简述各自的特点。
5. 请简述组织变革的含义、分类、成功要素和过程。

综合实训

实训项目 小微企业组织分析与结构设计

实训内容 假设你和你的创业伙伴决定在你们所在的城市选择一个居住人口近 5 万的大型社区（社区内有幼儿园、小学），在其中创业开店（可以是奶茶店、蛋糕店、宠物店等）。请根据所学知识进行小微企业组织分析与结构设计。

实训要求 1. 为了有效地利用组织资源建立竞争优势，请运用企业生命周期管理工具分析判断组织发展处于哪个阶段，及其特点。运用 PESTLE 工具对这家店进行组织环境分析。

2. 确定团队成员在企业中的角色，设置管理层级，确定采用哪种组织结构形式，设计出组织结构图。

3. 数字化时代，为了成功地经营，需要建立什么样的核心竞争力？请在评价组织效果的 15 个常用指标中选取 3~5 个指标来衡量组织管理是否成功。

4. 作为员工，应该如何践行个人与组织共同成长的理念？总结具体措施。

成果及评价 1. 完成一份企业组织环境分析报告。

2. 设计一份合理的组织结构图，并解释设计意图。

3. 选取 3~5 个指标进行组织效果评价并能合理解释指标选择的原因。

4. 能够多维度地深度思考并写出个人与组织如何共同成长的具体行动。

5. 教师对每组同学的报告进行成绩评定；对有代表性的实训成果进行点评。

自我测评

通过本章学习,请根据个人学习收获进行自我测评,在相应栏目里打钩。

自我测评项目 (★表示需要关注测评项目)	显著提高	较大提高	略有提高
1. 核心知识点(如组织的概念、作用、构成要素、组织效果、组织设计、组织结构、组织变革等)掌握程度★			
2. 运用PESTLE工具进行组织环境分析的能力			
3. 对小型组织进行组织结构设计的能力 ★			
4. 通过组织架构分析企业特点的能力			
5. 判断自己在组织中的定位、作用、发展的能力			
6. 个人和组织互相赋能、共同成长理念的掌握程度★			
通过本章的学习,你还有哪些收获?可分条列出			
学生签名:		教师签名:	
时间: 年 月 日		时间: 年 月 日	

领导

第 六 章

学习目标

✦ 知识目标

- 掌握领导的含义,熟悉领导与管理的区别
- 熟悉领导者影响力因素和领导力的内涵
- 了解领导特质理论、领导行为理论和领导权变理论
- 熟悉内容型激励理论、过程型激励理论和行为强化型激励理论

✦ 能力目标

- 能够评估并提高自己的领导能力
- 能够根据不同的组织环境选择合适的领导方式
- 能够分析组织成员需求,选择正确的领导激励方法

✦ 素养目标

- 树立责任和担当意识,提高领导力水平和综合素质
- 树立管理大局观和领导全局观

思维导图

学习计划

- 知识学习计划

- 技能训练计划

- 素养提升计划

管理探索

海尔：管理无领导

在传统的科层管理中，管理者通常被视为管理主体，而被管理者则被视为管理客体。管理者负责被管理者的工作分配、绩效考评、薪酬福利、晋升发展；被管理者则通过执行管理者的命令来达成预期目标，获得薪酬和个人发展。在这种二元对立的管理模式中，管理者和被管理者之间经常不可避免地相互进行博弈。这种博弈不仅会增加监管成本，也会让员工的工作动力无法真正释放。为改变这种局面，海尔进行了一种名为"管理无领导"的管理创新，充分发挥员工的自主性，倡导员工自我管理。

第一，"管理无领导"并非不要领导，而是不要人为设置科层制领导，要以市场为领导。每个员工都面向市场，以不断变化的用户需求为领导，寻找自己的用户，创造自己的价值。海尔实行用户360度考核制度，以用户满意为一切行动的目标，员工所有的努力都要跟着"用户需求"这根指挥棒走。

第二，"管理无领导"主张将以前只重视管理层的观念转变为重视员工的自主性。员工是企业最宝贵的财富，激发人力资源的主观能动性，是一个企业繁荣的根本。在互联网时代，每天与用户直接打交道的是员工，因此他们能更快速、更准确地"触摸"到用户需求的变化。在数字化时代，鼓励员工为管理者提供更多的有建设性的建议。

第三，"管理无领导"的思想是希望将企业较高层次的领导者从日常烦琐的管事、管人中解脱出来，专注于管机制这个层次。海尔认为，企业管理应该达到这样一种状态：每位员工的活力完全迸发，所有人都在系统中有序运作；领导者不以领导自居，而是致力于企业的机制建设；所有员工的创造力都围绕一个共同的目标来发挥。

（资料来源：彭贺，李天健，黄思琴. 张瑞敏：自以为非 [M]. 北京：新世界出版社，2019.）

请思考：

1. 海尔的领导风格有什么特点？
2. "管理无领导"体现了什么领导行为理论？员工会喜欢这样管理的企业吗？

第一节　领导及领导力

人们从最开始聚合成团队共同完成目标时就开始关注领导。可以说，所有组织都离不开领导，优秀的领导能让团队和组织得以发展成长。个体能力总是有限的，面对日益复杂多变的环境和社会问题，需要领导将个体力量凝聚起来，从而解决复杂的难题。同时，个人也需要通过组织的群体活动来获得认同感、信任感、荣誉感和满足感，而领导正是解决组织难题和实现个人成长的关键。

在大自然中有一个有趣的现象被称为"鲦鱼效应"，也称"头鱼理论"：鲦鱼因个体弱小而群居生活，并以鱼群中最强壮的鲦鱼为首领，跟随鲦鱼首领行动。如果鲦鱼首领行动发生了紊乱，盲目运动，其他鲦鱼仍会像从前一样追随。很多群居动物都有类似的行为，人也一样。由此可见，领导者能力与组织发展和个人发展密切相关。领导者能够帮助组织群体和个体明晰组织内外部环境，应对各种风险和不确定性，从而实现组织价值和组织中成员的个人价值。面对快速发展变化的当代社会，领导者不仅要担当责任，驱动组织变革，还要打破常规，进行创新，从而给组织成员以信心，指明前进的方向。

一、领导与管理

领导既是动词也是名词。作为名词，领导是指领导者，他具有带领组织实现目标的能力和影响力。作为动词，领导是管理职能的一部分，通过领导能够影响被领导者朝着组织目标努力。本书认为，理解领导与管理的关系，要从动词和名词两个维度分析，为此，本书既讨论领导这一重要管理职能，也讨论领导者对组织的影响。总而言之，领导的含义主要包括以下几个方面。

1. 领导的目的是实现组织的目标

领导的职能活动要围绕组织目标进行，同时领导者要通过其影响力号召被领导者实现组织目标。

2. 领导的主体包含领导者和被领导者

领导者和被领导者相互依存，没有被领导者就不存在领导者，所以领导主体一定包括领导者和被领导者两个层面。

3. 领导基础是领导者的影响力

领导者之所以能够激励被领导者朝着组织目标努力，主要来自领导者的影响力。领导者的影响力既包括职位等权力影响力，也包括领导人的非权力性影响力（如个人魅力等）。

4. 领导的作用主要体现在指挥、协调、激励

领导者的主要任务是指挥、协调、激励被领导者。指挥是指领导者要为组织指明方向，制定组织发展目标，确保组织成员都能够理解组织发展目标并朝着共同目标奋斗。协调是指领导者要协调组织运营中的各项活动及部门之间的关系，解决组织运行中存在的偏差和问题，从而使得组织能够步调一致地向目标前进。激励是指领导者要学会运用各种激励方式，使得组织成员能够自发地朝着组织目标奋斗。

即学即问

■ 管理和领导有什么区别？管理者一定是领导者吗？

二、领导要素

领导要素是影响领导有效性的主要因素。根据管理学家哈罗德·孔茨等人的研究，领导要素通常包括五个部分，分别是：权力、领导者素质与风格、被领导者需求与个性、领导方式、领导情景。

（一）权力

权力是领导要素的核心，也是领导者实现领导职能的基础和保障。领导本质上是一种对他人的影响力，这种影响力使得被领导者愿意服从领导者的任务安排并实现组织目标。领导者对下属及组织的影响力主要来自以下两方面。

1. 权力影响力

权力影响力主要是指领导者通过职位、地位、规章制度等因素所被赋予的各种影响力。它主要包括法定权力、强制权力和奖励权力。权力影响力主要是由组织授予并受到组织规章制度的保护，是领导者实现领导职能的基础，没有权力影响力，领导工作就会很难开展。

（1）法定权力。法定权力也称职位权力，是指领导者通过地位、职位等所获得的权力影响力。通常领导者的职位、地位越高，法定权力影响力越大，敬畏感也越强。比如，在一个企业中，总经理的法定权力通常要大于分部门经理。

（2）强制权力。强制权力是指领导者通过惩罚等方式迫使被领导者服从的权力影响力。强制权力通常使下属感到惧怕，因为它与惩罚紧密联系。员工如果违反用人单位的规章制度，领导者可以通过惩罚的方式使用强制权力，纠正员工行为。

（3）奖励权力。奖励权力是指领导者通过奖励的方式提高下属工作积极性的权力影响力。领导者可以通过物质奖励和精神奖励等方式使用奖励权力,实现对员工的激励。员工如果超额完成工作,领导者可以通过晋升的方式使用奖励权力,激励员工继续努力。

2. 非权力影响力

非权力影响力主要是指领导者因为个人魅力、作风、风格等特质使得被领导者自愿追随的影响力。构成领导者非权力影响力的因素包括品德、知识、才能、情感等,它主要分为专长领导力和品质领导力。

(1) 专长影响力。专长影响力是指领导者由于知识技能、能力素养等专长赢得下属的尊重和敬佩,而使得下属愿意追随的能力。

(2) 品质影响力。品质影响力是指领导者的思想品德、道德素养、行为作风等品质受到被领导者敬重所产生的影响力。

(二) 领导者素质与风格

作为领导主体,领导者自身的素质与风格对领导成效有重要的影响,具体包括领导者的基本素质、知识技能、价值观等。内外部环境因素的不同,使得领导者在素质和风格上具有较大差异。

> **即学即练**
>
> **从《中国机长》看领导者素质**
>
> 电影《中国机长》讲述了 2018 年 5 月 14 日,川航 3U8633 航班驾驶舱挡风玻璃爆裂脱落,面对座舱失压的极端罕见险情,机长刘传健与乘务长毕楠带领全体机务人员与乘客成功迫降,全员生存的感人故事。
>
> 请观看《中国机长》,查找相关资料并思考:面临险情,机长刘传健因为具备了哪些领导者素质,才使飞机成功迫降的?

(三) 被领导者需求与个性

领导职能的作用对象是被领导者,组织绩效是由领导者和被领导者共同努力创造出来的。被领导者需求与个性同样具有较大的差异,要实施有效的领导,就必须了解被领导者的需求与个性特征,只有对被领导者采取有针对性的领导措施,才能事半功倍。了解被领导者的行为特点,需要先了解决定人行为的心理过程,被领导者的需要、动机、行为与被领导者的个性。

1. 心理过程

心理过程主要包括认识过程、情感过程和意志过程。

（1）认识过程。人的认识过程是指以感觉和知觉为起点，通过获取信息，形成记忆、思维等心理活动，从而获得相关认识的过程。领导者要了解到，被领导者在认识的过程中是存在个体差异的，这种差异体现为：

① 选择。对同一个事物，由于被领导者的价值观、经历等方面存在差异，他们会选择不同的关注角度，从而导致其认识也存在差异。比如，对组织中出现的同一个问题，财务人员、人事人员、销售人员的解读角度会不同。

② 偏差。由于信息并不是完全的，人的认知能力也是有限的，所以在认识问题的深度和广度上可能会出现偏差。例如，一个人在某方面做出来优秀的业绩，大家会认为他在所有的方面都比较擅长，这种"晕轮效应"就是典型的认知偏差。

③ 归因。人们在寻找问题产生的原因的过程中会受到主客观双重因素的影响。最常见的心理倾向是把成功归因于主观，失败归因为客观。

（2）情感过程。情感过程是人对客观事物是否符合自己需求所产生的一种心理，它通常伴随着被领导者的认识过程而发生变化。情感过程的常见因素包括：愉快与不愉快、意气风发与郁郁寡欢、积极与消极等，这些因素在领导过程中发挥着重要影响。领导要调动被领导者的积极情感，促使其情绪朝着积极的方向发展。

（3）意志过程。意志过程是被领导者在认识过程和情感过程的基础上形成的，作出决定、采取行动并最终克服困难的过程。与组织目标一致的意志过程有助于组织目标和实现，而与组织目标相悖的意志过程则是领导者需要解决的难题。

2. 被领导者的需要、动机、行为

（1）被领导者的需要。被领导者的需要是指推动其从事组织安排的工作的基本动力。这种需要通常的表现形式为愿望、兴趣、意愿等。

（2）被领导者的动机。动机是促使被领导者采取行动的内在推动力。动机一般是在需要的基础上产生的，当需要明确的时候，就会转化为行动的动机。动机对被领导者行为具有重要的影响，因为：① 动机具有驱动作用。动机是推动被领导者采取行动的根本动力，决定被领导者的行动是否会发生。② 动机具有指向作用。动机能够推动被领导者朝着组织期望的目标前进。③ 动机具有维持作用。当被领导者具有动机的时候，一旦面临困难和阻碍，被领导者就会努力排除干扰因素。

（3）被领导者的行为。被领导者的行为是指被领导者为了满足需要，在动机驱动下，所进行的各项活动。被领导者的行为的产生受到外部因素（如组织环境）的影响，也受到被领导者自身因素（如心理因素、生理因素等）的影响。

3. 被领导者的个性

受到遗传基因和外部环境影响，不同的人具有不同的心理和行为特点，即个性不同。个性的心理特征主要包括气质、性格和能力。由此可见，被领导者在气质、个性和能力上具有差异性。

(1) 气质。气质可以分为四种类型：① 兴奋型。这种气质的特点是被领导者反应快而强烈，容易兴奋、敢于冒险。② 活泼型。这种气质的特点是反应快且平衡，灵活性比较强，比较积极乐观。③ 安静型。这种气质的特点是反应稍迟钝，遇事冷静，比较有耐心。④ 抑制型。这种气质的特点是反应较弱且不平衡，内倾性明显，敏感而内向。

(2) 性格。性格是人稳定的对现实的态度和行为方式。被领导者的性格具有明显的差异性，常表现为被领导者对组织目标、组织制度、组织文化等具有不同的感受和反应，他们在完成工作时具有不同的行为方式。

(3) 能力。能力是人完成活动的力量与水平。由于先天素质差异及后天经历不同，导致被领导者在能力水平上也有较大差异。

总之，被领导者的气质、性格和能力对完成组织任务具有重要的影响，也是领导者进行有效领导时需要关注的因素。

（四）领导方式

领导者发挥领导职能主要通过指挥、激励和沟通三种方式。

1. 指挥

指挥是指领导者凭借权力影响力和非权力影响力直接命令或者指导下属的行为。指挥的具体表现形式包括部署、命令、指示、要求、指导、协调等。指挥具有强制性、直接性的特点，是领导者经常使用的领导方式。

2. 激励

激励是指领导者通过影响下属的心理从而激发被领导者朝着组织目标努力的过程。激励主要是要满足被领导者的需要，调动他们的工作积极性，从而引导被领导者自愿采取行动以实现组织目标。为此，激励具有自愿性、间接性的特点。

3. 沟通

沟通是指领导者与被领导者交流工作信息、情感的过程。沟通的表现形式包括信息传输、建立和维护人际关系、交换与反馈等。加强领导者和被领导者之间的沟通能够提高信息沟通的有效性，使领导能够更准确地了解被领导者的需要，从而提高被领导者的工作效率和工作意愿。

(五）领导情景

领导情景是指领导者实施领导行为时所处的环境特征。领导者和被领导者的行为及心理都受到外部环境的影响，同样的领导行为放在不同的组织环境中，结果可能会不一样。所以实施有效领导必须关注领导情景。领导情景总是处于变化之中，作为领导者要能够准确识别领导情景，并选择与之相适应的领导手段。领导者要帮助组织在变化的情景中不断成长。

 管理思辨

> 有人认为，当领导之后有管理他人的权责，这是领导的主要工作；有人认为，管理就是服务，领导就是组织的服务者。应该如何看待这两种观点？什么样的领导方式更合适？

三、领导力

领导者是组织中的灵魂，一个卓越的领导者能让一个组织脱胎换骨。未经领导的人才不是组织的资本，只有那些被激励的人才才能和领导者共同朝着一个方向努力，才是组织的资本。组织中的人才发展与领导力密切相关。领导力是领导者影响他人的能力，具有领导力的人能够激励人们主动服从，自愿同领导者一起朝着共同目标奋斗。领导学家约翰·麦斯威尔（John Maxwell）提出，领导力有五个层次，如表6-1所示。

表6-1 领导力的五个层次

层次	名称	关键词
1	职位	权力
2	允许	关系
3	生产力	绩效
4	培育	复制
5	做人	尊重

在第一个层次，被领导者会因为领导者的职位、头衔等而跟随领导者。因为领导者有特定的权力，如果不服从，可能会面临惩罚和处分，存在着强制性。

在第二个层次，被领导者愿意跟随领导者，是因为平时经常接触，产生了感情，成为一个关系紧密的群体。这时候，被领导者会为了维护和加深人际关系而愿意服从领导者。在这个阶段里，领导者要愿意走进人群，多和被领导者接触，要具有观察和了解被领导者的能力。简单来说，领导力是领导者和被领导者之间的一种人际关系。

在第三个层次，团队取得了工作成绩，被领导者会因此跟随领导者且愿意付出。过去好的工作绩效，也是领导者能力的体现。换句话说，被领导者听领导者的话是因为领导者对组织有贡献。在这个层次，领导者必须锻造个人才能，带领组织成长并取得卓越绩效。

在第四个层次，被领导者跟随领导者是因为可以获得个人成长和发展。领导者除了实现组织目标外，还应该关注组织中个人的成长和发展。

第五个层次是领导力的最高境界，此时被领导者愿意跟随领导者前进，是因为领导者具有个人魅力，受人尊敬。

那什么样的人有领导力潜质？应该如何提升领导者的领导力呢？

第一，具有领导力潜质的人，必须具有很强的领导意愿。当领导者意味着要承担更多的责任、压力、风险，面对这些，有一些人并不愿意担任领导者。所以拥有当领导者的意愿，是具有领导力潜质的人的第一特征。纵观优秀的领导者，虽然他们在领导特质、领导行为、领导方式上具有多样性，但是从本质上来说，他们都有强烈的领导意愿，愿意带领团队共同朝着组织目标努力，愿意承担更多的责任和风险。

第二，具有领导力潜质的人，必须要有持续学习的能力和敏锐度，要不断提高个人技能水平。领导者经常要带领组织解决复杂问题，应对不断变化的外部环境，为此具有领导力的人要能够敏锐地识别风险和机遇，通过不断学习掌握新知识、新方法，并能够学以致用，带领组织不断实现变革和进步。在领导力能力提升的过程中，创新意识是一个卓越领导者必须具备的。领导者的创新意识与尚未被人涉足的、未知的事业和行动相联系。

第三，具有领导力潜质的人，要学会掌握领导艺术。领导艺术主要体现在领导者自身的素质上，包括分析、解决问题的能力，个人魅力，事业心，自信心，道德等。领导者应具备一定的管理技能，要有对情境的观察力和判断力。领导力不是一个人、一个职位或一个项目，而是管理者与追随者相联系时所发生相互作用的关系，即活动范围。所以，领导者必须与被领导者建立起密切、良好的工作关系。如果被领导者了解、理解、信任领导者，就会心甘情愿地支持、追随领导者。反之，如果领导者与被领导者的关系疏远、相互怀疑、猜忌，甚至相互敌视，被领导者就会与领导者渐行渐远、离心离德、貌合神离。

即学即问

■ 在大学里，应该如何提升自己的领导力？

管理实践

吉利集团的全球领导力模型

吉利集团的全球领导力模型对不同层级（高层、中层、基层）的管理人才量身定制了培训项目，设立了对应的培训计划。吉利集团认为，起关键作用的管理者应该具备四个维度的七种领导力。吉利集团的全球领导力模型如表6-2所示。

表6-2 吉利集团的全球领导力模型

维度	领导力	定义
核心	对未来事业的激情	对未来事业的追求充满激情，主动迎接挑战，不断发现问题，不断寻求突破，勇于自我变革，以理解并适应快速变化的商业环境，用激情和真诚感染他人，有把压力和挑战转化为快乐的能力
战略与市场	关注用户	始终将用户需求放在心中，从用户的满意与高兴出发指导自己和团队的工作，努力挖掘用户需求并迅速反应，最终提供超出用户预期的产品和服务
战略与市场	战略落地	具备战略思维与市场规划能力，基于市场洞察和用户需求，结合自身的业务特点和拥有的资源，明确企业未来发展战略，创造性地承接并部署团队执行，取得预期的业绩目标
高价值运营	专业影响力	不断提升管理者个人的知识和技能，通过挑战性的任务培养专业能力，提升认识事物的水平，并在沟通中依靠摆事实、讲道理、谈数据来解决分歧和问题
高价值运营	体系化协作	从实现用户的最终价值出发，从企业整体利益出发，沟通中能够换位思考，整合各部门和合作伙伴的力量，通过建立和优化体系化的工作流程和营造从大局出发的沟通氛围，推进跨组织沟通与合作
文化与人员	建立互信与尊重	在组织内建立公开透明的环境，在内部、跨组织、客户和伙伴的合作中，坚持"铁板一块的原则"通过专业能力互相建立信任，有责任心、说到做到，避免可能破坏信任的行为并快速补救
文化与人员	培育团队与发展人才	投入时间和精力培育团队，用激励和授权等方式提升团队成员的执行力，鼓舞团队成员提高发现问题和解决问题的能力，营造环境让有潜力的人才成长，通过对高潜力人才的持续培养来增强团队实力

思考：
吉利集团的全球领导力模型包括哪些核心元素？

第二节 领导行为

一、领导特质理论

领导素质理论

领导特质理论也称领导素质理论,主要关注领导者的品质、性格等特质,由切斯特·巴纳德在其著作《经理人员的职能》中提出。他认为领导者应该具备的基本特质包括:① 活力与耐力;② 当机立断;③ 循循善诱;④ 责任心;⑤ 智力。

一个优秀的领导者应具备四个方面的素质:首先是思想品德素质;其次是知识素质,包括专业知识、管理知识以及相关知识;再次是能力素质,包括决策能力、组织协调能力、创新能力、自我控制和自我学习能力;最后是身体素质。

总之,领导特质理论认为,领导者相较于一般人而言,具有一些独特的个人品质和素质,这些特质使得领导者能够带领组织不断成长。

❖ 即学即练

领导特质自我评估

《世界经理人文摘》邀请世界经理人网站的广大用户、中国企业领导人和管理专家一起推荐和评选出了企业领导人的10大特质:① 确立愿景;② 信息决策;③ 配置资源;④ 有效沟通;⑤ 激励他人;⑥ 培养人才;⑦ 承担责任;⑧ 诚实守信;⑨ 事业导向;⑩ 快速学习。

1. 请结合自身情况,根据《世界经理人文摘》中总结的领导特质开展自我评估,完成表6-3。

表6-3 领导特质自我评估

领导人特质	不符合	一般	较符合
确立愿景			
信息决策			
配置资源			
有效沟通			
激励他人			

续表

领导人特质	不符合	一般	较符合
培养人才			
承担责任			
诚实守信			
事业导向			
快速学习			

2. 请结合评估情况，分析自己在哪些方面还有待提高。

管理实践

王传福：技术梦想与产业报国情怀

1. 贫寒少年的科学梦想

王传福出身贫寒，他的成长道路充满艰辛，但这也磨炼了他的意志，培养了他的领导者特质。

王传福出生在安徽的一个普通农民家庭，在王传福少年时，他的父亲因病去世，家里的经济状况因此每况愈下。生活的苦难让王传福养成了坚强、独立的性格。母亲和兄长的殷殷期盼不断鞭策着王传福，他明白家庭的希望寄托在他身上，所以在他的心里永远有一条信念，那就是"永远要比别人做得好"。王传福不服输、不断超越自我的精神，奠定了他以后事业成功的基础。进入大学以后，王传福埋头于学习之中，他的学习成绩在班上名列前茅。在学校里，王传福就开始接触电池，这为他未来的事业打下了良好的基础。

2. 年轻博士的拳拳赤子之心

1987年，王传福考入中科院北京有色金属研究院攻读硕士研究生。王传福的导师李国勋非常器重他，并回忆说："他对专业抱着追求到底的精神，每次研究都弄到半夜。他学习成绩很好，是很聪明的人。他一毕业，我就问他愿不愿意留下来和我一起做研究。"王传福欣然同意，他决定将一生奉献在电池事业上。他认为自己根在中国，是祖国培养了自己，应该倾尽所能报效国家。

3. 打造比亚迪创业团队

1995年2月，比亚迪在深圳布吉镇租用的一幢厂房里成立了，王传福和他的伙伴创办比亚迪之后，就开始按照自己制订的电池产业发展计划开辟比亚迪电池事业的未来。品质是产品的生命，是企业的灵魂。当时的王传福已经认识到了加强技术品质建设的重要性，在人才市场上招聘了10名生化专业技术人才充实自己的管理队伍。从此，比亚迪品质建设之路开始一步步稳健地迈了出去。

4. 坚持制造业，专注做好每一件事

比亚迪自创办以来坚守绿色梦想，坚持技术创新，专注制造业发展，坚守企业家的责任担当。掌握核心技术、制定精准战略、拥有快速决策能力，是比亚迪发展的三大法宝。在2021年亚布力中国企业家论坛年会上，主持人问王传福："您认为什么是优秀企业家的特质？"王传福回答："一是企业研发的产品技术要符合国家绿色战略方向，二是要有敢为人先的创新意识，三是要坚持和有毅力，四是埋头苦干。因为责任和坚持，比亚迪有机会走到产业发展风口上，来承担更多的企业责任和使命，为国家及人类社会可持续发展不断贡献力量。"

思考：

企业家王传福具有哪些值得青年学习的素质和领导特质？

二、领导行为理论

（一）领导风格类型理论

著名心理学家库尔特·勒温发现，领导者们通常具有不同的领导风格，这些领导风格对工作绩效、工作满意度等有着不同的影响。根据研究结果，他把领导方式按风格差异划分为三类：专制型领导、民主型领导和放任型领导。

1. 专制型领导

专制型领导是指权力集中于领导者，所有的决策都由领导者制定，被领导者只能接受领导者的指示并执行。专制型领导的特点有：第一，决策权由领导者掌握，被领导者没有发言权和参与权，很难参与决策；第二，领导者主要通过行政命令、指示、规则、纪律等进行管理，领导者通过权力、职位等强制性因素影响被领导者。

2. 民主型领导

民主型领导是指领导者与被领导者共同参与决策过程并最终做出决定。民主型领导的特点有：第一，权力在团体之中，领导者和被领导者都有发言权和参与权，通过团队参与决策，互相讨论，最终确定方针政策；第二，领导者主要通过个人品质、能力等特质影响被领导者，被领导者自愿听从领导者的安排，双方心理距离较近；第三，在工作安排上，给予被领导者一定的自由选择空间和权力。

3. 放任型领导

放任型领导是指领导者将权力下放给被领导者，被领导者可以完全独立地去开展工作。放任型领导的特点有：第一，权力分散于每个被领导者，领导者采取无为而治的态度；第二，被领导者具有完全的决策权，领导者几乎不参与决策，在工作过程中，领导者也不进行经常性的监督，全凭被领导者的个人自觉性；第三，领导者缺乏对被领导者的影响。

（二）四分图理论

四分图理论由美国俄亥俄州立大学的领导行为研究者们提出，他们设计了一个领导行为描述调查表，列出了一千多种领导行为因素，最终缩减确定了两个维度，并认为这两个维度是划分领导类型的关键，分别是关注组织和关怀员工。

关注组织是指领导者以工作为重，通过构建明确的组织结构、意见交流渠道、工作程序、权力说明等方式领导组织。以工作为重的领导更加看重规章制度、纪律规则、上下级关系等内容。

关怀员工是指领导者以人际关系为重，通过与被领导者建立良好的友谊和关怀、信任的关系来管理组织。以人际关系为重的领导者一般赋予员工更多自主权，平易近人，较为民主，关心员工的情绪和状态。

研究结果认为，领导者行为可以依据这两个维度，通过坐标轴划分为四种类型。用四个象限来表示四种类型的领导行为，如图6-1所示。

1. 低关注组织、低关怀员工

这种领导者既不关注组织规章制度，也不关怀员工。具体表现为：领导者对员工工作干预较少，工作通常处于无序状态，效率不高；对员工也不关心，不了解员工的思想和状态，缺乏信息交流，与员工关系不融洽，属于放任型领导者。

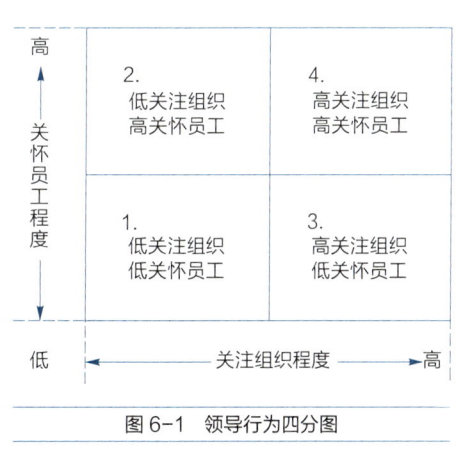

图6-1　领导行为四分图

2. 低关注组织、高关怀员工

这种领导者关心员工、但不太关注组织规章制度。具体表现为：领导者关怀体贴员工，经常与员工沟通交流，注重员工的意见；对组织内的规章制度管理不严格，如对员工缺乏考勤管理、规章制度约束等,属于仁慈型领导者。

3. 高关注组织、低关怀员工

这种领导者关注组织规章制度,但对员工关怀不足。具体表现为:领导者注重建设组织规章制度、工作程序,并希望通过制度约束和管理员工;对员工关注度不够,上下级关系明确,缺乏与员工的交流与沟通,属于严厉型领导者。

4. 高关注组织、高关怀员工

这种领导者既关注组织规章制度,也关注员工。具体表现为:领导者明确组织规章制度,明确工作流程和方法;同时关注员工的思想和意见,经常与员工沟通交流,充分调动员工的积极性,属于高效成功的领导者。

(三) 管理方格理论

管理方格理论由行为科学家罗伯特·布莱克(Robert Blake)和简·莫顿(Jane Mouton)提出。他们通过研究发现,领导者风格主要从对生产的关心程度和对人的关心程度两个维度划分。该理论用方格图区分领导者风格,横轴表示领导者对生产的关心,纵轴表示领导者对人的关心。在此基础上,对领导者的行为进行评估,并给出相应等级分值。依据关心程度不同,在横轴和纵轴的方向上分别可划分为 9 个小格,第一格代表关心程度最低,第九格代表关心程度最高。整个方格图共有 81 个小方格,每一个小方格代表一种领导方式,如图 6-2 所示。

布莱克和莫顿在管理方格图中列举了五种典型的领导方式。

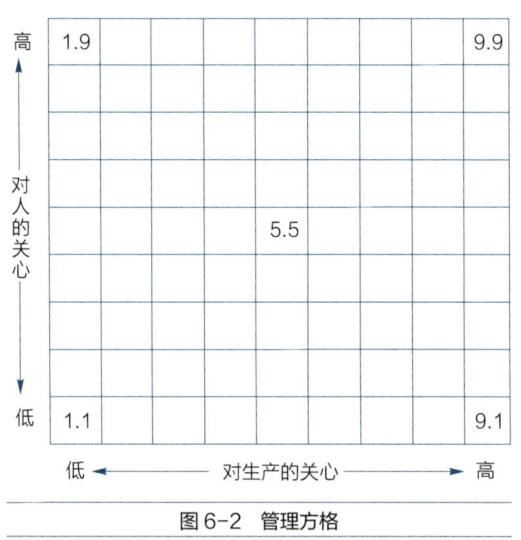

图 6-2 管理方格

(1) 1.1 型，也叫贫乏型领导。其特点是领导者对生产和人都不关心，领导者只需要付出最小努力完成工作即可，对组织管理较为薄弱、宽松。

(2) 1.9 型，也叫乡村俱乐部型领导。其特点是领导者高度重视人的需求，但对组织规章制度、工作安排漠不关心，对效率关注不够。

(3) 9.1 型，也叫任务型领导。其特点是领导者高度关注任务和工作，而对人的需求关注较少，缺乏与人的沟通。

(4) 5.5 型，也叫中庸型领导。其特点是领导者对工作和人的需求都有一定程度的重视，希望努力保持和谐，以免顾此失彼。

(5) 9.9 型，也叫团队型领导。其特点是领导者既关注工作和任务，也主动关心人的需求，注重与团队成员的沟通。希望通过高效工作安排及团队共同参与来实现组织目标。

随着新技术的发展，创新的力量推动组织不断革新，管理的范式也在不断变革。在新时代，个体价值的重要性不断显现，互联网信息环境下个体和组织之间的关系更紧密，个体和组织之间的信息也更对称，领导者很难再像在传统信息不对称环境下那样，单一地利用组织制度管理员工。领导者必须充分认识到，关注和激发个体的内在价值已成为管理的核心问题。领导者和组织中个体的关系发生了改变，如何建设价值共享平台，构建开放型组织，激发个体的能动性和创新性，成为领导者面对的新挑战。这意味着管理者的领导方式要做出改变，组织中的个体与领导者之间要建立平等的关系，领导者要尊重、信任、激励员工，建立伙伴式的关系。作为领导者要尊重组织中的每个人，并赋能组织中的每一个人。为此，领导者要转变观念，解放思想，重视管理团队建设，让人才在更加自由、民主的环境里为组织发展而奋斗，最终实现组织和个人的共赢。

即学即问
■ 不同类型的领导对个人成长的影响有何不同？应如何看待领导者和被领导者之间的关系？

三、领导权变理论

"权变"的意思是跟随具体的情境而发生变化。领导权变理论认为，领导者行为受到动机、态度、环境等多种因素的影响，这些情境因素会对领导效力产生影响。领导行为要与具体的情境相关联，没有一种领导方式可以适用所有的情境。

（一）费德勒模型

最早提出领导权变理论的是心理学家弗雷德·费德勒（Fred Fiedler），他把领导特质、领导行为与情境联系起来。

费德勒设计了最难共事者问卷，该问卷主要用于了解和区分领导者类型。通过领导者评价，他将领导者归为两类，即关系导向型和任务导向型。如果领导者对他最不喜欢的同事评价较高，则说明他注重人际关系，较为宽容，属于关系导向型领导者；如果领导者对他最不喜欢的人评价较低，则说明他对人际关系不够看重，更多以工作和任务为中心，属于任务导向型领导者。

然后，费德勒又将领导者行为与领导情境相联系，他认为领导情境主要受到三种因素影响，分别是领导者与成员关系、任务结构和职位权力。领导者与成员关系是指领导者与被领导者之间的关系，被领导者对领导者的情感（如信任、尊重、认同等）。任务结构是指工作任务目标与界定是否明确，完成工作的方法是否具有多样性和规范性等。任务结构明确的企业有明确的生产流程引导员工生产作业，对产品品质有严格的质量标准，而在任务结构不明确的企业，员工生产没有统一的规范，流程混乱，产品质量不高。职位权力是指被领导者服从领导者指挥的程度。

在此基础上，费德勒认为，一个领导者要想实现有效领导，必须通过一定的领导方式来对领导情境实施有效控制，使得领导者与成员关系、任务结构和职位权力能够相互配合。总之，在领导行为理论的基础上，费德勒将领导行为和领导情境相结合，提出了领导权变理论。

（二）不成熟与成熟理论

不成熟与成熟理论由行为学家克里斯·阿吉里斯（Chris Argyris）提出，该理论关注人的个性与组织关系。他认为个性发展有一个过程，一般会经历以下 7 个方面的变化与发展。

(1) 从婴儿时期的被动状态发展到成人时期的主动状态。
(2) 从婴儿时期的依赖他人发展为成人时期的自主独立。
(3) 从婴儿时期的少量行为方式发展为成人时期多样的行为方式。
(4) 从婴儿时期浅显的兴趣发展为成人时期浓厚的兴趣。
(5) 从婴儿时期的目光短浅发展到成人时期的高瞻远瞩。
(6) 从婴儿时期的从属地位发展为成年时期的平等地位。
(7) 从婴儿时期的缺乏自觉发展为成人时期的自觉自制。

该理论研究的基础是个人需求与组织需求的不相容，组织中的劳动分工、权力等级、规章制度等是组织实现发展的必备要素，但是这些要素与个人发展不一定完全匹配。因此，有效的领导者应该帮助人们从不成熟状态转变到成熟状态，协调个人发展和组织发展，共同进步。协调的方法包括：扩大被领导者的参与权和发言权，采取民主化的领导方式；赋予被领导者更多的责任和权力，发挥被领导者的主动性和积极性；更多地依赖被领导者自我控制和自我发展的能力等。

阿吉里斯认为，无效领导会阻碍个人发展，解决个体成长和组织原则之间的矛盾是领导者长期面对的挑战，领导者的任务之一就是努力减少这种不协调。这就要求领导者必须努力识别每个被领导者的成熟程度，并由此选择合适的领导方式，而不是对所有被领导者进行一视同仁的管理。

（三）领导生命周期理论

领导生命周期理论也称为情境领导模式，由心理学家卡曼（A.Korman）首先提出，后由管理学家保罗·赫西（Paul Hersey）和肯尼斯·布兰查德（Kenneth Blanchard）共同创立。领导生命周期理论在四分图理论、不成熟与成熟理论基础上发展而来，该理论认为，领导者的工作行为、关系行为以及被领导者的成熟程度之间存在关联，强调要结合被领导者的成熟程度选择合适的领导方式。

1. 个人发展

该理论认为个人发展经历四个阶段，分别是不成熟、初步成熟、比较成熟、成熟。

（1）不成熟阶段：既不胜任工作，又缺乏自信。

（2）初步成熟阶段：愿意承担一定工作，但是能力有限。

（3）比较成熟阶段：具有完成工作所具备的能力，但是自我发展意识不足。

（4）成熟阶段：既能够胜任工作，也有自我发展动机和意愿。

2. 领导方式

该理论将领导方式分为四种类型，分别是命令式、说服式、参与式、授权式。从不成熟走向成熟，领导行为应该发生如图6-3所示的改变。

（1）命令式（高工作，低关系）。当员工的成熟度低时，领导者应该选择命令式的领导方式。领导者需要明确被领导者的工作任务并提供指导，否则被领导者由于自身发展不成熟，容易出现不胜任工作、无所适从的现象。这种领导方式适用于新职工和知识水平较低、业务能力较差的员工。

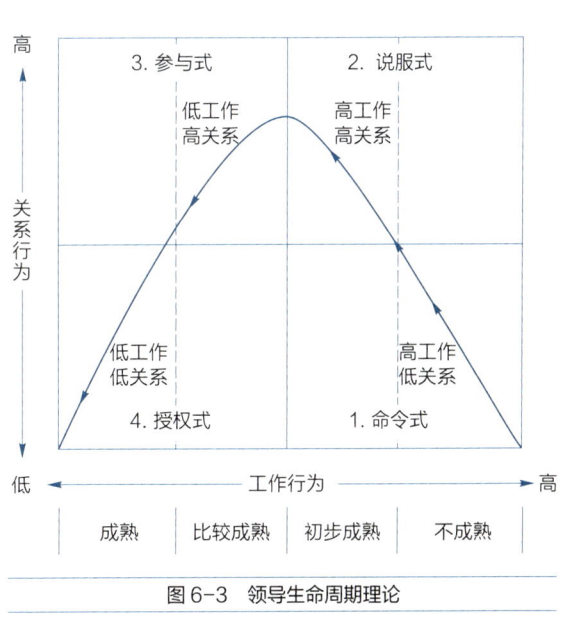

图6-3 领导生命周期理论

(2) 说服式（高工作，高关系）。当员工进入初步成熟阶段时，采取任务行为、关系行为并重的说服式领导形态较为适宜。此时，既要明确员工工作任务，还要注意激发员工的工作热情和积极性，提高被领导者对领导者的信任度。

(3) 参与式（低工作，高关系）。当员工比较成熟的时候，已经具备胜任工作能力，此时作为领导者更重要的是加强与被领导者之间的人际关系，多交流感情，激发被领导者工作的主动性和积极性，做到事半功倍。

(4) 授权式（低工作，低关系）。当员工成熟度很高，既有能力也有工作激情的时候，领导者应该放权，授予员工更多自我发展的权限，不过分干预员工的自我发展，此时领导者应采取低工作、低关系的授权式领导方式，提出任务后，放手让被领导者去干，充分发挥被领导者的主观能动性。

（四）路径—目标模型

路径—目标模型是管理学家罗伯特·豪斯（Robert House）提出的一种领导权变模型，该模型认为，领导者的工作是帮助被领导者达到他们的目标，并且在实现的过程中给予必要的指导和支持，从而确保组织目标和个体目标的一致，如图6-4所示。换言之，领导者推动被领导者实现组织目标的作用机制体现为两个方面：① 它使下属的需要满足与工作绩效紧密联系在一起，即推动组织目标和个体目标相一致；② 领导者要为被领导者实现目标提供指导、指引和帮助。高效领导者可以协助被领导者扫清完成任务过程中的障碍，帮助被领导者厘清实现工作的路径。

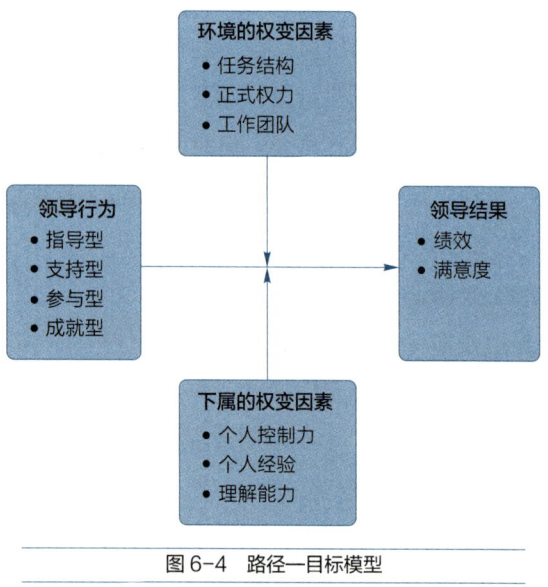

图6-4 路径—目标模型

为了进一步了解领导者行为，豪斯将其分为以下四种类型。

(1) 指导型领导。这种类型的领导者直接让被领导者了解组织对其的期望，并制定明确的工作安排，提出具体的工作任务和指导方法。

(2) 支持型领导。这种类型的领导者通过表现出对员工需求的关心和支持，从而引导被领导者的行为，十分友善。

(3) 参与型领导。这种类型的领导者善于与团队成员沟通，经常询问被领导者的建议和意见，与被领导者充分磋商，并在决策之前充分考虑被领导者的建议。

（4）成就取向型领导。这种类型的领导者通常会设置具有挑战性的目标，并希望被领导者能够发挥出他们的最佳水平。

与费德勒模型认为领导者不会改变他们行为的观点相反，路径—目标模型认为领导者具有能动性和灵活性，可以根据领导情景选择合适的领导风格。

路径—目标模型总结出了领导行为在影响绩效结果中的环境权变因素和下属权变因素。其中，环境权变因素包括任务结构、正式权力、工作团队，而下属权变因素包括个人控制力、个人经验和理解能力。环境权变因素决定了领导行为的选择，而下属的权变因素又决定个人如何理解工作环境和领导行为。该理论模型认为，如果领导行为与环境权变因素和下属权变因素不协调，就可能会出现无效领导行为。所以领导者在领导的过程中要充分考虑工作环境和下属的特性。

第三节　激 励

组织发展离不开组织成员的推动，组织管理也离不开人员管理。在人员管理中，要坚持以人为本的理念，最大限度地激发员工的创新性和工作积极性。采用科学合理的激励方法对组织发展的重要意义表现在两方面：一是有助于组织目标的实现。组织成员的积极性影响组织绩效，较高的工作积极性使得工作能够事半功倍，若员工的工作积极性不高，则会导致企业目标难以实现。二是有助于提高组织成员的社会责任感和素质。通过对优秀人物和先进事迹的表彰，能够帮助组织成员树立正确的世界观、人生观、价值观，引导组织成员不断提高自身素质。

一、激励概述

激励是指激发人的内在动机，不断朝着目标努力的过程。从管理学角度来说，激励就是管理者通过管理方法激发被管理者，使得被管理者愿意服从指挥，朝着组织发展目标前进的过程。

激励过程本质上就是激发人的动机的过程，主要由需要、动机、行为、目标四种要

激励基本原理

素构成。

（一）需要

需要是指人由于缺乏而力求获取的心理倾向。需要产生于两个方面：一是内在驱动，即由于自身生理或心理的需要而产生，如口渴需要喝水；二是外在驱动，即由于外界影响激发而产生，如看到同学写字很漂亮而产生了练字的需求。

（二）动机

动机是指激发和维持有机体的行为，并引导行为朝着目标奋斗的内在驱动力。动机通常具有三种功能：① 激发功能，激发个体产生行为。② 指引功能，引导个体朝着某个目标开展行动。③ 维持功能，个体的行为维持一定的时间，并调节行为的强度和方向。

（三）行为

行为是指人有意识地为了实现目标而采取的活动。从管理学的角度而言，人的行为可以划分为三类：① 反射行为，人因为本能所产生的行为，如看见巨响会捂耳朵等。② 习惯性行为，由于反复训练、反复操作所形成的行为方式，如大多数人习惯用右手写字、拿筷子等。③ 可以施加影响的行为，人的行为可以因为某些刺激而发生改变。在组织管理中，激励主要围绕着可以施加影响的行为而进行。通过合适的激励手段，鼓励被管理者行为与组织要求相一致。

（四）目标

目标是指组织发展的方向和未来指引。实现目标是任何行为的最终目的。

以上四种要素构成了激励的全过程，如图6-5所示。需要引起动机，动机引发行为，行为指向目标。同时，根据目标的实现情况，再一次影响和修正人的需求，从而形成一个动态循环的过程。

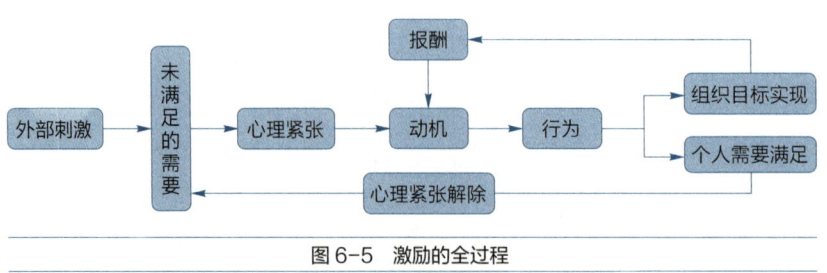

图6-5 激励的全过程

> **管理实践**

"以创新为核心竞争力 为祖国百年科技振兴而奋斗"

从科技的角度来看,未来二三十年人类社会将演变成一个智能社会,其深度和广度我们还想象不到。越是前途不确定,越需要创造,这也给千百万家企业提供了千载难逢的机会。面对重重困难,不进则退,如果不能扛起重大的社会责任,坚持创新,迟早会被颠覆。

1. 大机会时代,一定要有战略耐性

华为过去是一个封闭的人才金字塔结构,现在我们已"炸开"金字塔尖,开放地吸取能量,加强与全世界科学家的对话与合作,支持同方向科学家的研究,积极地参加各种国际产业与标准组织,各种学术讨论,从思想的火花中感知发展方向。有了巨大势能的积累、释放,才有厚积薄发。并且,不以成败论英雄,从失败中提取成功的因子,总结、肯定、表扬,使探索持续不断。对未来的探索本来就没有"失败"这个名词,不完美的英雄,也是英雄。

2. 用最优秀的人去培养更优秀的人

用什么样的价值观就能塑造什么样的一代青年。蓬生麻中,不扶自直。奋斗、创造价值是一代青年的责任与义务。我们处在互联网时代,青年的思想比较开放、活跃、自由。我们要引导和教育,也要允许一部分人快乐地度过平凡一生。现在华为奋斗在一线的骨干,都是"80后""90后",他们是有希望的一代。近期,我们在美国招聘优秀中国留学生,全部都要求先去艰苦地区锻炼。华为的口号是"先学会管理世界,再学会管理公司"。

(资料来源:任正非在全国科技创新大会上的发言,引文有删改。)

思考:
1. 华为领导者具备了哪些领导能力与素质?
2. 优秀的领导者是如何激励员工的?

二、内容型激励

内容型激励的相关理论主要研究人的需求都有哪些以及如何被满足。代表性理论主要有马斯洛需求理论和双因素激励理论。

(一)马斯洛需求理论

马斯洛需求理论是心理学中的激励理论。美国著名社会心理学家亚伯拉罕·马斯洛(Abraham Maslow)将人的需求划分为5个层次,如图6-6所示。马斯洛认为这五种需求是最基本的,需求激励活动应该围绕着这五种需求展开,针对不同需求,激励的方法不同。

1. 生理需求

生理需求是最基础的需求,是其他需求得以产生的基础,主要是指食物、水分、空气、睡眠的需求等。它们在人的需求中最重要,最有力量。比如,当一个人穷得吃不饱饭的时候,能够维持生命的食物等基础保障最为重要。管

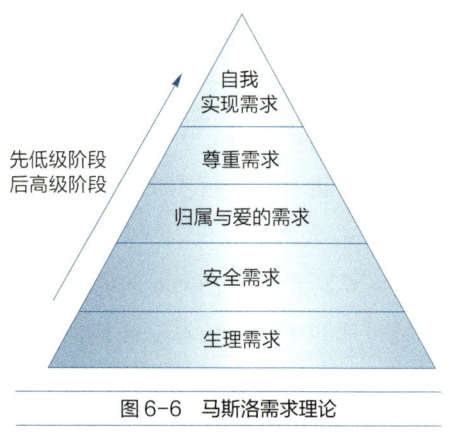

图6-6 马斯洛需求理论

理者如果想激励此类被管理者,可以采取的激励措施包括增加工资、提供食物等方式,满足其生理需求。

2. 安全需求

安全需求是指能够确保人稳定、安全、受到保护、免除焦虑和不安的需求。此时管理者应该通过提供住宿、提供社会保险等激励方式,增强被管理者的安全感,避免员工焦虑。

3. 归属与爱的需求

归属与爱的需求是指人需要与其他人建立感情联系,需要社交。例如,一个新人在进入企业以后,需要与同事多沟通多交流。此时管理者应该通过举办集体活动等激励方式,加深同事之间的友谊。

4. 尊重需求

尊重需求是指人需要得到他人的尊重,如教师对学习成绩优异学生的激励。管理者可以通过公开表扬、颁发奖状、评选先进、发布光荣榜等方式进行精神激励。

5. 自我实现需求

自我实现需求是指实现自我,追求卓越,不断完善自我的需求。创办一个优秀的企业不仅要创造企业价值,还要关注企业给社会带来的价值,此时作为领导者还需要激发团队成员的自我实现需求,鼓励个人在实现企业价值的同时发挥更多自身潜能,以造福社会。

马斯洛认为在人在发展的过程中,每一个阶段都有一种需求占据主导性地位,而其他需求属于从属地位,由此,对于领导者而言,要找准员工需求特点,对症下药。了解员工的需求是对员工进行激励的重要前提,在不同组织、不同时期以及不同员工之间,

需求充满差异性并且不断在变化。由此，作为领导者要不断调研，了解组织中员工的需求特征，然后有针对性地开展激励活动。

（二）双因素激励理论

双因素激励理论，也叫激励因素—保健因素理论，是由行为科学家弗雷德里克·赫茨伯格（Fredrick Herzberg）提出的。20世纪50年代末期，赫茨伯格等人对工程师、会计师进行了访谈，主要关注两个问题：一是了解日常工作中，哪些事情让他们感到满意以及满意状态持续的时长；二是了解哪些事情让他们感到不满意以及不满意状态持续的时长。通过这两个问题，赫茨伯格搜集访谈资料并总结提炼让员工感到满足和不满足的因素，而后发现所有的因素都可以归纳为两种类型，分别是激励因素和保健因素。

激励因素能够激发员工的积极性和热情，从而提高生产率。对工作非常满意的原因包括：工作有成就感、工作得到社会认可、工作本身具有挑战性、个人在事业上得到成长和发展等。由此可见，激励因素通常包括工作本身、赏识、进步、成就、责任、成长等。

保健因素主要是消除员工不满意，较难起到激发员工工作积极性的作用。对工作非常不满意的主要原因包括：安全保障不到位、薪资不满意、福利待遇不好、工作环境较差等。由此可见，保健因素通常包括企业薪资待遇、工作环境、安全、人际关系等。

双因素激励理论认为激励因素和保健因素都十分重要，它们对员工起到不同的激励作用，相互之间并不对立。单纯实施保健因素并不能带来员工的满意，保健因素只是基础保障，激励因素才是调动员工积极性的关键。

传统观点认为，员工只存在满意和不满意两种状态。双因素激励理论则认为，满意的对立面应该是没有满意，不满意的对立面是没有不满意，满意与没有满意受到激励因素影响，而不满意与没有不满意则受到保健因素的影响。

将马斯洛需求理论和双因素激励理论相比较可以发现，两者实际上存在一定的关联，如图6-7所示。

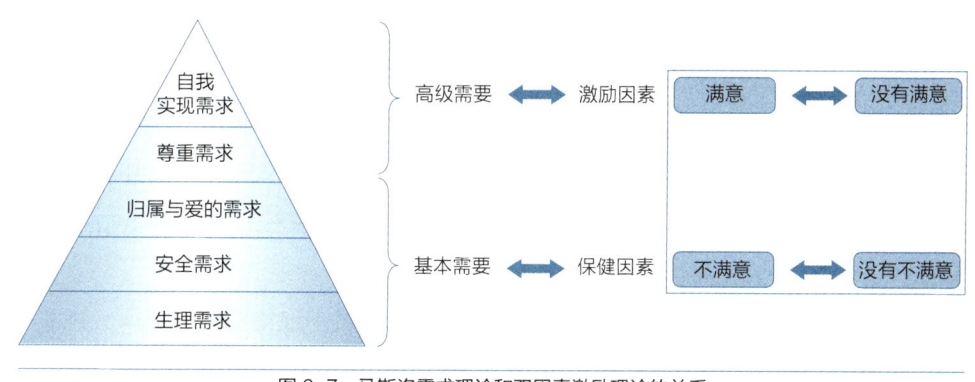

图6-7 马斯洛需求理论和双因素激励理论的关系

根据双因素激励理论，在调动员工积极性方面有以下两点启示。

首先，注意保障员工的保健因素，以消除员工的不满情绪，但如果仅提供保健因素，并不能激励员工，使其提高工作热情和效率，存在一定的局限性。

其次，要注意丰富员工的激励因素。激励因素能够使得员工获得新的知识和技能，产生工作热情、责任感、自豪感。领导者应该充分重视激励因素，提高员工工作积极性，通过多样化的方式，提升员工满意度。

三、过程型激励

（一）期望理论

期望理论是著名心理学家和行为科学家维克托·弗鲁姆（Victor Vroom）在其著作《工作与激励》中提出来的激励理论。期望理论认为，激发人积极性强度（Motivation）取决于实现目标以后所带来的效价（Valence）和能够实现目标的期望值（Expectancy），三者的关系可表示为：

$$M = V \cdot E$$

式中，M 代表强度，即调动一个人积极性的强度。

V 代表效价，是实现目标对于个人的价值，不同目标的效价可能不一样，每个人对相同目标的效价可能也不一样。如果某个人不喜欢权力，则实现职权对他来说效价较低。

E 代表期望值，通常是人们根据过去经验所判断的能够实现目标的可能性大小。一个人对实现目标的期望越大，则积极性越强。

根据该模型，人的期望模式包括四个因素：个人努力、个人绩效、组织奖励、个人需要，这四个因素存在如下关系。

第一，努力与绩效的关系。如果通过努力能够实现目标，则此时员工有更大的信心和动力，就可能表现出较高的工作积极性和热情；但如果预期目标很难实现，则会影响工作积极性，失去内在动力。

第二，绩效与奖励的关系。在获得绩效或取得成功的时候，人会期望获得相应的奖励，既包括物质奖励（如提高薪酬和福利待遇），也包括精神奖励（如公开表扬、颁发奖状、宣传推广等）。如果在取得成绩或绩效后，没有获得奖励，就会降低员工的工作积极性。

第三，奖励与满足个人需要的关系。奖励不仅要在员工取得绩效后获得，还需要有效满足个人的需求。不同的人的需求不一样，所以在给予奖励的时候要因人而异，要事先了解员工需求，这样才能做到有效激励。

（二）公平理论

公平理论由心理学家约翰·亚当斯（John Adams）提出，该理论认为，一个人取得成绩以后，不仅关心自己获得的报酬、奖励等绝对量，还关注其相对量。具体来说，该理论认为人会通过各种比较来确定自己的报酬是否合理：首先，会进行横向比较，即比较自己与其他人的报酬，衡量双方的投入产出是否公平；其次，还会进行纵向比较，即对比自己过去投入和回报的比值与自己目前投入和回报的比值，以判断是否公平。

基于公平理论，管理者在激励员工过程中需要注意：① 要加强与下属的沟通和交流，了解员工对各种报酬的评价和感觉，在"以人为本"的管理过程中，重视和提升员工的公平感；② 要提供公平公正的竞争环境，确保员工的投入和回报成正比，要让下属了解分配标准和原则；③ 要注意树立和培养员工正确的公平公正意识，让员工认识到绝对的公平是不存在，防止盲目攀比、过度攀比。

> **管理思辨**
>
> 2021年，中国人均国内生产总值达到8.1万元，"中国能否跨越中等收入陷阱"的问题尚无定论。从国际经验看，陷入"中等收入陷阱"的发展中国家并不少，究其原因，大都是因为其发展质量不高，既没有很好地解决效率问题，也没有很好地解决公平问题，使经济社会发展长期不充分、不平衡。改革开放以来，我国发展成就巨大，但经济结构协调性不足，技术创新尚存在薄弱环节，城乡区域发展平衡性和居民收入分配公平性有待增强。结合材料，请讨论：
> 1. 如何看待"多劳多得，少劳少得"这句话？
> 2. 在我国高质量发展背景下，企业应如何处理效率和公平的关系？

四、行为强化型激励

（一）强化理论概述

强化理论由著名心理学家伯尔赫斯·斯金纳（Burrhus Skinner）提出，该理论发现强化地施加控制可以对行为产生影响。强化作用离不开强化物。强化物既可以是物质的（如奖金、福利、罚款等），也可以是非物质的（如表扬、赞赏、批评等）。当某种行为出现并通过强化物的方式施加影响时，则会对该行为产生影响。一般来说，强化有三种：正强化、负强化、自然消退。

1. 正强化

正强化又称积极强化。当人们采取某种行为时能从他人那里得到某种令其感到愉快的结果，这种结果反过来又成为推进人们趋向或重复此种行为的力量。例如，教师通过颁发奖状来激励那些表现优异的学生。正强化物的效用可以从两个层面来理解，一是某一行为如果会给行为者带来愉快和满足，如给予食物、金钱、赞誉和关爱等，行为者就会倾向于重复该行为；二是某一行为如果能减少和消除行为者的不快和厌恶，如减少噪声和责骂等，行为者也会倾向于重复该行为。

2. 负强化

负强化又称消极强化，是指通过中止不愉快的条件来增强反应频率。与此类似，负强化物的效用同样可以从两个层面来理解：惩罚性强化物和消退性强化物。惩罚性强化物是指会给行为者带来不快的东西，能使行为者的行为倾向减弱；消退性强化物是指减少或消除行为者愉悦感的东西，也能使行为者倾向于终止或避免重复该行为。

3. 自然消退

自然消退又称衰减，它是指对原先可接受的某种强化行为的撤销。在一定时间内不予以强化，对应的行为将逐渐消退。如在即时通信软件已普及的今天，某些企业不再强化通过发送电子邮件进行办公的行为。

（二）强化理论对管理实践的指导作用

1. 奖励与惩罚相结合

对正确的行为，对有成绩的个人或群体应给予适当的奖励。同时，对于不良行为，对于一切不利于组织工作的行为则要给予处罚。大量实践证明，奖惩结合的方法优于只奖不罚或只罚不奖的方法。

2. 以奖为主，以罚为辅

强调奖励与惩罚并用，并不等于奖励与惩罚并重，而是应以奖为主、以罚为辅，因为过多运用惩罚的方法，会带来许多消极的作用，在运用时必须慎重。

3. 及时而正确地强化

所谓及时强化是指让人们尽快知道其行为结果的好坏或进展情况，并尽量地予以相应的奖励，而正确强化就是要"赏罚分明"，即在出现良好行为时给予适当的奖励，而在出现不良行为时给予适当的惩罚。及时强化能给人们以鼓励，增强其信心并迅速地激发他们的工作热情，但这种积极性的效果是以正确强化为前提的；相反，乱赏乱罚决不会产生激励效果。

4. 奖人所需，形式多样

要使奖励成为真正的强化因素，就必须因人制宜地进行奖励。每个人都有自己的特点和个性，其需要也各不相同，因而他们对具体奖励的反应也会大不一样。所以奖励应尽量不搞一刀切，应该奖人所需，形式多样，只有这样才能起到奖励的效果。

即学即练

分析新时代企业如何激励人才

1. "00后"的年轻人有什么样的特点？
2. 如果你是企业的人力资源管理者，应该如何激励"00后"的年轻人与企业共同奋斗呢？

课后习题

一、单选题

1. 根据领导生命周期理论，领导者的风格应该适应被领导者的成熟度而逐渐调整。因此，对于建立多年且员工队伍基本稳定的高科技企业的领导者来说，其领导风格逐渐调整的方向应该是（　　）。
   A. 从参与式向说服式转变　　　　B. 从参与式向命令式转变
   C. 从说服式向授权式转变　　　　D. 从命令式向说服式转变

2. 管理方格理论提出了五种最具代表性的领导类型，其中（　　）领导方式对生产和工作的完成情况很关心，却很少关心人的情绪，属于任务式领导。
   A. 1.1型　　　B. 9.1型　　　C. 1.9型　　　D. 5.5型

3. 领导者不同的领导方式应适应不同的工作环境，而不同的工作环境也需要不同的领导方式。这种观点出自（　　）。
   A. 领导行为理论　　　　　　　　B. 领导特质理论
   C. 领导权变理论　　　　　　　　D. 领导生命周期理论

4. 根据领导者运用职权方式的不同，可以将领导方式分为专制、民主和放任三种类型。其中民主型领导方式的主要优点是（　　）。

A. 纪律严格，管理规范，赏罚分明

B. 组织成员具有高度的独立自主性

C. 按规章管理，领导者不运用权力

D. 员工关系融洽，工作积极负责，富有创造性

5. 据《汉书》记载，刘邦曾总结道："夫运筹帷幄之中，决胜千里之外，吾不如子房，填[1]国家，抚百姓，给馈饷，不绝粮道，吾不如萧何；连百万之众，战必胜，攻必取，吾不如韩信。三者皆人杰，吾能用之，此吾所以取天下者也。"从管理学角度看，以下哪种说法最准确？（ ）。

A. 知人善任，是领导者成功的一个关键因素

B. 一个领导者各方面的才能并不一定都要高于被领导者

C. 领导者不需要具备专业技能

D. 领导者要实现组织目标，必须把各方面的人才吸引到自己的组织中来

二、多选题

1. 领导行为理论主要包括（ ）。

    A. 领导风格类型理论 B. 路径—目标理论
    C. 管理方格理论   D. 四分图理论

2. 构成权力性影响力的因素主要有（ ）。

    A. 传统因素 B. 职位因素
    C. 资历因素 D. 知识因素

3. 领导行为四分图理论把领导行为类型概括为（ ）。

    A. 高关注组织高关怀员工 B. 高关注组织低关怀员工
    C. 低关注组织高关怀员工 D. 低关注组织低关怀员工

4. 下列属于保健因素的有（ ）。

    A. 金钱   B. 管理方式
    C. 人际关系 D. 工作环境

5. 下列关于强化理论的说法正确的有（ ）。

    A. 不进行正强化也是一种负强化
    B. 强化理论是由美国心理学家斯金纳首先提出的
    C. 实践证明，连续的、固定的正强化更有利于组织目标的实现

---

[1] 填与镇同，镇，安也。

D. 实施负强化时应以间断的、时间和数量都不固定的负强化为主

三、判断题

1. 构成领导者非权力性影响力的因素包括品德、知识、才能、情感。（　　）
2. 领导者作为领导主体，其自身素质和风格对领导成效有重要的影响。（　　）
3. 只要是领导者就具备领导力。（　　）
4. 马斯洛需求理论认为5种需求不可以同时存在。（　　）
5. 赫茨伯格双因素理论认为激励因素和保健因素都十分重要。（　　）

四、简答题

1. 领导者的影响力来自哪些方面？
2. 什么是领导力？如何培养领导力？
3. 领导生命周期理论的基本观点是什么？
4. 路径—目标理论的基本观点是什么？
5. 请简述公平理论并谈一谈该理论对自己的启发。

❖ 综合实训

实训项目　调研并了解员工需求特点及企业激励方法

实训内容　在职场上，员工们工作时间长了容易感觉疲惫，甚至会减弱工作积极性。这个时候，就需要管理者去想办法激励员工，让员工更有动力去工作。制定有效的激励机制能够激励员工和组织共同成长，从而提高企业的效率，实现更高层次的目标。一个好的激励机制能够满足员工的各类需求，按需激励。不同时代的员工在需求上呈现出差异化。请选择一家感兴趣的企业，搜集资料并运用所学理论分析该企业在发展过程中是如何激励员工的。

实训要求　1. 搜集资料并运用马斯洛需求理论分析，企业员工需求具有哪些特点？"70后""80后""90后""00后"员工在需求上有什么差异？
　　　　　　2. 搜集资料并运用所学理论分析，企业采取了哪些方法激励员工？企

业是如何满足不同员工的需求的?

成果及评价

1. 每组完成一份企业激励调研报告,并运用管理学思维和方法分析企业的激励方法。
2. 能够运用马斯洛需求理论等相关理论模型,多维度分析员工需求。
3. 能够让理论结合实践,分析总结企业的各类激励方法。
4. 教师对每组同学的报告进行评定;对有代表性的报告进行点评。

自我测评

通过本章学习,请根据个人学习收获进行自我测评,在相应栏目里打钩。

自我测评项目 (★表示需要关注测评项目)	显著提高	较大提高	略有提高
1. 责任担当意识和公平公正意识★			
2. 核心知识点(如领导特质理论、领导行为理论、领导权变理论、激励理论)掌握程度			
3. 有效领导的能力★			
4. 不同激励方法的掌握程度★			
通过本章的学习,你还有哪些收获?可分条列出			
学生签名:		教师签名:	
时间:　年　月　日		时间:　年　月　日	

沟通

第七章

学习目标

❖ 知识目标
- 了解沟通的重要性
- 熟悉沟通过程和方式
- 掌握组织沟通的特点和形式
- 了解有效沟通的常见障碍及产生原因

❖ 能力目标
- 能够分析组织中无效沟通产生的原因
- 能够运用多种沟通方式提升沟通效果
- 能够运用新媒体技术提升沟通效果
- 能够运用结构化倾听工具提高倾听效果

❖ 素养目标
- 树立坦诚、负责、务实、灵活的沟通理念
- 养成善于沟通的良好习惯,增强社会交往能力

思维导图

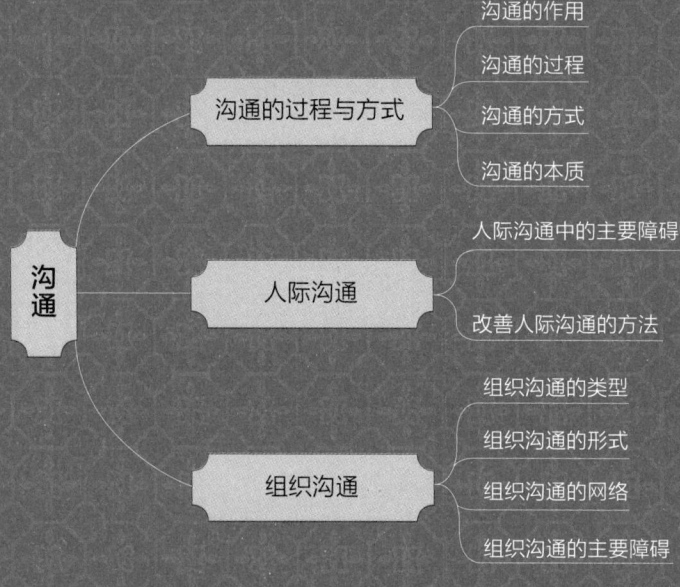

学习计划

- 知识学习计划

_____
_____
_____

- 技能训练计划

_____
_____
_____

- 素养提升计划

_____
_____
_____

管理探索

福耀集团的跨国沟通

福耀集团是全球规模最大的汽车玻璃供应商，经过艰苦奋斗，彻底改变了中国汽车玻璃市场完全依赖进口的历史。从2014年开始，福耀集团开始在美国投资建厂，如今已在美国的五个州拥有了自己的工厂。

福耀集团通过在美国建厂和企业运营过程中的管理和沟通行动，转变了美国人对中国和中国人的看法。第一，让美国人见识了中国速度。从2014年考察选址到2016年10月第一个美国工厂正式竣工投产，并成为全球最大的汽车玻璃单体工厂，福耀只花了两年左右的时间。第二，让美国本地导演用摄像机拍摄美国工厂的建设过程。福耀集团创始人说，"我来自中国，作为企业家光明磊落，我做什么你看到了都可以拍，你拍到可以拿去播。我不但让你拍我在美国的工作，如果你需要拍福耀集团在中国和俄罗斯的工厂，我也让你去拍"。第三，用美国人的办法解决纠纷。在美国办厂，福耀集团需要解决各种文化冲突问题。从2016年下半年开始，部分美国工人不能接受中国式的管理模式和工厂文化，产生了抵触情绪。福耀集团与工人进行了多次坦诚的沟通，最终解决了问题。

福耀集团的美国工厂运营多年，经历了文化冲突问题，经历了中美贸易摩擦，也经历了全球经济增速放缓等大环境问题，通过积极的沟通与管理，最终弥合了分歧，并在全球化过程中共同受益，实现了双赢。

福耀在美国办厂的经历，被美国导演拍成一部名为《美国工厂》的纪录片，该片获得第92届奥斯卡金像奖最佳纪录长片奖，让世界认识了来自中国的企业家和他的美国工厂。

（资料来源：央视新闻，专访"玻璃大王"曹德旺：在美国办厂，赚钱不是目的 [EB/OL]. 2021-3-15.）

请思考：
1. 福耀集团通过哪些行为改变了美国人对中国企业的看法？
2. 福耀集团的哪些做法属于有效的沟通方式？

第一节 沟通的过程与方式

沟通在日常工作和生活中无处不在,每个人都会花费很多时间、通过各种方式与他人沟通,如打电话、发微信、发邮件、参加会议、与人协商谈判等。某种意义上,组织是由沟通构成的,有效的沟通有助于实现组织与个体的共同成长与发展。

一、沟通的作用

沟通内涵及种类

简单地说,沟通就是在不同主体之间进行信息、思想和情感的正确传递。在快节奏的社会和竞争激烈的职场中,沟通变得越来越频繁,而人们对沟通的明确性和目标性要求也更高了。

管理者每天的工作都离不开沟通。原通用电气公司首席执行官曾说,"管理就是沟通、沟通再沟通"。据统计,基层管理者40%~50%的工作时间在沟通,中层管理者60%~80%的工作时间在沟通,高层管理者90%以上的工作时间在沟通。沟通能力一定程度上决定了管理者职业生涯的发展。

掌握并运用好沟通方法是管理者领导能力的展现。沟通能力能帮助管理者增强人格魅力和影响力从而提高管理水平,增强管理效果。由于沟通能力的内涵丰富,包括听、说、写、体态语言等,因此提升沟通技能是一项庞大复杂的工程。当然,沟通能力一旦提升就不易退化,管理者提升沟通能力是增强领导力的重要途径。

有效的组织沟通对提升组织管理效率也非常重要。其作用具体体现在三个方面:第一,沟通将组织与外部环境联系起来,由于外部环境始终在变化,保持沟通才能确保组织处于开放的状态;第二,沟通能使组织内部成员团结一致,共同努力达成组织目标;第三,沟通是确保领导者履行好领导职责的基本方式,良好的沟通能增强双方的了解和信任,有助于改善和巩固双方的人际关系,便于将组织抽象的目标和计划转化为激发员工行动的实际内容。

在组织变革和团队合作中,沟通更应受到重视。具体来说,组织变革必然会遇到各种阻力和障碍,而沟通有助于消除这些障碍,降低变革的阻力。打造高效团队尤其需要高效沟通。高效沟通意味着团队能迅速决策,及时抓住一切机会进行沟通,倾听每一位员工反馈的宝贵意见并及时纠偏。只有让企业内部的信息通过各种沟通渠道顺畅地上下传递、左右送达,才能保证企业的决策和发展一以贯之。

二、沟通的过程

一个完整的沟通过程是主体向客体传递信息并获得对方反馈的过程,如图 7-1 所示。

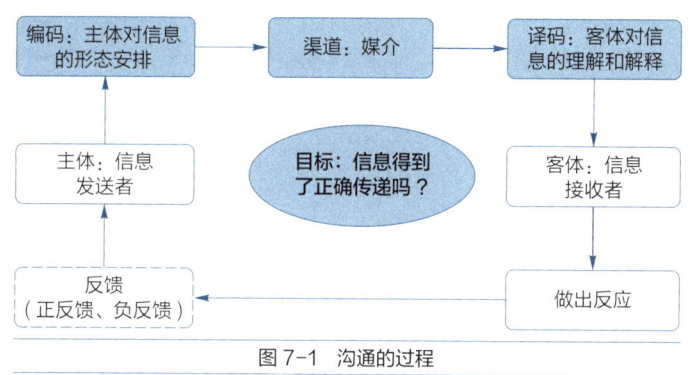

图 7-1 沟通的过程

沟通过程是由目标、主体、客体、环境、编码、译码、渠道和反馈 8 个基本要素系统整合而成。其中,具有能动性的要素是沟通的主体和客体,主客体之间传递的就是信息。为了保证信息的正确传递,首先需要沟通双方建立换位思考的理念,接着才是考虑沟通的策略。

其中,信息的传递会经历三个环节:编码(发送者发出的信息是完整、准确的)、渠道(接收者能顺利接收到完整的信息并有畅通的反馈渠道)、译码(接收者能正确理解这一信息),它们是沟通中的信息能获得理解与支持的关键环节。

沟通成功的标志是客体愿意以恰当的形式按主体的期望采取行动。如果缺少了这一环节,则意味着沟通出了问题。因此,客体的反应是最为关键的。

当然,并非客体做出的所有反应都需要反馈给主体。例如,单向沟通就是没有信息反馈的沟通,它适用于"问题简单、但时间紧迫""听者容易接受解决问题的方案"等情况。而大多数沟通都属于有反馈的双向沟通,双向沟通需要更多时间,也更容易把无关信息混入沟通渠道导致干扰,但客体对信息理解的准确度会提高,它适用于"问题比较棘手""双方对问题解决方案的理解至关重要"等情况。

沟通过程中每个要素存在的目的不同,通过理解每个要素的内涵,可以帮助管理者理解和避免一些常见的沟通障碍。具体来说,要初步评估一个沟通过程的有效性或检查沟通障碍产生的原因,可从检验沟通要素是否完整入手。有效沟通的基本要素如表 7-1 所示。

有效沟通过程

表 7-1 有效沟通的基本要素

沟通要素	内涵要求	误区或障碍
目标	整个沟通过程要解决的最终问题是什么？目标能否实现	没有明确目标与客体的关系； 没有考虑到对象不同，需要提供的信息也不同
主体	目的是提高主体的沟通意识和技能，在明确的沟通目标下结合自身特点选择沟通策略； 需要明确三个问题：主体是谁？主体在什么地方？主体能给受众什么	没有明确的沟通目标； 没有对自身的身份地位、意愿、专业知识、形象和价值取向的定位； 没有对客体的需求做提前了解
客体	目的是给予客体所需要的信息； 需要回答四个问题：客体是谁？他们了解什么？他们感觉如何？如何激发他们	忽略接收方可分为积极的、消极的和中性的，也可分为关键的和非关键的客体； 忽略了在作为客体的上级、下级和平级的心态不同时，沟通策略应不同的问题
环境	目的是分析并利用沟通过程中所有相关信息； 需要明确的问题：是否分析文化因素对主体、客体、信息和渠道的影响	忽略文化等内部因素； 忽略利益相关者
编码	目的是完善沟通信息的结构，关键是信息的强调和组织两个方面； 需要回答两个问题：是否使用双方都可以理解的符号传递信息？观点的清晰度和说服力如何	信息所转换的符号不是双方都可以理解的； 要传递的内容不完整或信息过多而重点不明确
译码	目的是准确理解信息中的情绪、事实和期待三个部分； 需要回答：是否以合适的接收方式接受信息符号？是否了解和研究所收到的信息的三个部分？	口头发送的信息由于倾听缺位导致信息丢失； 因认知偏差、符号的多重含义等原因导致信息被误解
渠道	目的是选择合适的信息传播媒体（包括以语言、非语言等）； 需要回答：是以书面还是口头的形式沟通？是以正式还是非正式的渠道沟通？是进行个体沟通还是群体沟通	在文件、会议、媒体、面谈等多种形式中，选择了不利于信息接收的形式
反馈	按所理解的信息即时做出相应的反应； 需要明确收到的信息是否完整、准确	反馈太少，认为无须反馈； 只有最终结果反馈而无过程反馈； 习惯进行负反馈； 反馈是封闭式的，导致沟通无法继续； 客体没有得到足够的信息，但强制要求反馈，导致混淆视听

要素完整的沟通过程并不直接代表有效的沟通。信息沟通过程中经常受到各种"障碍"的干扰，这些障碍可能存在于每个要素之中，最主要是受到信息编码和译码的影响。因此，在沟通的过程中往往需要反复确认及反馈，直到信息的表达意图和接收理解完全重合为止。

有效的沟通需要合理选择沟通渠道。随着信息技术、多媒体技术和网络技术发展，信息沟通渠道越来越丰富，不仅有传统的报纸、杂志、电视、广播、电话、短信等，还有网络沟通工具如电子邮件、短视频、即时通信工具（QQ，微信，钉钉，飞书等）。企业可以根据业务场景需要，选择一种或多种沟通渠道。

◆ 即学即练

有效沟通基本要素的自我诊断

请分享一个自己在日常生活工作的沟通中失败的事例。

请对上述事例进行分析，对照沟通要素进行自我诊断，分析可能在哪些环节出了问题，应该如何避免，完成表7-2。

表7-2 有效沟通基本要素自我诊断表

沟通要素	是否具备	沟通中的状态	原因
目标			
主体			
客体			
环境			
编码			
译码			
渠道			
反馈			

三、沟通的方式

沟通的方式可依据信息载体的不同，分为语言沟通和非语言沟通。

1. 语言沟通

在组织管理中，普遍使用的语言沟通方式包括口头沟通、书面沟通、媒介沟通。

（1）口头沟通。口头沟通是指采用口头语言进行的信息传递，是最常用的沟通方式。其形式灵活多样，有讲座、讨论会、演讲、电话、视频聊天等。其优点是：在沟通过程中，主体与客体直接接触，有亲切感，并且可以运用一定的手势、表情、语气、语调等增强沟通的效果，使双方能更好地理解、接受所沟通的信息。其不足之处是：沟通范围有限；沟通过程受时间限制，沟通结束后难以回溯；对口头表达能力要求比较高。

（2）书面沟通。书面沟通是指采用书面文字形式进行的沟通，如各种文件、报告、公告等。其优点是：严肃、准确，具有权威性，不易被歪曲；可反复阅读以增强理解；所采用的书面语言可以认真推敲，以便用最合适的方式表达出来。其不足之处是：应变性较差，只能适应单向沟通。

即学即问

■ 结合切身感受，对比着谈谈利用微信（或钉钉）、电邮、电话沟通的优缺点。

（3）媒介沟通。媒介沟通是指以图表、图像、声音、文字以及其他多媒体为媒介进行信息传递的一种沟通方式。其中，网络沟通是目前最活跃的沟通方式，如电子邮件、网络电话和即时通信工具（如微信，QQ，钉钉）等，它们适用的场景不同。现在电子媒介已普遍贯穿于其他信息传递方式之中，其优点是：突破信息沟通的时空限制，具有可存储性，可以低成本地便利沟通，互动性高。不足之处是：弱化了纵向沟通深度，限制了面对面的口头沟通，传统价值观和道德观受到挑战，个人隐私权受到挑战。

2. 非语言沟通

非语言沟通是指不通过语言，而是通过表情、眼神、站姿、音色、手势等身体语言来传递信息。如对不遵守课堂纪律的学生，教师会通过眼神和手势加以制止。另外，还有穿着、空间距离、方位、自身状况和地位等因素也属于非语言沟通的类型。

非语言沟通作为一种辅助的沟通方式，有助于加强信息的传递，因而普遍存在着。公共关系学中关于沟通的研究数据表明，人际沟通中语言占8%、声音（语气、语调）占37%、肢体语言占55%，即非语言沟通占92%。

在实际中应该采取哪种沟通方式，取决于沟通的目的和当时的情境。有研究表明，采用口头和文字结合的沟通方式比单独采取口头或文字方式要好，但还是应根据实际情况选择更好的交流方式。

四、沟通的本质

沟通的本质是换位思考。由于沟通具有社会性，换位思考是有效人际沟通的前提和核心。换位思考也称同理心，是指在人际交往中体会他人的情绪和想法，理解他人的立场和感受并站在他人角度思考和处理问题的能力。在日常沟通中，个人常犯的错误是"我以为你知道"，以至于被对方询问时容易不耐烦，不愿详细加以解释。但是管理职场沟通需要有效传达信息，以使受众能产生有效的后续行动，因此换位思考很重要。

换位思考包括两层含义：一是尝试站在对方的角度考虑问题，体会对方的心理状态、需求与感受，以产生与对方趋向一致的共同语言；二是耐心、仔细地倾听对方的意见，准确领会对方的观点、意图和要求。

在沟通中要做到换位思考，需要回答三个问题：第一，受众需要什么？第二，能给受众什么？第三，如何把"受众需要的"和"我们能提供的"结合起来？例如，作为社会人，受众都有受尊重的需要，都期望得到别人的认可和欣赏。尊重不仅表现在沟通形式上，还表现在沟通中交流的信息和思想观念上，要把对方放在平等的地位，以诚相待。正如古人所说，"以诚感人者，人亦诚而应"。

换位思考有助于增进理解，促进合作。由于人们在社会上所处的位置不同，其人生经历、思想观念、性格爱好、心理需要、行为方式、利益关系等均有差异，在沟通中对同一事物常会表现出不同的看法和态度，因而容易给沟通带来许多复杂的矛盾和冲突。如果双方缺乏必要的相互理解，各执一端，不仅会导致沟通失败，还会影响双方的感情，一切合作与互助更是无从谈起。

第二节　人际沟通

组织中最普遍的沟通就是个体成员间的人际沟通。而管理者在组织中需要扮演不同角色，这些角色都需要良好的沟通技能。例如，在组织内部，管理者不仅需要向上级汇报情况并接受指示，而且要及时了解下属的工作情况和困难，并适时地提供其所需要的支持和激励；同时需要协调与其他同级管理人员之间的关系；另外，为维持组织内外部的平衡，管理者要了解外界的动态情况，并保持组织与外界的联系等。

为了扮演好每个角色，管理者需要与时俱进地掌握各种沟通工具的使用技巧，深入地了解和研究影响人际沟通中的各种障碍，掌握克服这些障碍的有效沟通方法，从而提高人际沟通的技能水平，最终提高个人领导力和管理效率，打造一支高效团队。

一、人际沟通中的主要障碍

在沟通过程中，存在很多会导致信息失真、误解等现象出现的因素，它们都会对有效的人际沟通造成阻碍。常见的三种人际沟通的障碍来源包括：来自发送者的障碍、来自接收者的障碍和信息传递过程中的障碍。

（一）来自发送者的障碍

1. 语言问题

语言问题包括语言不通、同词不同义、负面词汇较多等。其中，语言不通是因无法理解导致难以沟通。当双方都听不懂对方的语言时，尽管可以通过手势或其他动作来表达信息，但其效果将大为削弱。即使语言相通，也会因同词不同义而产生误解。年龄和环境是导致这种误解的两个最显著的因素。负面词汇常存在于冲突事件中，而且往往被用于针对人而非就事论事，更容易引起接收者的反抗，导致无法达成沟通目标。因此，在使用负面词汇时，应关注如何让人把事做好而不在于指出对方哪里错了。例如，处理同事间因对方处理事情方法不当造成不良后果等事件时，应少用"出问题"等容易引起抵触的批评词汇，多使用"存在差距"这类对方会更容易接受的词语。

2. 信息含糊或混乱

信息含糊主要是指信息发送者没有准确地表达清楚所要传递的信息，导致信息难以被正确理解。这种情况往往受发送者的表达能力、时间等的限制。在这种情况下，接收者会不知所措或者按自己的理解行事，导致结果与信息发送者的本意相背离。

信息混乱则是指同一事物蕴含多种不同的信息，或是多个信息源发出的信息相互矛盾，甚至朝令夕改、言行不一（如再三强调必须严格执行某一制度，实际上却没有执行）。上述情况都会使信息接收者不知所措、无所适从。

3. 过于关注自我展现

过于关注自我展现是指把沟通理解为一次展现自我、吸引对方注意力的机会，而不是双向沟通的动态过程，也没有提前做准备以展现出对听众的关心和尊重。例如，在团队破冰时的自我介绍环节，人们往往倾向于介绍自己的信息，但这些自我展现信息中往往缺乏与对方关系的交集（如是否同校、同乡，是否有共同爱好、共同朋友），这样不仅给对方造成记忆负担，也未达成消除彼此距离感的目标。

4. 双方目标不一致

双方目标不一致是指主体仅考虑个人目标的快速达成，而采取迷惑手段让客体按照自己的意愿行动或试图强行改变对方。以说服他人为例，在需要对下属推行方案、对客户销售产品、对领导争取预算等情境下经常需要说服他人。这并不容易，非常需要耐心。不同的说服对象，其所关心的问题和看问题的角度不同。信息发送者容易犯的错误是急于求成，没有慢慢挖掘对方的目标并努力将"自己的目标"变成"对方的目标"，而只是为了达成自己的目标而采取迷惑或欺骗手段。

以向他人提意见为例，为确保双方目标一致，应先发展双方关系，再解决问题。发展双方关系的意思是用正面的肯定来证明双方是一体的，自己是作为利益共同体提意见，而不是随便指指点点，此时主体的意见才会被对方认真倾听。接着，基于共同的目标，应提出具体的行动建议。

> ◆ **管理思辨**
>
> 假如你所在的公司有一个开放的办公室。你的前排有一位同事，其办公桌非常凌乱。坐在后排的你经常要带客户到办公室进行商务谈判。你觉得那个凌乱的办公桌会影响整个公司的形象，也会影响自己商务谈判的效果。
>
> 为了营造共同维护办公环境的良好氛围，你决定跟前排的同事进行沟通。你可以选择直接说出自己的请求，或以委婉的方式提出你的想法，但每种沟通方式都可能面临一些障碍。
>
> 请讨论：应该选择什么方式进行沟通？请设想你选择的沟通方式可能会遇到哪些障碍，应该如何应对？

5. 个体自我认知存在偏差

自我认知偏差是指当个体对自我缺乏客观准确的定位时，往往在态度和行为上会采取不恰当的方式对待人或事物，从而阻碍沟通。自我认知不仅包括对自己的外表形象、情感、个性特征的认知，还包括对自己的身份地位、态度意愿、专业素质、价值观等因素的认知。自我认知是每个人的本能，但比较难实现客观认识，每个人的自我认知能力也是存在差别的。

自我认知不准确会降低自己的可信度，最终导致沟通失败。例如，控制欲较强的人，往往容易强行干涉他人，很多人际矛盾都是因为错误定位自己，对别人的事过度干涉。又如，自我感觉良好的人常常刚愎自用，无视客观事实，听不进别人的意见。一个人如果对自己的价值观、行为模式和喜好缺乏定期地反思和评估，就容易在沟通中制造很多问题。

所以，要提高自我认知水平，就要明确"我是谁，我在别人眼中是谁"的关键问题。可以借助如沟通视窗等工具明确自我认知偏差并加以改进。

> **管理工具**
>
> **沟通视窗：自我认知的改善**
>
> 　　沟通视窗，原名乔哈里视窗，也被称为"自我意识发现与反馈模型"，如图7-2所示。它是根据"自己知道——自己不知道"和"他人知道——他人不知道"这两个维度，将沟通双方对内容的熟悉程度划分为四个象限：公开象限、隐私象限、盲点象限和潜能象限。
>
>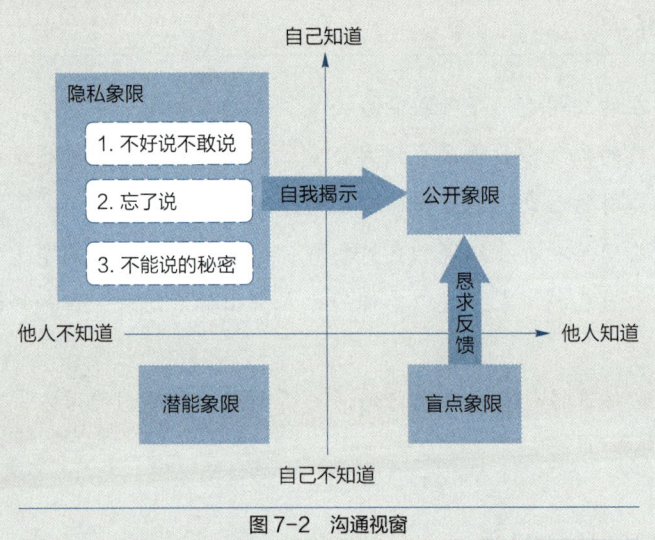
>
> 图7-2 沟通视窗
>
> 　　这四个象限基本包罗了日常沟通中的大部分情况，熟悉和了解它们之间的关系，有助于更好地理解沟通，更重要的是可以在他人心中建立信任和尊敬感，让沟通更具成效。
>
> 　　在沟通视窗工具的使用中，获得信任感的重点在于扩大公开象限，有两个具体方法：
>
> 　　（1）将隐私象限转化为公开象限，这一过程称为自我揭示，即主动向他人讲述自己的故事，表达自己的想法，让别人多了解自己。
>
> 　　（2）将盲点象限转化为公开象限，这一过程称为恳求反馈，即请求他人指出自己的盲点，包括自己看不见的优点和缺点，以及自己无意识做出的行为等。

（二）来自接收者的障碍

1. 对信息的"过滤"

信息过滤是指对于来自外界的信息，接收者会经过一个有选择的知觉过程，经过信息分析后，一般只接受对自己有利或喜欢的那一部分信息。信息过滤会导致管理者无法客观、全面、真实地了解信息，出现信息偏差或失真。

2. 理解力的问题

理解力是指个人认识周围客观事物的能力，理解力在很大程度上影响着接收者接收信息后所采取的行为。不同的人理解能力是不同的，每个人会按照自己的价值观、兴趣、爱好来选择、组织和理解所接收信息的含义，一旦理解不一致，信息沟通就会受阻。特别是在国际环境中，由于各国的文化不同，沟通更容易因理解不一致而受阻。

在组织中，理解力的不同会导致不同的行为产生。例如，当高层管理者强调"要千方百计地提高经济效益"时，有的管理者会朝着"提供优质产品、实现品牌效益"的方向理解，努力提高产品质量、深度洞察客户需求；有的管理者则将其理解为"要千方百计地多赚钱"，因而在生产过程中以次充好、偷工减料，这就是理解不一致所导致的偏差。

3. 信息超载的问题

个体的信息处理能力往往是有限的，当接收者收到的信息量过大时，必然会产生负面效应，以至于无法进行有效沟通。尤其是在当今网络技术不断发展、信息和知识都处于大爆炸的状态下，信息超载的现象愈发严峻。对于信息超载的问题，信息发送者和接收者都应该重视，注意信息适量和有所选择，以提高信息传递的数量和价值。

4. 心理上的障碍

心理上的障碍是指接收者的内心情感和信息内容或发送者本身产生矛盾，引发抵触情绪，导致无法完整、准确地接收信息，甚至是信息的扭曲。例如，人在愤怒或快乐等情绪下对信息的解读会完全不同。

常见的心理障碍常常表现为两种情况：一是当对发送者存在敌意或偏见、不信任时，会拒绝或歪曲信息的内容；二是当信息内容与接收者的既有观念和聆听习惯等产生冲突时，接收者会感到困惑，甚至是产生抵触情绪，进而努力通过否认或屏蔽来维护自尊或减轻焦虑。抵触情绪会使人歪曲事实或不肯正视事实，从而影响沟通的效果。例如，当员工因业绩差而受到指责时，其第一反应常常是否认自己的业绩差，竭力寻找出一些理由做出"合理化"的解释，甚至是撒谎掩盖，而不去思考问题产生的原因并寻找解决方案。这些障碍都会使人对外界的信息接收大打折扣，从而影响沟通的效果。

(三) 信息传递过程中的障碍

1. 传递方式的障碍

传递方式的障碍往往源自两个方面。第一，环境氛围会对信息的传递产生影响，包括交谈时相互之间的距离、所处的场合、当时的情绪等。在沟通过程中，嘈杂的环境会使信息接收者难以全面、准确地接收信息。第二，传递媒介的质量问题。随着越来越多的传递媒介的出现，提高了沟通效率。但在这些传递媒介发生故障时，往往会造成信息在传递途中的损失、遗漏或歪曲变形，从而造成错误的或不完整的信息传递，影响沟通和理解。

2. 传递层次的障碍

信息在传递过程中会因主观或客观原因发生损耗，这些损耗也被称为信息过滤。信息传递所经过的环节越多，这种过滤现象就越严重，信息达到最终接收者时会大打折扣，或被歪曲、篡改等。因此，应尽可能减少传递层次，以防信息过滤的次数过多。

二、改善人际沟通的方法

沟通的主体和客体是沟通中具有能动性的两个因素，信息传递的手段和层次往往也由他们决定。因此，要提高沟通效率，改善沟通效果，必须从主体和客体入手，进行改善和调整。

(一) 沟通主体

1. 有勇气开口

有勇气开口表达是改善沟通的第一步。只有把心中所想表达出来，才能与他人有效沟通。

沟通不到位通常有两种原因：一是沟通恐惧，即只在自己心里想，而没有勇气把自己的想法说出来，从而导致误解。据估计，5%~20%的人会有某种程度的沟通恐惧或社交焦虑。二是错误地认为沟通必须是和气而无冲突的，不能为了维系表面的和谐而积累问题和负面情绪，这样直到某一天矛盾爆发后会造成难以弥补的矛盾和伤害。

当然，开口的勇气往往基于沟通前的充分准备，主要包括三个部分：① 了解沟通中某个事情的具体情况；② 明确主体试图表达出来的（客观理性或感性的）情绪；③ 清楚发送者希望达成的效果。尤其是事前准备，它能带来心理优势和信息优势。例如，与领导沟通时，如果领导能把握大局但无法了解细节，就应充分掌握一线的具体事务，提交详尽的方案。

2. 态度诚恳

态度诚恳的价值包括两个方面：

（1）态度诚恳会影响客体的接受状态。当客体面对否定性的信息时，会本能地产生防御对抗心理。因此只有先与对方建立坦诚的关系，解除对抗局面，才能继续求得相互间的合作。值得注意的是，诚恳不是想当然地"为他好"。例如，在领导者辅导被领导者的过程中，不能采用针锋相对的方式，而是让对方觉得组织和领导者是在帮助他成长，这样就会愿意接受辅导。

（2）态度诚恳与否会决定主体的沟通行为。具体来说，态度诚恳的人会主动识别和维护对方所捍卫的价值，因为每个人在沟通中都会捍卫除利益之外的某种价值，如权威或自我感受；态度诚恳的人往往具有同理心，能感受他人的感受，向对方表达出"我理解你，我接纳你此刻所有情绪"的态度，从而获得对方的信任。

事实上，在沟通中每个人都需要"被了解"的感觉。著名的沟通专家马歇尔·卢森堡（Marshall Rosenberg）在其所著的《非暴力沟通》一书中提道，"每一个抵抗的情绪背后都有尚未满足的需要"。该书针对如何让对方更好地接受信息的问题，提出了著名的非暴力沟通模型，即"观察、感受、需要、请求"。该模型强调，沟通者应先客观描述所观察到的事务，而不是用本能的情绪反应去回应，因为"不带评论的观察是人类智力的最高形式"，应明确表达自己的情绪和需求而不是指责对方，向对方诚恳提出请求而不是要求。

3. 注意选择合适的时机，创造良好氛围

环境氛围本身会传递一定的沟通信息，为了给听众营造安全感和放松感，沟通需要控制环境。这里的环境包括以下两个方面。

（1）空间上的场所安排。场所包括正式或非正式场所，私密或公开场所，场所的位置布局、道具物资等所营造的氛围，在场人数等。例如，对于重要信息，在办公室等正式场所进行交谈，有助于使双方集中注意力，从而提高沟通效果；而对于思想或感情方面的沟通，则适宜在比较随意、私下的场合进行，以便消除双方的隔阂。

（2）时间上的具体安排和及时性问题。时间包括物理性的时间、人的情绪周期等。例如，把会议安排在上班之前和下班之后所传达的信息不同。在遇到问题后，最好第一时间、就事论事地沟通反馈，尽量选择双方情绪都比较冷静时进行沟通，并在沟通过程中控制好情绪。

总之，沟通时要分清场合，把握时空，区别对象，掌握分寸。

即学即问

■ 职场新人应该如何与初次见面的同事进行"破冰"沟通？如何在初次接触时就给人留下深刻印象？

即学即问

■ 在业务来往中,如何准确表示对合作方的尊重,并让对方明确感受到?请列举不同情景下的具体做法。

4. 提高表达能力,准确传递信息

无论信息发送者采取哪种沟通方式,都应准确地表达自己的思想。具体有以下建议:提高逻辑思维能力,使得信息条理清楚、层次分明、便于理解;根据环境和听众的具体情况使用合适的交流方式、词汇和语气;借助可视化的图片或场景,增强感知性;充分运用非语言沟通传达信息,加深对方的理解。

以表示尊重为例,可以使用一些约定俗成的仪态规范,如身体前倾、端正坐姿、正视对方、口头配合、打开双臂等。另外,沟通时应尽可能少地或完全不碰手机,在对方发言时认真做笔记,这样不仅可以记录关键信息,还能表示尊重。

5. 注重双向沟通,及时纠正偏差

双向沟通强调积极反馈、保持沟通的开放性,以避免误解。具体来说,要善于鼓励并注重倾听反馈,可邀请听众复述或反馈他们对信息的理解,从而及时了解偏差并进行修正。

关于有效反馈的方法,可以从对方的具体行为、行为产生的影响以及沟通双方的情感三方面入手。例如,向上级反馈时,从上级行为及其正面积极影响入手,表达欣赏和感谢;向下属反馈时,可以反馈其具体的行为和对组织的影响,并表达期待。

6. 积极地进行劝说或辅导,达成沟通目的

由于每个人都有自己的情感,为了使对方接收信息并按发送者的意图行动,信息发送者要从对方的角度出发,积极地劝说或辅导。这种劝说或辅导式的沟通要注意:时间应尽可能充分,要控制自己的情绪,尽可能开诚布公地交谈,耐心聆听对方诉说,身体力行地引导等。

在沟通或劝说前,需要区别不同的沟通目的。沟通目的一般有两种:一种是做成事、交付目标,另一种是辅导他人、帮助其成长。比较常见且简单的沟通目的是前者,而较难的是后者。

辅导他人一般是指向下沟通,其目的是使团队成员更好地做事。作为管理者,应具备有效辅导团队成员的能力。成功的向下沟通,不是一对一地解决每个人的问题,而是改善工作环境,解决大多数人的问题。辅导沟通工作不是以交付为目标,而是以员工成长为目标。辅导时要避免传授空泛的理念,应教导可落实执行的行动方法。

行动方法的辅导包括如下步骤:首先,聚焦目标,目标能产生正向的拉力,但只有团队成员想要的目标才是动力的来源;其次,用"我做你看,你做我看"的观察、探索式流程去发现受众的盲区所在;最后,探索行动方案,模拟实战,在这一阶段需要有耐心,不应过于追求效率,该阶段的结果是帮助对方成长并掌握工作方法,掌握思考过程而不是僵化的规则。

在辅导沟通中，应善于利用各种机会提高沟通质量。如绩效面谈是指团队领导在一定时间内向团队成员反馈工作成果，其目的是增加组织和组织成员之间的透明性。但因为利益问题往往又具有一定的冲突性，不少公司只将它作为对下属过去一个阶段的评价和发奖金的依据，失去了一次高质量的沟通机会。绩效面谈可以帮助员工创造工作意义感并鼓励他们在未来表现得更好，它强调不把员工当"工具人"。

管理工具

教练式辅导中的 GROW 模型

GROW 模型是管理学家约翰·惠特默（John Whitmer）建立的基本模型，它是企业绩效沟通与辅导中常采用的重要工具，也是帮助员工成长的教练式辅导方法，如图 7-3 所示。

图 7-3　GROW 模型

根据惠特默的著作《高绩效教练》，员工经过一段时间的行动后，目标可能有所偏离，也可能碰到各种困难和问题，通过 GROW 模型能让管理者与员工不断地建立持续沟通的桥梁，持续激发员工的潜能。教练关注被辅导者的内心价值取向，结合现实工作和生活，启发被辅导者找到自己愿意为之努力的方法，并支持和鼓励被辅导者去实践在教练过程中形成的行动方案。每一个优秀的领导者都应该是一个很好的教练。我们可以在自己的工作和生活中运用 GROW 模型的原则和技术。

GROW 代表辅导的一个程序，其意思是成长，即帮助员工成长。GROW 由四个步骤构成，其关键是教练要关注激励和启发被辅导者，使之能探索到符合自己价值观和理念的行动方案，所以提恰当的问题应贯穿于整个教练过程。

(1) G（Goal Setting）指目标设定，代表确认员工业绩目标，在透明沟通的基础上形成清晰的目标感。业绩目标包括两个层面：一是宏观层面，让员工了解公司的战略目标或部门在公司的新定位，在这种大框架下看待自己的工作目标，可以帮助员工扩大视野，让员工从日常琐碎事务中跳出来。二是微观层面，要精确到日常工作生活中的单一事件性目标，让员工明白可采取的针对性行动。

(2) R（Reality）指现状分析，管理者要搞清楚现状和客观事实分别是什么，寻找原因。

(3) O（Options）指发展路径，代表寻找解决方案。

(4) W（Will）指行动计划，代表行动计划制订和评审。这个环节很重要，让员工说出自己的想法和计划，一是能增加员工的掌控感，二是能增强员工行动的可能性。

（二）沟通客体

沟通是双向交流的过程，过去人们常常只注重训练和培养说写能力，而对倾听能力缺乏重视。事实上，有效的沟通离不开倾听。管理者只有学会倾听，才能提高自己在收集和发布信息上的有效性。

在管理中，无论是上级还是下级，都应该界定好自己的组织角色，提高自己的建设性倾听能力，不断尝试、磨炼及提高倾听的艺术。

学会倾听并不容易，在沟通过程中，人们往往重视发表自己的意见，习惯在不了解对方思想和感觉的情况下提供"高高在上"的建议，却忽略了沟通的目的更重要的是了解对方、发掘对方的思想。因此，倾听不仅需要技能，更需要品德，需要耐心、坦诚和理解。

倾听是一种完整地获取信息的方法，其效果包含了以下内容：

1. 情绪稳定，以听清内容

保持内心的平静，有助于完整地接收信息。"听清"不仅要有好的听力，还要设法排除内外干扰。外部干扰往往来自因双方的距离太远、环境不同等原因而产生的噪声；内在干扰来自个人的情绪、既有的想法和判断。例如，当员工被领导批评时，内心往往会很沮丧，但这时更需要情绪稳定，关注解决问题，也可以在接受批评时通过做笔记消解情绪和了解领导意图。

2. 集中精力，以注意要点

在听清内容的同时，集中精力帮助听者抓住多层面的要点。集中精力是指给予对方全部的注意力，一心一意地体会对方，可以使用非语言性和语言性的信号，让对方感觉你在听。例如，当别人说话时保持眼光接触，不能边听边做其他事；注意"听"对方的信息和情绪；观察对方的肢体语言，它是理解对方情绪的线索；不要打断对方等。

3. 深度思考，以理解含义

倾听的关键是在完整接收信息的基础上正确理解信息。"理解"要求综合分析对方的话语、语气和身体语言，设身处地地考虑对方的看法，理解对方真正的含义。例如，在面试时要理解面试官的某个问题是确实想得到明确的答案，还是以此问题为"脚手架"考察或了解面试者分析问题的思路。倾听需要思考对方的意图，对于自己无法理解的，应及时向对方核实，或简明扼要地向对方复述要点，以保证理解准确。

即学即问
■ 在应聘时，应该如何倾听并获取关键信息？

4. 及时反馈，以实现目标

要真正达到沟通的目标，就要根据信息及时做出相应的反应，向对方表示已经或正在理解对方的意思，与对方产生共鸣。这种反应可以是提出不同意见或做出反馈，也可以是按对方传递的信息采取相应的行动。应注意的是，沟通是无限的过程，沟通的目标往往不只是完成某件事，还应是保持双方的关系。因此，无论面对什么事，都应积极反馈，尤其是正反馈，这可以帮助双方保持关系以推进后续沟通。

例如，典型的正反馈是赞美。赞美有助于拉近关系并增强互动，是提升人际友好度的重要方法。赞美不是简单夸奖，它需要不断提升自己对外界的接受程度和包容度。心理学认为，"每个人毕生都在追求被看见"。赞美的本质就是告诉对方"我看见你了，看见你的好，看见你的特别"。

赞美需要注意：第一，发现差异，要突出对方与他自己所在群体之间的差异。第二，要赞美别人希望被看到的行为而不是天赋。第三，赞美要表达对方对自己的影响之深，尤其是向上沟通时，可以表明领导的正向影响，这会让领导觉得自己有影响力，自己的价值被认同。

即学即问
■ 在每单业务成交时（如成功卖出一件衣服），卖方往往会"赞美顾客"。这种赞美有什么作用？成交后，还有哪些好的与顾客沟通的方式？

📎 管理工具

结构化倾听

结构化倾听，是指在接收到对方传达的信息以后，要习惯性地在头脑里画三个框：情绪、事实和期待。

第一个框：情绪。

情绪是内心感受的外在表现，如高兴、悲伤、恐惧、焦虑、愤怒等。但对方通常不会直接表示，而是把情绪隐藏在话语里面。这就需要在倾听时把对方语言里隐藏的情绪识别出来，分清何为事实，何为情绪。例如，"领导总是让我加班"，这句话是事实还是情绪？是情绪。"总是"这个词表达的是一种主观感受，往往有夸张的成分。

一旦出现"总是、老是、每次、经常、永远"之类的词，就可以立即告诉自己，对方没有陈述事实，而是在宣泄情绪。这类词可以称为"情绪路标词"，它们出现后，要做的不是与对方辩论事实真相，而是安抚情绪。只有先把对方的情绪安抚下来，双方才有沟通的基础。

第二个框：事实。

什么是事实？对方不带情绪陈述的信息就是事实吗？不一定。只有在表达不受主观判断影响，可考证、可追溯的内容时，才是事实。

如何辨别出事实，需要基于经验和对事件本身的了解。也可以借用新闻记者核查事实的方法，在对方的描述中考证 4W 要素：Who，When，Where，What，如果能用 4W 还原实际场景，那么对方所言大概率是事实。如果对这些要素语焉不详，而仅仅从诸如"我觉得、我认为"的主观推论出发，那听到的陈述很有可能不是事实。

第三个框：期待。

什么是期待？就是找出对方内心真正想要得到的东西。了解了情绪和事实，就可以结合两者来判断对方的期待。发现了真实的期待以后，就可以做出恰当的反应。

以客服工作为例，如果客服人员接到一个用户的电话投诉，说收到的商品有破损，很生气，这时客服人员要做的是不断跟客户道歉吗？

实际上应该在头脑里画出三个框，分别放入事实、情绪和期待。

事实：对方收到一件破损的商品。

情绪：他很生气，也很着急。

期待：赶紧换货，最好还能补偿他的损失。

所以，首先承认对方承受了不应该有的损失，然后承认错误，通过道歉来抚慰对方的情绪，紧接着使用合理的安抚话术，如："我马上给您补发新商品，并且同步发您一个小礼品，希望能弥补一点您的损失。"

(资料来源：脱不花. 沟通的方法 [M]. 北京：新星出版社，2021.)

即学即练

运用结构化倾听处理冲突

（1）请回忆最近发生在自己身上的一件不愉快的冲突事件，并用文字将冲突过程及当事人的关键话语写下来。

（2）请按照结构化倾听的三个框，将引起冲突的话语进行拆解，将沟通双方各自在关键话语中隐藏的情绪、事实、期待分别写出来，填入表7-3中。然后根据表7-3中的结果来设计应对方法。不断重复这种练习，加强自己的倾听能力。

表7-3 结构化倾听的自我训练表

简单描述事件中关键冲突点	倾听三要素		
	1. 情绪（情绪路标词）	2. 事实（4W）	3. 期待（目标）

第三节 组织沟通

组织沟通是指在组织内外部之间进行的信息交流、联系和传递活动。良好的组织沟通要疏通组织内外部渠道、协调好组织内各部门之间关系。作为管理者，除了注意要搞好人际沟通外，还要特别重视组织沟通问题。由于组织沟通涉及组织内部个体及其所处环境的差异，以及不同组织之间目标和行为的差异性，因此其挑战性比人际沟通更大。优秀的企业组织能建立一个高效顺畅、与时俱进的组织沟通系统，以帮助企业发展和员工成长。

一、组织沟通的类型

组织内成员之间的沟通，可以根据途径的不同分为正式沟通和非正式沟通。

1. 正式沟通

正式沟通是指在组织系统内，依据组织规定的原则或程序进行的信息传递和交流。例如，上司向下属布置任务或下属向上司请示汇报等。组织沟通的相关规定对正式沟通非常重要。例如，在涉及社会舆论、面向大众媒体的沟通情境中，我国新闻发言人制度就是确保良好的正式沟通的典型代表。

正式沟通的优点有：沟通效果好、严肃可靠、约束力强、易于保密、信息量大，并且具有权威性。因此，重要消息和文件、组织决策等的传达都采取正式沟通。缺点有：受沟通渠道约束，其沟通速度一般比较慢，还存在信息失真的可能。

2. 非正式沟通

非正式沟通是指不按照正规的组织程序、隶属关系、业务关系来进行的沟通，一般源于组织成员在感情和动机上的需要。非正式沟通一般以组织内良好的各种社会关系（如朋友关系、兴趣小组等）为基础。非正式沟通方式非常多而且无定型，一般以口头方式为主。

非正式沟通的优点有：传播速度快、传播范围广，形式不拘一格，可满足组织成员社会交往的需要，容易及时了解一些正式沟通所不能传递的消息。缺点有：由于不负有正式沟通所具有的责任，不必遵循一定的程序，较难控制，随意性较强，传递的信息容易失真，而且可能导致出现小圈子，影响组织凝聚力，也容易在组织内引起矛盾。

二、组织沟通的形式

（一）正式沟通的形式

正式沟通的形式有以下三种。

1. 上行沟通

上行沟通指下级依照规定向上级提交正式的书面或口头报告。上行沟通是领导了解实际情况的重要途径，是管理者掌握基层动态和组织运转情况，发现存在的问题以改进工作的基本手段。企业一般采用汇报制度、意见箱、座谈会、接待日等方式鼓励上行沟通。

为保持上行沟通信息的完整性，企业常常辅以电子邮件或信息平台的沟通方法。上行沟通往往带有民主性、主动性（除汇报带有强制性外），因此它依赖于良好的组织文化和便利的沟通渠道。

对员工或基层管理者个体而言，为提高上行沟通的效果，需要注意：第一，绝对地尊重；第二，适度地赞美；第三，仔细地聆听；第四，点到为止地表达。

如何构建组织沟通系统

2. 下行沟通

下行沟通指以权威的命令方式传达上级组织或上级所决定的政策、计划、规定等信息，或提供某些资料供下级使用。其目的是让员工理解企业经营目标，鼓励、团结并指导员工，共同实现既定目标。

下行沟通是组织中最重要的沟通方式。下行沟通需要给予员工尊重和信任，包括尊重员工的差异性；还应积极鼓励并随时肯定员工工作中的细微成绩，让员工感受到真诚和被关注，激发员工的工作热情。另外，如果只采用自上而下的沟通方式，信息可能会在传递过程中遗漏或被曲解，上级的指示下级未必能理解，有的规定下级可能连看都没看过，因此必须要有一个信息反馈系统。

3. 横向沟通

横向沟通主要指组织内不同业务部门之间的沟通，包括同层级间的平行沟通和不同层级间的斜向沟通，最主要的目的在于获得跨部门的理解、配合和支持，往往带有协商性和双向性。在正式沟通系统中，横向沟通并不多，往往采取委员会或者会议的方式进行。为了提高横向沟通的效果，除了正式渠道之外，平时还应注重选择其他合适的渠道加强联系，放低姿态，主动、及时了解对方的工作情况；也应主动介绍自己情况，争取对方的理解。

📘 管理实践

京东内部沟通的四原则

京东内部发布的《京东人事与组织效率铁律十四条》，被视为京东人事与组织管理的根基，是京东的核心竞争力之一。其中，第十三条是关于京东内部沟通的四条原则，在一定程度上解释了这个员工数量大、员工类型多样化的公司是如何实现顺畅的内部沟通的。

1. 内部沟通时间分配的"721原则"

在发现很多管理者倾向于向上沟通而忽略向下沟通时，京东规定管理者内部沟通要把70%的时间用来和下级沟通，20%的时间和平级沟通，10%的时间和上级沟通。管理者最忌一味唯上，要多和团队以及协同部门沟通，以保证执行，促进协同。

2. 汇报讲层级的"ABC原则"

京东制定了两级管理机制，工作汇报要按照"ABC原则"逐层汇报，避免越级汇报或漏级汇报。就算隔层上级A批准，直属上级B没有批准，报批也不能正式生效，从而保证决策的谨慎性和全面性。

3. 跨部门的平级原则

内部沟通是平等的，不讲求级别对等，尤其是跨部门沟通，要打破层级做日常工作沟通，保证沟通效率及有效性。

4. "谁牵头谁负责"原则

为避免因团队内部矛盾和冲突导致沟通不顺畅，京东提出"谁牵头谁负责"原则：项目由谁牵头，谁就是负责人，就要对整件事情负责到底，就有权指挥、调动全公司资源。项目小组的所有成员，无论在什么部门、什么层级，只要是项目相关方，都要听从项目负责人的安排。项目如果出了问题，最终责任由牵头人承担。

为了促进团队更好地沟通，京东搭建了有效的沟通框架，确保了沟通的效率，也保证了内部讨论的充分和透彻。

思考：
1. 京东内部沟通四原则涉及哪几种组织沟通的形式？
2. 京东内部沟通四原则分别用于解决什么类型的沟通问题？

（二）非正式沟通的形式

组织中的非正式沟通的形式有四种，按普遍性的程度由多到少依次为集群连锁、密语连锁、随机连锁和单线连锁，如图7-4所示。

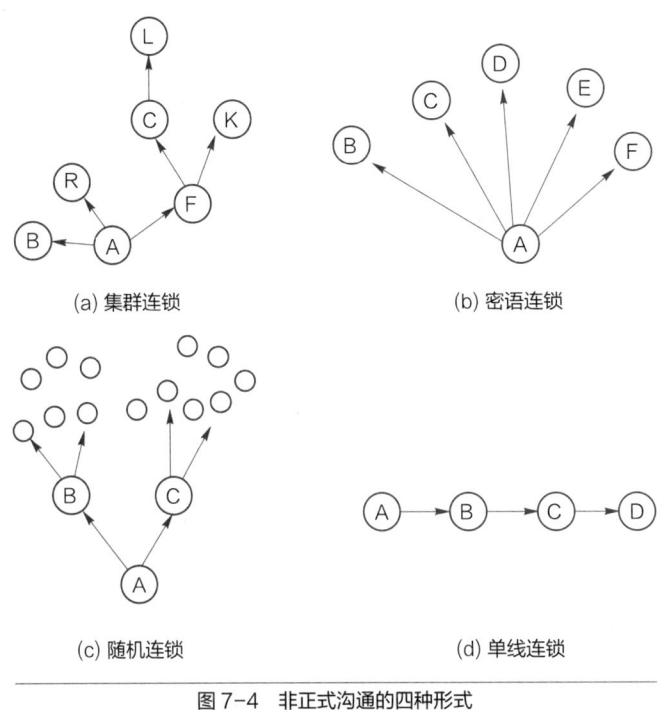

图7-4 非正式沟通的四种形式

（1）集群连锁。即沟通过程中信息发送者（可能有多名）有选择地寻找一批对象传播信息，而这些对象在获得信息后又会再次传递。在微信朋友圈或微信群中发送的信息通常属于此类。

（2）密语连锁。即信息发送者（只有一名）主动寻找机会告知所有其他成员，进行信息传递。例如，通过闲聊等方式将信息像独家新闻一样传播出去。

（3）随机连锁。即每一个人都随机地将信息传递给其他人，并没有中心人物和选择性。

（4）单线连锁。即一个人只将信息传递给另一个人，通过一长串的人际关系而非正规的组织关系来传递信息。这种情况比较少见。

从信息传递效果分析，集群连锁的传播速度最快、传播面最广，而随机连锁和单线连锁的传播速度最慢，失真的可能性也最大。

非正式沟通几乎在所有的组织中都非常活跃。非正式沟通的存在有客观必然性，管理者不能阻止它的发生，而只能引导、利用它。例如，管理者可以通过非正式沟通途径有计划地传递某些信息给特定的个人或群体，也可以利用非正式沟通发布一些待决定的问题、即将计划出台的措施，通过观察员工反应来进一步修改决定，从而避免与员工的正面冲突。

三、组织沟通的网络

组织中的正式沟通会同时涉及多种沟通渠道，由各种沟通渠道组成的结构形式被称为信息沟通网络。不同的信息沟通网络具有不同的沟通效果。为了对信息沟通网络进行说明，假定这一组织由五位成员（A、B、C、D、E）组成。图7-5展示了五种典型的信息沟通网络：链式、环式、轮式、全渠道式、Y式。

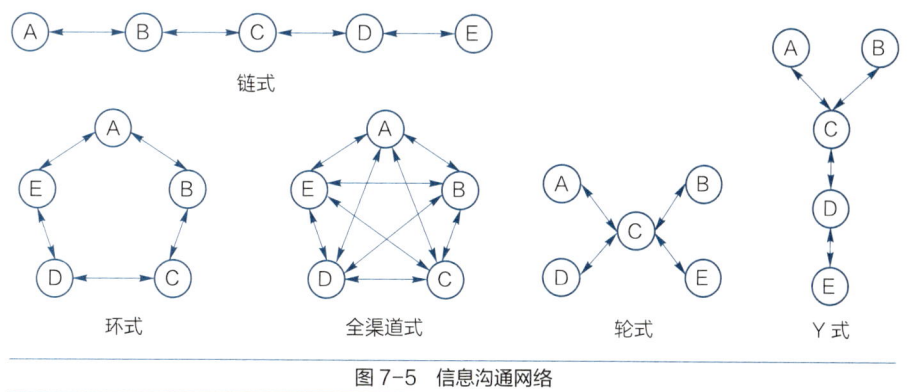

图7-5 信息沟通网络

1. 链式

链式信息沟通网络中成员只能进行单线、顺序的信息传递，即自上而下或自下而上。现实组织中，按照直线职权关系在各级主管间传递信息就是典型例子。

2. 环式

环式信息网络是一种封闭式结构，允许每个成员与邻近的成员联系，但不能跨越这一层次与其他成员联系。它代表着同一层次间允许横向沟通的一种信息沟通模式。这种组织的集中化程度比较低，但成员满意度较高。

3. 轮式

轮式信息网络代表的是四个下属与一个上司之间的沟通关系，在这样的网络中，所有信息都要通过管理者传递，以保证沟通的准确性。当组织接受紧急任务或需要进行严密控制时，适合采取这种形式。

4. 全渠道式

全渠道式信息网络允许组织中每一个成员与其他成员自由沟通，包含了正式沟通的所有沟通形式。就像一个委员会或微信群，每个人都可以自由发表意见。当组织面对涉及各方面人员的复杂问题决策或团队合作时，常采用这种信息沟通网络。

5. Y 式

Y 式信息网络可看成是高层管理者作为核心的信息沟通网络，既有两个直接与之联系的参谋人员，又有一个直线联系的执行人员，这是典型的"直线—职能"制权力关系。另外，现实中常见的倒 Y 式网络，如经理与秘书和几位下级构成的网络，秘书就是此沟通网络的中心，职位不高但权力较大。

管理者在一个组织中采用哪一种信息沟通网络，主要取决于沟通目标的定位，不同结构在沟通的速度、准确性、可控性和士气方面均存在差异。

管理实践

飞书系统助力万人共创跨年演讲

飞书是字节跳动旗下的协作与管理平台。该平台整合了即时沟通、音视频会议、飞书文档、智能日历、云盘等办公协作套件，也提供了飞书 OKR、飞书合同、飞书绩效等组织管理产品，帮助团队明确目标，促进信息顺畅流动。

"得到"的第七场跨年演讲选择飞书作为"2022 跨年演讲独家团队协作平台"。自 2021 年 10 月 14 日起，"得到"便向全国网友发出"万人共创跨年演讲"的邀请。在这场"云端策划会"里，每个人都可以在"得到"的跨年文档上提出问题或给出答案。对于"浮现"出的优质问题,"得到"的专家团队会深访全国各地,实地考察,给出专业的见解和答案。据报道,截至2021年12月9日,来自政府、互联网企业、零售业、医疗行业、高校等多个行业的97 369人,制作出了一本324 855字的2021年回忆录,推荐了100本好书,分享了1 005件爱用好物。在这场云端策划会中,不同身份的人从不同视角提供了不同的故事和观点。

参与云端策划会的用户多,这令"得到"面临不少挑战。例如,如何让从未了解过飞书的用户快速上手;如何控制大规模沟通中的噪声,让优质内容高效沉淀;如何让万人沟通井井有条等。

"得到"通过"小助手+飞书群聊"的方式解决了上述问题。飞书群聊的功能包括:支持5 000人同时在线;群内可共享日程,预定群内用户时间;在建群当天邀请群内用户参加飞书操作入门培训直播会议;面向团队外部用户时,隐藏个人名片中的关键信息,避免信息泄露,保证个人隐私;新成员入群可浏览历史消息和重要信息,避免重复发送活动信息打扰原有成员。针对不同的共创话题,"得到"还建立了不同的云端策划群,实现与用户间的无缝沟通和互动。

(资料来源:飞书官网,引文有删改。)

思考:
1. 基于飞书系统的"云端策划会"的沟通属于组织沟通的哪种类型?
2. 飞书系统作为组织沟通工具有哪些优劣势?

四、组织沟通的主要障碍

在组织沟通过程中,除了存在与人际沟通相同的问题,还会遇到一些特有的问题,这些特殊障碍会影响组织的良好沟通。具体包括以下几个方面。

1. 权力等级造成的障碍

组织中等级分明的权力系统,一方面能保证组织的稳定性,另一方面却会阻碍组织沟通。由于不同职位等级意味着不同的权力,因此在信息传递过程中,人们会优先关注信息的来源,其次才是信息的内容,这会导致不同职位的人发送的同一信息效果不同。例如,在组织中常见的一种不良现象是职位较低的人传递的重要信息不被重视,职位较高的人发布的不重要信息又被过分重视。

2. 维护小团体利益造成的障碍

为了有效实现组织目标,企业往往需要建立各种部门或机构进行分工协作。然而,由于每一个群体都有其共同的利益,为了维护小团体利益,会存在扭曲信息、掩盖信息甚至伪造信息的现象,导致信息失真,这样不利于组织的整体协调发展。

3. 维护个人利益造成的障碍

由于信息具有特殊作用,它会对组织成员的利益产生直接或间接影响。因此,人们会自觉或不自觉地从心理到行动上对有利于自己的信息进行宣扬,对不利于自己的信息采取对抗或抵制的态度,从而妨碍组织沟通。例如,实际工作中,有的员工为了自保或逃避责任而掩盖或不公开问题,并没有在第一时间向上级反映或求助,结果给组织带来重要损失。针对这类问题,需要对员工进行培训,包括问题的类型和影响面,问题的处理方式和预案准备等。

另外,信息对组织来说是短缺且重要的,因而信息会成为个人影响力大小的决定因素之一。有些处在信息网络中心、能获得重要信息的管理者,会有意地截留或修改来自上下级的信息以增强自己的影响力,最终导致信息失真。

4. 信息超负荷造成的障碍

现代组织中信息传递呈现出快而多的特点,这种特点会放大信息延误的损失,增加人们的信息负荷。实践中,为了准确而迅速地传递信息,企业往往会建立内部信息网络或召开会议,但缺乏设计的信息传递网络会导致信息超负荷,造就"文山会海",导致人们选择无视所传递信息。

以会议沟通场景为例,会议繁多是很多公司普遍存在的一个问题。近年来,优秀的企业都在试图进行"会议革命",改变会议规则,如采用文档而非PPT,要求与会者在会前提前熟悉会议文档并做好准备等。这些新规则提高了对会议主持人的要求,主持人需要提前制定并公布所有规则,还需要对决策者和与会者进行多次会前沟通,以增强控场能力,提高会议效率。

5. 沟通规则缺失造成的障碍

沟通规则缺失往往是组织内部纷争难以解决的主要原因。以调解团队矛盾为例,不少管理者往往错误地认为调解矛盾就是判定出矛盾双方的对错,而当对错难以分辨时,又往往采取"和稀泥"或"当和事佬"的方式逃避矛盾。这种现象往往是由于缺乏沟通规则而导致的。

制定沟通规则应注意两个方面:首先,应确保沟通目标的正确性,如调解矛盾的目标应是帮助双方走出矛盾的情绪和状态,回归正轨;其次,应提前制定沟通规则,预先规避矛盾。例如,某公司设定"有问题及时并当面与当事人提出,不允许通过第三方传话，传话就要被公开问询"的规则，这能有效帮助团队解决内部纷争问题。

为了在组织中形成坦诚沟通的良好氛围，保持开放性，降低成员的心理负担，使得沟通围绕如何让团队更好地提出建设性的想法，可定期组织制度化、流程化的沟通活动。例如，平安集团将每月5号设置为"月度绩效沟通日"，全国各地的各级员工（包括集团总经理及各级管理者）都必须登录绩效管理系统，对上月的工作成果进行总结、自评，并提交本月的工作计划。该系统会将所提交的材料流转到上级主管处，主管则必须对其作出"有效反馈评价"。所谓有效反馈评价，不能是"阅""同意""很好"等简单意见，必须包括：整体评估、对优良表现的肯定、对不足与差距的改进途径和方法，以及下一阶段的具体工作要求。

总之，组织沟通的改善需要依据组织的具体情况来对症下药，在组织设计时明确各部门间的分工合作关系，经常进行信息沟通检查，完善信息沟通的准则，借助信息技术改进信息沟通的手段等都可改善组织中的信息沟通。

课后习题

一、单选题

1. 在实践中，进行意见沟通需要一定的技巧，通常不能采取的是（　　）。
   A. 该告诉员工的全部告诉
   B. 让下级明了他在领导心目中的地位
   C. 不要经常称赞下级
   D. 要明白上行沟通效率永远不会太高

2. 下列不属于积极倾听的技能的是（　　）。
   A. 在别人说话时，注视对方
   B. 用自己的话复述对方的话
   C. 通过提问以保证理解
   D. 不时打断对方的发言，以便及时表达自己的观点，形成沟通

3. 公司人事部的李经理注意到最近公司的小道消息很多，导致公司内部人心惶惶，而大家见到他又都是欲言又止的样子。他认为应该找出问题出现的原因再采取措施扭转这种现象。你认为可能的原因是（　　）。
   A. 大的经济环境发生了改变，员工比较忧虑

B. 企业中正式沟通渠道不畅通，员工感到不安

C. 企业员工的层次复杂，有些人素质不高，有传播小道消息的习惯

D. 员工的工作强度不够高，多余的精力太多

4. 下列关于信息沟通的认识中，错误的是（   ）。

　　A. 信息传递过程中所经过的层次越多，信息的失真程度就越大

　　B. 信息的发布者和接收者在地位上的差异也是一种沟通障碍

　　C. 信息量越多，就越有利于进行有效的沟通

　　D. 善于倾听能够有效改善沟通效果

5. 某保险公司的X市分公司为开发一项新业务，从不同部门抽调若干员工组建了一个项目团队，为激励他们高度热情地投身于新工作，最合适的沟通媒介是（   ）。

　　A. 电子邮件　　　　B. 电话　　　　C. 面谈　　　　D. 简报

二、多选题

1. 沟通在管理中的重要意义包括（   ）。

　　A. 沟通就是一个传递信息的过程

　　B. 沟通是企业与外部环境之间建立联系的桥梁

　　C. 沟通是协调各个体、各要素，使企业成为一个整体的凝聚剂

　　D. 沟通是领导者激励下属，实现领导职能的基本途径

2. 下列属于沟通中信息传递与交流的方式的有（   ）。

　　A. 口头沟通　　　　　　　　　B. 书面沟通

　　C. 媒介沟通　　　　　　　　　D. 非语言沟通

3. 下面对单向沟通和双向沟通优缺点的比较中，正确的有（   ）。

　　A. 双向沟通比单向沟通需要更多的时间

　　B. 在双向沟通中，接收者理解信息和发送者意图的准确程度大大提高

　　C. 在双向沟通中，接收者和发送者都比较满意自己对信息的理解

　　D. 双向沟通的噪声要比单向沟通小得多

4. 有效克服沟通障碍的主要措施有（   ）。

　　A. 运用反馈手段　　　　　　　B. 提高表达能力

　　C. 积极倾听　　　　　　　　　D. 注意非语言提示

5. 下列关于非正式沟通的说法不正确的有（   ）。

　　A. 非正式沟通传播的是小道消息，准确率很低

　　B. 非正式沟通经常将信息传递给本不需要它们的人

C. 非正式沟通中信息交流速度较慢

D. 非正式沟通可以满足职工的社交需要

三、判断题

1. 有效的沟通必须是沟通渠道畅通的信息交流，否则，沟通渠道出现任何障碍都会影响沟通。（　　）
2. 小道消息一般都有副作用，因此在一个组织中一定要尽量杜绝。（　　）
3. 沟通能力是跟实践紧密相连的。（　　）
4. 协调上下级之间的关系是一个领导者必备的能力。（　　）
5. 了解不同的文化背景，懂得不同人群的不同需要，才能获得与他们沟通的成功。（　　）

四、简答题

1. 完整的沟通过程包括哪些要素？
2. 影响人际沟通的主要障碍有哪些？
3. 改善人际沟通的关键是什么？
4. 非正式沟通与正式沟通有何区别？
5. 影响组织沟通的主要障碍有哪些？

◆ 综合实训

实训项目　沟通能力自测和改善方法讨论

实训内容　每个学生在课后根据本页二维码中的沟通能力测试进行自我沟通能力自测，并参考测试结果，明确沟通问题和改进方法。

实训要求　1. 完成自测，计算个人的测试成绩。
2. 根据测评结果，分析自己沟通技能的优劣点，并列出改进方案。
3. 和同学分享测试结果并讨论测试结果和评价是否一致，相互提出建议，以改进沟通技巧。

沟通能力测试

成果及评价　1. 每个学生能计算出自己的沟通能力分数。

2. 每个学生能结合所学的沟通知识，分条列出自己沟通中存在的问题。

3. 每个学生与同学讨论后，能针对自己存在的问题列出相应的改进措施。

自我测评

通过本章学习，请根据个人学习收获进行自我测评，在相应栏目里打钩。

自我测评项目 （★表示需要关注测评项目）	显著提高	较大提高	略有提高
1. 核心知识点（如沟通过程、沟通方式、组织沟通的特点和形式、有效沟通常见障碍及产生原因等）掌握程度★			
2. 运用沟通过程分析组织中无效沟通产生原因的能力			
3. 运用多种沟通方式和技术提升沟通效果的能力			
4. 运用结构化倾听工具提高自我倾听效果的能力★			
5. 坦诚沟通、及时反馈的习惯★			
通过本章的学习，你还有哪些收获？可分条列出			

学生签名：	教师签名：
时间：　　年　　月　　日	时间：　　年　　月　　日

控制

第八章

学习目标

❖ 知识目标

- 了解控制的含义和重要性
- 了解并掌握控制的原则
- 熟悉控制的基本类型和过程
- 了解并熟悉预算控制、人事管理控制等控制方法

❖ 能力目标

- 能够按照控制流程开展日常工作
- 能够运用主要的控制方法管理日常生活中的重要事项
- 能够使用四象限法等常见的控制方法提高工作效率
- 能够按照 PDCA 管理循环的四个步骤开展日常工作

❖ 素养目标

- 养成按照控制流程工作的良好习惯
- 增强风险防范意识、合规意识和成本控制意识
- 树立"时间就是金钱,效率就是生命"的正确效率意识
- 养成用数据说话,基于事实进行科学管理的良好习惯

思维导图

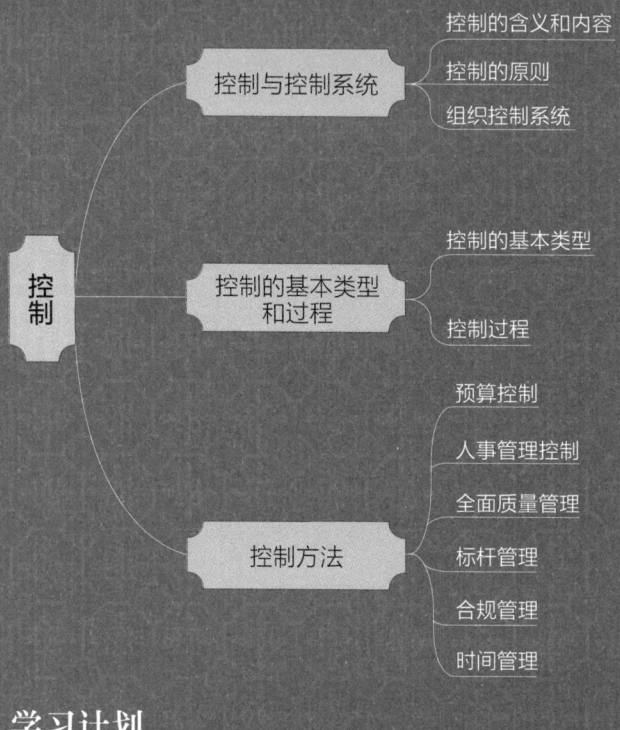

学习计划

- 知识学习计划

_____
_____
_____

- 技能训练计划

_____
_____
_____

- 素养提升计划

_____
_____
_____

管理探索

小米集团的数字化风控之路

小米公司成立于2010年，是一家以智能手机、智能硬件和物联网（IoT）平台为核心的消费电子及智能制造公司。经过10年的快速发展，小米2021年营收额已达到3 283亿元人民币。小米之所以能成功，除了产品和管理创新，还因为它在面对新的挑战和威胁时能够实现有效控制。在公司发展的过程中，业务部门变化快、内控测试难度大、管理质量有待提高等问题亟须解决，这促使小米走上了数字化风控之路。

为建设可监控、可追溯、自动化的风险控制体系，小米高效整合了技术能力和人员能力，设立了内控内审监察部门，深度挖掘风险辨识潜力，增强自身的风险识别与控制能力。具体做法包括：

（1）运用前沿的流程挖掘技术，进行端到端的业务流程分析，从流程执行顺序、流程执行效率等方面识别其中的风险。

（2）构建风控合规智慧问答系统，通过知识库搭建、机器人学习和机器人对话实现风险控制，排除企业隐患和潜在威胁。

（3）自主开发风控管理平台，涵盖内控、内审、监察、合规等风险管理职能，确保平台能够快速迭代更新，及时反映风险状况。

（4）搭建合作商合规管理平台，提供企业信息查询、合规风险排查、合规风险监控等一站式的数据和系统服务，有效实现对小米合作伙伴的快速审查、实时监控、优化决策和协同管理。

小米还尝试着在流程挖掘、智能仪表盘、人工智能学习、区块链、流程自动化管理工具、集成信息系统管理等领域进行创新尝试。以流程优化为驱动因素，通过评估、监督、内部咨询等工作，实现"应对风险、提升公司价值"的核心目标。

此外，小米还力求与更多的优秀企业建立联系，互相学习，制定更多的标准化风控方案，共同推动中国的风控管理走向世界前列。

请思考：

1. 对于小米而言，为什么风险控制很重要？小米是如何进行风险控制的？
2. 除了帮助企业控制风险，数字化技术还可用于哪些其他的控制场景？

第一节 控制与控制系统

组织通过制订计划、建立组织结构、有效领导和激励员工来推进目标的实现。但这些措施并不能确保所有的行动都按计划执行，也无法确保员工和管理者为之努力奋斗的目标真正得以实现，因为在复杂的环境中，事情并不总是按照计划发展。控制是管理过程中的最后一步，管理者必须监控事先设计的目标能否被有效地完成，这就是控制要做的事。合理的控制可以帮助管理者寻找具体的绩效差异和需要改进的问题，建立一个完善的、与时俱进的控制系统，帮助组织有效管理，发展壮大。

一、控制的含义和内容

控制是管理的职能之一，指管理者对管理活动进行监督与监测，在组织活动发生偏差时及时纠正，最终确保组织的实际行动与计划目标相一致的行为。由此可见，从管理学职能的角度分析，控制和计划的关系相对密切，计划越是明确、全面和完整，控制的效果也就越好。控制的目标就是协助组织实现既定的发展目标。从控制对象及内容来看，控制职能主要围绕组织人员、组织活动、组织资金、组织信息四个方面展开。

（一）组织人员

在组织中，人是实现管理的计划、组织、领导、控制活动最重要的载体，管理活动的实现离不开人。因此，对组织人员进行有效控制，是确保组织发展的关键。控制组织人员主要包括控制组织人员的行为规范、工作流程、工作态度、工作方法等。在现实管理中最常见的控制措施有规章管理制度管理、人力资源管理系统管理、组织绩效考核管理等。

需要注意的是，控制组织人员并不是限制组织人员，而是通过控制管理职能使组织成员个体潜能的发挥方向与组织目标相一致。现如今，随着市场经济发展和经济增长方式的转变，企业对组织人员的需求由体力型员工慢慢转向智力型员工，组织人员的素质不断提高。在这种情况下，对组织人员的控制也需要根据企业的发展目标和组织人员的特点而开展个性化的探索实践。例如，以保障产品质量为目标进行管理时，对员工的控制主要表现为考勤打卡、质量管控等较为固定且严格的模式；而以产品创新为目标进行管理时，如果依然对员工的工作时间、地点和方法进行严格控制，则可能会抑制员工的创新积极性，需要给予员工足够的工作自由，支持员工开展创新性活动。

（二）组织活动

组织活动是组织实现目标的一系列过程，根据组织目标不同，组织活动具有多样性。具体而言，现实中组织活动包括设计、策划、生产、营销、物流等一系列过程，其本质就是把生产资料转化为最终产品或服务。因此，对组织活动的控制直接影响组织产品和服务的质量。在日常控制管理中，常见的措施包括生产监控系统、质量管理标准、组织流程控制等。例如，一些企业为了保障产品质量，解决生产车间日常活动中遇到的各种问题，建设了可视化的生产监控系统。通过该系统能够对组织日常活动进行有效监控，从而及时掌握各个生产线的产量数据、对现场异常情况进行及时跟踪和处理，并运用检测大数据对生产流程进行分析和改善，从而确保产品质量的稳定。

（三）组织资金

组织资金是组织目标得以实现的物质保障，对组织资金的控制主要是开展财务控制。财务控制是指通过衡量校正组织资金投入与组织收益，确保组织财务计划得以实现的过程。财务控制的内容主要包括组织预算、组织实物资产、组织生产成本、组织经营风险等多个方面。通过财务控制能够有效保障企业的资产和负债在一个合理的水平范围内，进而使得组织能够实现长远发展。如果缺乏财务控制，企业可能面临债务危机、现金流断裂等情况。因此，在组织管理过程中，应该建立严密的财务控制制度，帮助组织识别风险并及时预警。在日常的控制管理中，财务控制活动主要包括两点，一是建立财务制度，如预算制度、审计制度等；二是定期考察组织的各项财务指标，如资产负债率、投资收益率、毛利率等。

（四）组织信息

在信息化时代，信息同物质、人力一样，是组织发展中的重要资源，对组织信息的控制是保障组织长远健康发展的关键。信息是组织决策最重要的依据，只有及时、全面、正确地掌握了组织发展中的各项信息资源，才能确保组织朝着既定的目标发展。组织信息包括组织内部信息和组织外部信息，其中，组织内部信息主要是组织运行中所产生的数据和内容，如生产作业信息、财务会计信息、生产技术信息、人事管理信息等；而组织外部信息反映外部环境的变化，具有较大的不确定性和不可控性。

如今，信息传播更加简捷，传播途径更为多样，传播速度也大大提高。一方面，技术的进步为控制组织信息带来了新工具、新方法，通过云计算、大数据、物联网等诸多

即学即问

■ 如何看待网络舆情？如果不及时控制，它会造成什么影响？

新技术的运用，组织内部信息传递与控制不再碎片化；通过可视化信息管理系统、办公自动化软件（OA）、企业资源计划（ERP）等多种方式整合组织信息并连接组织客户，可以实现对组织信息全方位、多角度的控制。另一方面，新的信息技术对个人信息保护、网络信息安全管理等带来挑战。在互联网时代，正面和负面信息都容易通过各种媒介平台传播，并成为社会热点。因此，对于组织来说，要树立良好的社会形象，避免舆情危机，就要做好网络舆情监测工作。

二、控制的原则

（一）科学性原则

科学性原则是指管理者在获取信息和运用信息进行控制的过程中要采用科学的方式方法，尊重客观事实。这是组织能够有效开展控制的前提。控制工作的科学性要求控制系统本身能够向组织提供准确、无偏见、详细、全方位的信息，如果获取的控制信息不准确或存在偏差，则可能导致组织决策出现失误。

（二）重点性原则

重点性原则是指控制工作要明确重点，要从全局观、发展观的角度实施重点控制。一方面，控制工作需要具备全局观，组织活动过程中往往会遇到各种各样的问题，由于管理者的精力是有限的，因此应该明确优先控制事项，控制住组织发展的关键点；另一方面，控制要具有发展观，应当着眼于未来。从未来组织发展的关键任务出发，提前抓住影响组织发展的关键事项并开展有效防控，是实现组织目标及降低未来不确定性因素的有效途径。

（三）及时性原则

及时性原则是指控制工作要能够及时发现问题并及时采取纠正措施。一方面，要及时发现组织运行过程中的问题，控制信息的滞后可能会造成不可弥补的损失；另一方面，要及时解决组织发展中的偏误，避免时过境迁，错失控制的最佳时间。要防微杜渐，及早发现工作中潜在的错误和问题并进行处理，确保组织按计划的要求开展工作。有效的管理控制系统能够及时地获取偏差信息，采取矫正偏差的措施，以防止这些偏差影响组织目标的顺利实现。

（四）灵活性原则

灵活性原则是指控制的方法具有多样性，控制的对象也具有不同特征，为此应该结合控制对象选择恰当的控制方法。例如，组织在管理员工工作行为、工作绩效的时候，应该根据员工的工作类型和个人特点采取不同的方法，不合适的控制管理可能会产生适得其反的效果，降低员工的工作积极性。

三、组织控制系统

组织控制系统是为了实现管理控制而设计的彼此关联的组织机制。组织控制系统的要素通常包括控制的目标体系、控制的主体、控制的客体、控制的手段和工具。

（一）控制的目标体系

控制一定是有目标的，明确控制目标能够确保组织有效运行，确保组织朝着目标前进。控制活动通常也需要服从于组织发展的总体目标，控制依据来源于组织发展的总目标及各项分解目标。

组织内部控制系统

（二）控制的主体

控制的主体是指对组织进行控制的人，根据组织构成的主体类型，通常是由股东、管理者、员工共同参与控制活动。不同控制主体在控制的目标上存在差异：股东主要关注组织财富的最大化和财产安全；管理者主要关注组织各项业务经营活动的执行、组织目标的实现；员工主要关注岗位任务的完成情况等。总之，控制是有意识的行为活动，主要由组织中的人执行，控制主体的控制水平影响着控制作用的发挥。

（三）控制的客体

控制的客体是指对谁进行评价，通常整个组织的活动都属于控制的对象。根据组织活动的不同层面，控制的对象可以包括多个维度。从组织活动内容来看，控制对象包括组织的人、财、物、事、信息等；从组织结构来看，控制对象包括组织内的各个部门；从组织运营流程来看，控制对象包括采购、生产、销售等多个环节。总之，组织控制应该是全面、全过程控制。

(四)控制的手段和工具

控制的手段和工具是实现控制的载体和方法。常见的控制方法包括预算控制、成本控制、人事控制等。在当今世界,组织及组织所处的环境变得越来越复杂,组织控制所需要处理的信息越来越丰富,控制手段和工具也在相应地不断改进,计算机成为重要的控制手段。例如,在工业生产方面,对于机械制造等生产过程中遇到的各种复杂参数变化,可以通过计算机建立自动化程度较高的数字控制系统。

> **管理实践**
>
> **通盘谋划,稳步推进碳达峰、碳中和**
>
> 力争2030年前实现碳达峰、2060年前实现碳中和,这是党中央经过深思熟虑作出的重大战略决策,是我国向世界作出的庄严承诺,体现了负责任大国的担当。中央经济工作会议将"正确认识和把握碳达峰、碳中和"列为新发展阶段我国面临的新的重大理论和实践问题之一,指出"实现碳达峰、碳中和是推动高质量发展的内在要求,要坚定不移推进,但不可能毕其功于一役",并作出明确要求和科学部署,进一步凸显出做好"双碳"工作的重要意义。
>
> 实现"双碳"目标,是推动高质量发展的必答题。我国已由高速增长阶段转向高质量发展阶段,不能走粗放型发展的老路,必须实现经济社会发展的全面绿色转型,着力解决资源环境约束突出问题,加快形成节约资源和保护环境的产业结构、生产方式、生活方式、空间格局,坚定不移地走生态优先、绿色低碳的高质量发展道路。
>
> 实现碳达峰、碳中和是一场广泛而深刻的经济社会系统性变革。要把碳达峰、碳中和纳入生态文明建设整体布局,拿出抓铁有痕的劲头,确保如期实现目标。要落实好中央经济工作会议精神,有力有序有效做好"双碳"工作,必须坚定不移贯彻新发展理念,处理好发展和减排、整体和局部、短期和中长期的关系。
>
> (资料来源:人民网,引文有删改。)
>
> **思考:**
> 为什么中国要实现"双碳"目标?在实现这一目标的过程中,控制目标、控制主体、控制客体、控制手段分别是什么?

第二节 控制的基本类型和过程

一、控制的基本类型

在组织中,控制可以从不同的角度划分为不同的类型。

(一) 按照控制时间顺序分类

按照控制的时间顺序,可以将其分为事前控制、事中控制和事后控制。

1. 事前控制

事前控制又称前馈控制,是指在组织活动还没有发生之前,提前预测组织活动可能面临的问题,并做好相应的防范措施。例如,作为人力资源管理者需要熟知《中华人民共和国劳动合同法》等与用工管理相关的法律法规,从而在工作中实现规范用工,减少和规避不必要的劳动风险。事前控制的优点是在一定程度上可以防患于未然,但由于未来具有很多不确定性,能否及时准确地预测非常重要,对管理者的能力有较高的要求。

2. 事中控制

事中控制又称现场控制,是指在组织活动进行的过程中,采取控制措施,以便及时发现并纠正工作中发生的问题。事中控制的特点是对组织活动进行持续监测,通过跟踪组织活动,及时发出纠偏信号,以保证实际过程按计划进行。例如,企业在生产过程中,通过生产监测管理系统对企业产品生产流程和质量进行监督,从而稳定地控制产品质量。事中控制的优点是可以实时监测组织运行情况,但需要管理者持续跟进,做到及时发现并解决问题,以防问题扩大。

3. 事后控制

事后控制又称反馈控制,是指在组织活动结束以后,结合事前计划和行动过程,通过总结的方式开展对比分析,从而为之后的组织活动提供有针对性的建议,避免问题再次发生。事后控制的特点是对组织运行过程中已经发生的问题进行事后纠正和处理。例如,学校处理违纪学生、企业处理违纪员工等,这些都是典型的事后控制。事后控制的优点是能够有针对性地提出组织运行中存在的问题,但是事后控制通常发生在问题发生以后,具有一定的滞后性。

> **管理实践**
>
> **魏文侯问扁鹊**
>
> 先秦典籍《鹖冠子·世贤》中记载了一个关于扁鹊医术的小故事。
>
> 魏文侯问扁鹊:"你们兄弟三人都当医生,你认为谁的医术水平最高呢?"扁鹊回答说:"我大哥医术最高,二哥次之,我的医术最差。"
>
> 魏文侯闻听此言,不解地问道:"那为什么你的名声却最大?"
>
> 扁鹊回答道:"我大哥在疾病尚未成形之际就可以把病治好,所以他的名声只局限在我们家族内部;我二哥在疾病刚刚形成,尚在皮毛之际就能够发现并治疗,所以他的名声也只是在我们居住地的街头巷尾流传;像我这样在病人发病后才针灸放血,处方遣药,内服外用的人,才会闻名于诸侯。"
>
> 问题:
>
> 通过魏文侯和扁鹊之间的对话,试说明事前控制、事中控制、事后控制分别具有什么特点?

(二)按照控制机构权力分类

按照控制机构权力的不同,可以将其分为集中控制和分散控制。

1. 集中控制

集中控制是指组织有一个集中的控制机构来实现信息的管理和控制。它的特点是所有的内外部信息均要达到同一个控制机构,再由该控制机构对信息进行分类和处理,把信息传递到组织的各个部门。例如,学校的信息中心负责学校网络信息的控制,学校不同部门、不同教学楼的网络信息均由学校信息中心管理控制。又如,机场的航班信息、飞行动态统一由航空调度机构管理控制,统一集中飞机动态信息以实现飞行管理。集中控制的优点是,所有的信息都集中在一个地方,确保了信息的全面性和多样性,使得管理者能够在权衡各种信息的基础上进行决策,但不足之处是会使得其他部门难以获得组织信息,限制了部门决策的自主性。

2. 分散控制

分散控制是指在组织运行中设有多个控制机构,分别进行控制。在分散控制中,信息可以汇聚在多个控制机构,控制机构之间的关系也具有多样性,既存在上下级控制机构,也存在平行控制机构。不同的控制机构均可以发出控制指令。相较于集中控制而言,分散控制是控制权力下放,这使得下级控制机构也具有收集信息和传递信息的能力。例如,一些互联网企业采取"大中台、小前台"的组织结构模式,作为前台的一线业务部门在第一时间汇聚运营信息，以便快速适应瞬息万变的市场；而中台将集合整个集团的运营数据能力和产品技术能力，对各前台业务提供强力支撑。分散控制的优点是，不同控制机构针对不同信息能够进行专业化决策，信息传递效率高，进而能够做到及时有效控制。分散控制的缺点是信息不全面，可能影响决策的准确性。

（三）按照控制力量来源分类

按照控制力量来源，可以分为正式控制、非正式控制和自我控制。

1. 正式控制

正式控制是指管理人员通过制定各种规章制度等契约性规范来实现对组织的控制，是通过组织正式的组织结构和制度程序开展的控制活动。没有规矩不成方圆，通过制定契约性规范能够实现标准化管理。例如，科层制度就是一种典型的正式控制，通过明确上下级关系，确保下级能够完成上级制定的各项计划和目标，实现对下级行为的控制。在企业生产经营过程中，正式控制方式具有多样性，如企业制定标准、规范、流程、操作手册等都属于正式控制。例如，企业的质量控制是通过制定质量标准来核查产品质量是否达标，从而保证产品质量。又如，企业通过制定用人单位规章管理制度、劳动制度等，来约束和管理员工行为，对违反规章制度的员工给予相应处罚，从而约束员工日常行为规范。

2. 非正式控制

非正式控制是指除了正式制度之外，通过如风俗、行为习惯、信任、文化等途径实现对组织的控制，使得员工朝着组织目标方向努力。非正式控制是对正式控制的补充。非正式控制中组织人员的行为并不是靠组织的规章制度和程序决定的，而是由人和人之间的关系决定的。非正式控制与员工和企业的心理契约有着密切关系，即企业了解员工的需求并尽量满足他们，而员工也为企业全力奉献。虽然企业没有明文规章制度，但员工的行为可以自发地朝着组织目标的实现而奋斗。常见的非正式控制形式包括文化控制、信任控制、团队控制等。

3. 自我控制

自我控制是指组织中的个体自主调解行为，它使得个人目标和组织目标相一致。自我控制注重的是一个人自我教导和约束的能力，它通过个人的内驱力开展自我管理。自我控制的内容主要包括：① 自我检查和分析。在目标实施过程中，具有较强自我控制能力的人，能够及时发现并分析实施过程中的问题，比如关注目标进展进度、质量等。② 主动纠正偏差。在发现问题之后，能够积极地采取措施去解决，确保目标按照计划实现。在组织管理过程中，管理者要充分调动员工进行自我控制，它有利于提高组织系

即学即问

■ 你经历过哪些正式控制、非正式控制和自我控制的管理活动？这三种控制之间有什么关系？

统的应变能力和工作效率。例如，具有较强自我控制能力的人，能够在工作过程中杜绝影响工作效率的行为，专注于工作，从而提高工作效率。

管理不仅是管理者的自我管理，组织中的员工也要进行自我控制。要想在高速发展、复杂多变的社会中立足，作为个人就必须要不断提高自己的能力，培养终身学习和奋斗的内驱力，从他律转为自律，在自我控制的过程中，培养以贡献和责任为导向的自我管理意识。总之，只有不断进行自我管理和控制，才能够实现个人的价值和理想。

（四）按照控制手段分类

按照控制手段的不同，可以分为间接控制和直接控制。

1. 间接控制

间接控制主要是着眼于发现工作偏差，分析其产生的原因，并在此基础上追究责任主体并促使其改进的过程。间接控制主要是上级对下级工作过程的控制，通过衡量工作成效，找出组织发展中存在问题并予以纠正。在间接控制中有几个重要的前提假设：① 工作成效是可以衡量的；② 个人责任界定是清晰的；③ 管理者能够预料并及时发现偏差；④ 有关责任单位和责任人会立即采取纠正措施。但是在现实中，开展间接控制有难度，很多时候工作的成效难以衡量，工作责任也经常界定不清晰，每个人责任的高低也难以度量。

2. 直接控制

直接控制是指通过直接提高管理人员的素质来开展控制工作。直接控制的目的在于培养更好的管理人员，使他们能够熟练地运用管理工具，以系统的观点来监督和改善自身管理工作，防止出现管理不善的问题。直接控制实际上属于事前控制，通过提前提高管理人员素质来减少组织运营中的偏差。

二、控制过程

控制的种类有很多，但是控制的基本过程是大致相同的，通常包括确定控制标准、衡量执行情况和纠正偏差三个步骤。控制过程模型如图 8-1 所示。

（一）确定控制标准

控制的目的是实现组织目标，所以必须先确定控制标准。确定控制标准的原则是反映计划要求，明确控制关键点。控制标准的确定要以计划和组织目标为依据。控制标准应当简明、有重点、可操作，常用的确定控制标准的方法有统计法、经验估计法等。

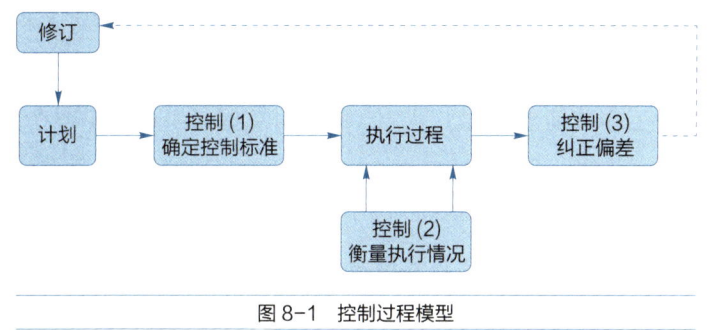

有效控制过程

图 8-1 控制过程模型

管理中的控制标准的种类很多，如表 8-1 所示。

表 8-1 控制标准分类

控制标准	具体内容
时间标准	反映工作时间进度的各种标准
绩效标准	反映组织及其成员工作绩效的尺度和准则
成本标准	反映各种工作与活动所支出的费用标准
数量标准	从量的方面规定工作和活动所应达到的水平和完成的时间
质量标准	从定性的角度规定工作的范围、水平及质量
行为标准	反映职工的行为准则

在组织管理中，确定控制标准常见的表现形式为确定组织绩效标准。绩效是一项活动的最终结果，是所有组织活动的累计结果，也是管理者最关注的标准之一。绩效标准的指标通常包括：① 组织生产率。组织生产率是组织总产出除以生产这些产品的总投入。管理者在工作中，要严格控制生产产品的各项投入，降低企业生产成本，从而确保组织生产效率的提高。② 组织效力。组织效力是组织的各项目标实现程度的测量，它是管理者制定战略、协调员工工作、开展控制工作的重要指导依据。③ 行业与公司排名。排名是管理者确定组织绩效标准的一种常见方法，取决于各类评价指标的综合衡量，管理者可以依据排名确定组织绩效标准。

（二）衡量执行情况

首先，要明确衡量的手段和方法，设置监测机构，确认进行衡量和检查的人员。其次，为了达到控制标准，应该对组织业绩进行评估。衡量组织业绩的过程包括：① 搜集组织业绩数据，通过信息管理、调研调查、召开会议、报告报表等多种方式采集控制信息。② 将实际运行数据与控制标准相比较，了解偏差和问题。通过这些信息，一方面了解组织运行中工作成绩与进度，另一方面及时掌握组织运行中存在的问题和偏差。衡量应该做到准确、及时、全面。

管理者在管理员工的过程中需要对员工的绩效予以关注和控制，确保员工工作绩效与组织绩效相一致，所以管理者要有效衡量员工的绩效。衡量员工绩效的常见方法如表 8-2 所示。

表 8-2　衡量员工绩效的常见方法

衡量方法	方法释义
加减分法	将企业倡导的行为作为加分项，将企业的否决指标或否决行为作为减分项
流程分析法	对企业员工整体工作流程进行全面分析，逐项分析其中各个环节可能存在的风险，找出各种潜在的风险因素
关键绩效指标考核法	在每个岗位的考核指标中选取3~5个与员工本阶段工作密切相关的关键指标进行考核
360度考核法	通过员工的主管、同事、下属、顾客和员工自己等不同主体的360度全面反馈来评价员工绩效

（三）纠正偏差

纠正偏差时注意做好四个方面的工作：① 确定偏差产生的原因；② 采取控制措施，达到组织预期目标；③ 制定补救措施，采取适当的补救工具；④ 提高纠正偏差工作的效率。要特别注意，控制的关键在于确定偏差产生的主要原因，这样才能找出解决办法，有效发现问题，分析问题，解决问题。针对组织运行中存在的问题，选择适当的纠偏措施，可以确保计划目标实现。如发现计划或控制标准存在不足之处，应结合组织运行情况及环境调整计划或控制标准。

在管理中，管理者要有效纠正员工实际绩效与目标之间的偏差。导致员工实际绩效出现偏差的原因具有多样性，管理者要有针对性地纠正。很多管理者倾向于选择"救火式"的纠正方式，直接纠正员工行为以解决问题，常常忽视了对产生偏差原因的分析，这样是不对的。有效的管理者要学会寻找偏差产生的根源，以便更全面、更彻底地解决组织运营中的偏差问题。

> **即学即问**
> ■ 在日常工作和生活中，你更喜欢过程管理还是目标管理，为什么？

> **即学即练**
>
> **如何有效开展控制？**
>
> 回顾在第三章计划中你所制订的大学阶段的目标，结合控制过程模型，分析你的计划执行得如何？
>
> （1）你是如何开展控制，从而确保计划实现的？
>
> （2）对比控制过程模型，你在计划执行过程中有哪些值得改进的地方？

第三节　控制方法

一、预算控制

预算是管理者通过数量化的方式预测组织在未来一个时间段内各项资源的使用情况，是一个数字化的计划。预算是一种计划的工具，通过编制预算，能够预估组织未来的现金流、资产状况等。同时，预算也是一种控制的手段，编制预算是控制的第一步。预算指标也是一种控制标准，依据预算能够协调组织的各项活动，从而进一步衡量业绩、纠正偏差。例如，企业根据预算定期检查各个生产经营部门的活动，确保各项活动实现既定目标，有效控制企业运营中的各种费用支出。通过制定预算能够有效控制企业经营成本，确保组织内部有充足的资金流，从而获得更多的利润。

有效控制方法

常见的预算控制方法主要包括以下几种。

（1）经营预算。它包括材料采购预算、生产预算、销售预算、生产成本预算等。通过制定经营预算能够提前掌握企业生产销售经营的各项数据，从而控制企业生产经营各项成本，保障企业利润最大化。

（2）投资预算。投资预算反映未来组织的投资计划，通过投资预算可以了解组织未来的投资方向、投资金额、未来收益计划等。投资预算与组织未来发展战略紧密联系。

（3）财务预算。财务预算反映组织经营的各种财务指标，它包括现金预算、资产负债预算等。现金预算体现组织现金流动情况，通过现金预算能够提前有计划地统筹组织发展所需要的资金，以防出现资金链断裂。资产负债预算综合反映组织各项资产的状

即学即问

■ 结合近期开展的班级或社团活动回答：组织者是如何进行预算控制的？有哪些成果和不足？

态，可以用来预测将来某一特定时期的资产、负债等账户的情况，或用来反映企业在计划期末预计的财务状况。

但同时，预算控制也不能管得过于死板，组织内外部环境在不断变化，如果让预算目标替代组织目标，容易使组织发展缺乏弹性，束缚组织的创新性和活力。所以，要充分认识预算控制的有效性和局限性，这样才能利用预算控制，帮助组织实现长远发展。

> **管理工具**
>
> **财务比率分析**
>
> 财务比率分析主要用来分析财务结构、控制财务状况，并通过这种形式来集中对整个系统进行控制，有助于直接控制企业的经营活动。财务比率分析的主要内容有以下几个方面：
>
> （1）流动比率。企业流动资产和流动负债的比率，反映了企业流动负债的能力。流动比率普遍被用来衡量企业短期偿债能力，流动比率越高，表示短期偿债能力越强。
>
> （2）负债比率。企业负债总额和资产总额的比率，反映了企业所有者提供的资金与外部债权人提供的资金的比率关系。负债比率用来衡量企业利用债权人提供的资金进行经营活动的能力，也反映了债权人借出资金的安全程度。
>
> （3）盈利比率。企业利润与销售额或全部资金等相关因素的比率，反映了企业在一定时期从事某种经营活动的盈利程度。例如，销售利润率反映了企业在一定时期的产品销售中是否获得了足够的利润，它为企业经营活动的控制提供了信息；资金利润率反映了企业是否从全部投入资金的利用中实现了足够的利润，企业可以利用这一比率来考虑如何调控资金的投入、分配，以获得最大的利润。

二、人事管理控制

从本质上讲，控制工作是对人的控制，而人事方面的控制主要集中在对组织内人力资源的管理上，具体有两大方面：人事比率控制和人事管理控制。

（一）人事比率控制

人事比率控制主要分析组织内各种人员的比率，如：① 管理人员与职工的比率；

② 后勤服务人员与生产工人的比率；③ 正式职工与临时工的比率；④ 人员流动率和缺勤率等。

（二）人事管理控制

人事管理控制主要是对管理人员和一般职工在工作中的成绩、能力和态度作出客观公正的考核、评价和分析鉴定，这既有利于激励原来表现好的员工继续保持和发扬，也有利于激励原来表现差的员工向着好的方向转化和发展。

三、全面质量管理

全面质量管理 (Total Quality Management, TQM) 是指以产品质量为核心，建立起一套科学严密高效的质量体系，以提供满足用户需要的产品或服务的全部活动。质量控制是为了通过监视质量形成的过程，消除质量环节上所有阶段引起不合格或不满意效果的因素，以达到质量要求，获取经济效益，而采用的各种质量作业技术和活动。

自 1978 年以来，中国推行全面质量管理已有 40 多年。《中国制造 2025》提出"质量为先"的重要指引，质量是中国制造业由大变强的基础，也是推动中国经济高质量发展的关键力量。

1. PDCA 管理循环

在质量管理理论体系中，PDCA 管理循环是一个基本的工作程序，可以用于指导各项工作开展和流程控制。PDCA（Plan、Do、Check、Action）即计划、执行、检查、处理。这是美国质量管理专家爱德华兹·戴明（Edwards Deming）最早提出的，也称为"戴明循环"。PDCA 包括四个阶段，这四个阶段大体又可分为 8 个步骤，如图 8-2 所示。

PDCA 管理循环的特点包括：① PDCA 循环工作程序的四个阶段依次进行，组成一个大圈。② 每个部门、小组都有自己的 PDCA 循环，并都成为企业大循环中的小循环。③ 阶梯式上升，循环前进。

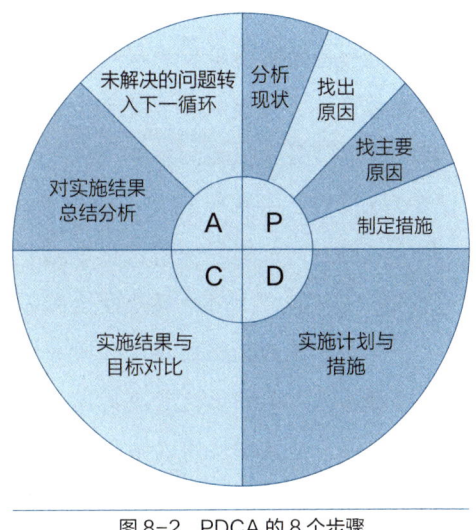

图 8-2　PDCA 的 8 个步骤

2. PDCA 的四个阶段

第一阶段：计划（Plan）。第一阶段需要制定想要达成的目标。在第一阶段需要回答以下几个问题：要解决的问题是什么？发展目标是什么？为了实现目标，有什么资源，还需要什么资源？根据已拥有的资源，可以指定哪些实施方案？总而言之，在计划阶段需要管理者列出所执行的任务及其顺序，使用的资源、环境和工作方法。

第二阶段：执行（Do）。第二阶段主要是实施制定的解决方案，实现计划中的内容。在执行阶段需要注意：① 确保每个参与者都了解自己的工作任务和责任；② 建立数据资源库，在运行工作的过程中及时采集和记录数据。

第三阶段：检查（Check）。第三阶段主要是使用采集的数据来检查效果，确认目标是否完成。若是未实现预期目标，应先确认是否严格按照计划实施对策；若已严格按照计划执行，则说明对策失效，需要重新确定方案。

第四阶段：处理（Action）。第四阶段是 PDCA 管理循环的最后阶段。一方面，对有效的管理措施进行标准化处理，据此制定工作标准，组织有关人员进行培训，巩固已取得的成绩。另一方面，对于单一循环未解决的问题，或者新出现的问题进行总结，为开展新一轮的 PDCA 管理循环提供依据，并转入下一个 PDCA 管理循环的第一阶段。

管理实践

智能化客流管控——"智慧车站"项目

随着上海轨道交通超大规模网络的发展和客流量的不断攀升，如何有效提升客流管控效能是确保车站、线路安全有序运营的首要课题。上海地铁第四运营有限公司（简称地铁四公司）积极响应申通地铁集团"国内领先、国际一流"高质量发展的战略目标，以超大型换乘枢纽站汉中路站为试点，推行实施"智慧车站"项目，从而实现"科学预判、合理预防"的智能化客流管控。

地铁四公司基于 PDCA 管理循环的逻辑，以乘客需求为导向，从服务的策划、执行、监测到改进，不断优化车站大客流管控模式。通过"上海轨道交通票务信息管理系统"和"上海申通地铁运营管理"两大平台完成对车站分时段客流、极值客流、断面客流的数据采集工作，并通过技术手段实现对车站客流流量、流速和密度的实时监测，为辅助运营决策提供实时、精准、有效的技术支撑。

例如，地铁四公司在地铁汉中路站利用数据监测形成实时动态的热力图像，通过颜色区分直观展现各区域人群的流量分布，并通过对客流数量、分行比例、时间分布特征进行自动分析，精准还原客流详细的轨迹，从而获知车站客流的状态与趋势，为引导客流走向、信息智能发布、客流预警和应急疏散指引等提供决策依据。

问题：

上海地铁第四运营有限公司是如何运用 PDCA 管理循环开展控制活动的？

❖ 即学即练

《中国制造 2025》与全面质量管理

1. 请阅读《中国制造 2025》并查找资料进行分析，为什么制造业强国战略很重要？如果对产品质量没有严格的控制，可能会面临哪些问题？
2. 在互联网信息高度发达的时代背景下，企业全面质量管理有哪些机遇和挑战？

四、标杆管理

标杆管理法是指企业先寻找一个具体的先进榜样，了解并分析其先进指标，探究它背后成功的原因，在此基础上发现企业自身的问题，并不断地学习改进，最终赶上和超越榜样的一个持续渐进的学习、变革和创新的过程。在医疗服务、教育等多个行业，都通过标杆管理的方式对组织活动开展有效控制和管理。

标杆管理的程序主要分为五步，分别是：

（1）计划。组建项目小组，明确标杆管理的目标，选择标杆伙伴，制订数据搜集各项计划。

（2）内部数据搜集与分析。搜集并分析内部公开发表的各项数据信息，确定标杆管理合作伙伴，通过内部访谈和调查，搜集一手资料。

（3）外部数据搜集与分析。搜集外部公开发表的各项数据信息，通过调查和访谈，搜集外部一手资料。将搜集到的最佳实践数据与自身绩效相比较，制定标杆管理报告，提出对实现最佳实践的看法和建议。

（4）实施与调整。根据标杆报告确认组织差距和纠正行动方案并实施，对实施结果不断监控、评估、控制和调整。

（5）持续改进。标杆管理是持续管理过程，要制定和实施可持续的绩效改进计划，不断提高组织绩效。

20 世纪 90 年代，中国企业引入了标杆管理，提出要对标世界一流企业，赶超先进，做强做优；同时也引入并推广了多种多样的现代管理方法，以帮助组织确定绩效标准，开展管理控制活动，引导企业提高产品、服务和经营质量，增强竞争优势。总之，标杆管理对企业提出了更高的要求，它督促组织持续渐进地学习、变革和创新。

> **管理工具**
>
> **管理驾驶舱**
>
> 管理驾驶舱充分融合了信息科学、管理科学和人脑科学的成果，是建立在企业资源计划系统理论之上的一种高层决策支持系统。
>
> 管理驾驶舱（Management Cockpit，MC）是指企业在做决策时所需要的数据以及预警措施，就像汽车或飞机的仪表盘，随时显示关键业务的数据指标和执行情况。管理驾驶舱的构成要素主要包括以下三点。
>
> 1. 墙面显示系统
>
> 墙面显示系统描述的是企业的综合信息，包括企业的财务状况、关键的资源因素、企业发展趋势、客户和竞争对手的信息、供应市场、企业内部的业务（生产、库存、商场等）和质量体系的信息等。
>
> 2. 管理指标
>
> 管理指标是"管理驾驶舱"的主题，企业的业务信息如何表示，将以管理指标为标准。在"管理驾驶舱"中，管理指标将覆盖企业过去的信息与将来的信息，内部的信息与外部的信息。管理者根据这些指标判断企业业务状况的优劣，及时调整企业的业务策略。
>
> 3. 逻辑视图
>
> 在管理上，不可能用一个数据来反映一个管理指标。例如，企业的获利状况不能只看销售收入或利润值，需要销售收入和利润的两维综合，以反映出企业的获利状态。因此，在"管理驾驶舱"中，每个管理的指标都会由逻辑视图来表述。

五、合规管理

合规管理是一种基于风险防控的现代管理方式，指企业经营行为要符合法律法规、制度规范和道德规范。其中，法律法规主要是指国家颁布的各类法律、各级政府部门颁布的各类规定、条例等，在国外开展生产经营活动的，还需要遵守所在国家和地区的法律法规；制度规范是指企业所在行业或本单位制定的各类约束性制度、办事流程和行业操作性标准；道德规范是指企业要遵守社会约定俗成的如爱国敬业、诚信友善、公平公正、廉洁自律等。

1. 合规管理的重要性

企业合规管理至关重要，它能更好地加强企业监督管理，保障企业运营的健康性和稳定性，有助于增强企业的核心竞争力。千里之堤，毁于蚁穴，企业日常经营中出现的一个微小的疏漏都可能给企业带来不可挽回的损失。如果合规管理出现疏漏，则企业可能会发生不合法或不合规的事情，这些潜在的风险可能会转化为更加严重的违法事件，从而使得企业面临惩罚或法律制裁。例如，一些国际著名企业由于缺乏合规管理，企业在日常经营中存在商业贿赂、不正当竞争等行为，由此受到了巨额的经济处罚，降低了企业名声和市场价值。特别是在当今全球化高度发展和贸易摩擦不断升级的背景下，企业合规经营对企业的生存和发展而言，比历史上任何一个时期都更加重要。不论是从内在管理需求出发，还是从应对国际国内监管要求出发，企业都应该建立合规风险意识，不断完善企业合规的管理体系，提升企业治理水平，履行企业的社会责任，展现大国企业的责任担当。同时，作为组织中的个体而言，也要树立遵纪守法、按规办事的原则，要善于从日常工作中发现并解决问题，成为企业合规制度建设的执行者和推动者。

2. 合规管理的基本特征

（1）合规管理涵盖事前控制、事中控制、事后控制三个环节。① 事前控制，即在不合规或不合法事情发生之前，合规管理制度要能够有效识别风险，防止违规行为的出现。② 事中控制，即在日常企业经营活动中，合规管理要能够做到及时全面监控，能够有效识别和报告已经发生的违规事件。③ 事后控制，即在违规行为发生以后，要能够及时处理和解决违规行为，从而对合规管理开展持续改善。

（2）合规管理应该涉及企业管理的多个环节，针对财务、人事、经营、决策等环节，企业应该建立系统化的合规管理体系。

（3）合规管理应该具有针对性，建立专项合规管理体系。不同企业由于行业、区域等因素的影响，使得它们所面临的经营风险具有差异性，因此企业应该建立专门化的合规管理体系。例如，对于从事国际贸易或进出口业务的企业来说，常见的合规管理应该包括数据保护合规计划、出口管制合规计划、诚信合规计划等；对于知识密集型企业来说，常见的专项合规计划包括知识产权保护合规计划、反垄断合规计划、反不正当竞争合规计划等。

3. 日常合规管理的常见措施

（1）建立合规章程。合规章程也叫企业的"商业行为准则"，是企业合规管理的最高效力文件。合规章程一般包括企业合规管理理念、基本原则和制度框架体系等。

(2) 制定合规政策或员工手册。合规政策和员工手册是企业合规管理得以落实的载体，企业要将所有的管理规范明确地写在政策文件中，颁发并告知企业员工，使它成为企业自我监管的主要政策依据。

(3) 设立专业合规管理部门并配置相适应的专业人才，从而确保企业合规管理的独立性和权威性。企业应该在各部门中设立合规管理专员，使得合规管理能够真正渗透到企业经营管理的各项活动中，从而有效降低企业风险。

(4) 培育合规文化，营造合规氛围。企业要强化员工的合规意识，树立员工守法守规的责任意识，创造一个良好的环境，使合规成为一切经营活动的自觉规范行为，逐步形成科学合规、有效合规、自觉合规的良好氛围。

即学即问

■ 如何看待合规管理？如果企业在发展时不坚持合规管理，而是"打擦边球"，会有哪些危害？

目前，中国政府部门和企业已经在合规管理中开展了一系列实践探索。在政府监管中，党和国家高度重视并陆续发布了《中央企业合规管理指引》《企业境外经营合规管理指引》等一系列文件。这些合规企业为企业建立合规管理制度提供了标准和依据。例如，北京汽车股份有限公司一直在探索既符合我国国情又符合国际趋势的合规管理体系。在组织结构上，设立"诚信合规委员会"，主要负责牵头处理公司合规业务；在制度建设上，针对知识产权、反商业贿赂、反垄断、反不正当竞争、劳动用工等多个高风险领域，公司制定了合规重点领域发展规划，并编制合规手册，定期对手册内容进行更新，为公司合规管理提供指导。

六、时间管理

时间管理是指通过管理方法实现对时间的有效管理和利用，从而实现个人或组织的目标。四象限法则是时间管理的一个重要方法，它将待处理的事情依据紧急和重要程度，分为四种类型，如图 8-3 所示。

1. 四象限法则的分类

(1) 第一象限。第一象限包含的是紧急而重要的事情，此类事情具有时间的紧迫性和影响的重要性，无法回避也不能拖延，必须首先处理，优先解决。它可以表现为重大项目的谈判，重要的会议工作等。

(2) 第二象限。第二象限包含的是紧急但不重要的事情，因此这一象限的事件具有很大的欺骗性。很多人在认识上有误区，认为紧急的事情都很重要，实际上并不如此。那些紧急但不重要的事件往往会占据人们很多的宝贵时间。

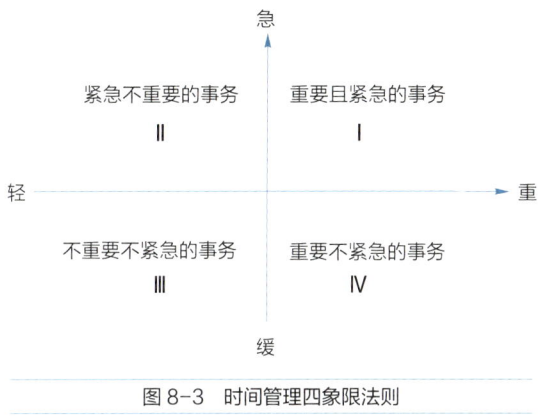

图 8-3 时间管理四象限法则

（3）第三象限。第三象限的事件大多是些琐碎的杂事，没有紧迫性也没有重要性，此类事件应放到最后再处理。

（4）第四象限。第四象限不同于第一象限，这一象限的事件不具有时间上的紧迫性，但是它们具有重大的影响，对于个人或者企业的存在和发展以及周围环境的建立维护，都具有重大的意义。

2. 四象限法则的应用

第一，优先解决第一象限中的事务。首先要有准确的判断能力，确定哪些事情是既紧急又重要的事情，然后进行优先处理。第二，区分一二象限。第一象限和第二象限难以区分，第二象限对人们的欺骗性是最大的，它很紧急造成了它很重要的假象，耗费了人们大量的时间。要区分它们就必须借助另一标准，即按照目标和规划来衡量这件事的重要性。第三，处理第四象限中的事情。第四象限中的事情也很重要，如果提前准备则会有充足的时间，可以大大提高工作效率。第四，适当放弃第三象限。第三象限都是既不重要也不紧急的琐事，但它们往往使人们难以脱身。所以要合理舍弃。

掌握时间管理的方法，可以有效管理和控制时间，要有重点地把主要的精力和时间集中于处理那些重要但不紧急的工作上，这样可以做到未雨绸缪，防患于未然。

即学即练

如何进行时间管理？

请运用四象限法则分享你未来 3 个月的时间管理计划，注意平衡工作、学习和生活。如果不进行时间管理，可能会面临哪些问题？

课后习题

一、单选题

1. 控制最基本的目的在于（　　）。
    A. 寻找错误　　　　　　　　　　B. 衡量员工绩效
    C. 确保行为依循计划发展　　　　D. 使人们失去自由

2. 控制过程的最后一步是（　　）。
    A. 制定标准　　　　　　　　　　B. 评价成绩并纠偏
    C. 用标准衡量成绩　　　　　　　D. 质量控制

3. 某教授讲到管理控制部分时，要求学员做一项练习。教授说："大家都受过高等教育，对大学的情况比较了解，你们是否知道目前大学管理部门都是从哪些方面控制教师的？每人只要说一个方面即可。"学员们发言踊跃，有的说要检查教师的教案更新情况，有的说要检查教师发表论文的数量和质量，有的说要检查教师所教授的学生的成绩……学员边说，教授边记，很快黑板被写满了。面对如此多的控制标准，教授问学员："现在，有谁愿意当老师，请举手。"大家盯着黑板，长时间没有举手。

    请回答，造成上述控制标准过多的原因是什么？（　　）。
    A. 没有明确或忽视了控制的目的
    B. 没有选择好关键控制点
    C. 管理人员希望控制全局的欲望
    D. 人们看待和分析问题的角度不同

4. "治病不如防病，防病不如讲究卫生。"根据这一说法，以下几种控制方式中，最重要的是（　　）。
    A. 事前控制　　　B. 现场控制　　　C. 反馈控制　　　D. 直接控制

5. 管理控制工作的一般程序是（　　）。
    A. 建立控制标准、分析差异产生原因、采取矫正措施
    B. 采取矫正措施、分析差异产生原因、建立控制标准
    C. 建立控制标准、采取矫正措施、分析差异产生原因
    D. 分析差异产生原因、采取矫正措施、建立控制标准

二、多选题

1. 控制的基本过程包括（　　）。

A. 确定控制标准 　　　　　　　B. 根据标准衡量执行情况

C. 纠正偏差 　　　　　　　　　D. 核算成本

2. 下列各要素中属于组织控制系统要素的有（　　　）。

A. 控制目标体系 　　　　　　　B. 控制的主体

C. 控制的客体 　　　　　　　　D. 控制的手段和工具系统

3. 控制活动可以按控制点处于事物发展进程的哪一个阶段而划分为（　　　）。

A. 事前控制 　　　　　　　　　B. 事中控制

C. 反馈控制 　　　　　　　　　D. 事后控制

4. 管理循环又称 PDCA 循环，其中 PDCA 的中文意思依次是指（　　　）。

A. 计划　　　　B. 实施　　　　C. 检查

D. 处理　　　　E. 领导

5. 为了合理控制好时间，首先要对四类事项排序。第一个要做的一定是（　　）的事情，再做（　　）和（　　）的事。

A. 紧急又重要 　　　　　　　　B. 重要但不紧急

C. 不紧急也不重要 　　　　　　D. 紧急但不重要

三、判断题

1. 控制和计划关系密切，计划越是明确完整，控制的效果也就越好。（　　）

2. 控制活动可以发生在管理活动的每一个阶段。（　　）

3. 只要计划周全，不论事态千变万化都无须控制。（　　）

4. 防患于未然的行为属于事中控制。（　　）

5. 合理利用时间需要对事情分类，第一个要做的是重要但不紧急的事情。（　　）

四、简答题

1. 控制活动应遵循哪些原则？

2. 控制的流程是什么？

3. 简述全面质量管理和标杆管理的区别。

4. 为什么合规管理很重要？企业开展合规管理主要包括哪些措施？

5. 请列举一个成功控制的管理实例，并总结其经验。

❖ 综合实训

实训项目 学会有效开展控制管理

实训内容 控制是保障目标实现必不可少的活动。假如你和你的伙伴经营了一家企业（如奶茶店、服饰店、餐饮店等）。一方面，产品市场竞争激烈，企业生产成本不断上升；另一方面，企业员工流动性不断增大。在这种环境下，为了向顾客提供高质量的产品和服务，需要及时了解和合理控制企业经营过程中的生产、员工、财务、成本等各个环节。现根据所学的知识分析如何开展控制活动。

实训要求 1. 了解企业经营环境，分析企业在运行过程中面临哪些风险？
2. 为了向顾客提供高质量的产品和服务质量，准备采取哪些控制方法？
3. 在数字化时代，请搜集资料并分析，有哪些新的控制技术或方法可以借鉴？

成果及评价 1. 每个小组能够制定出一份控制报告。
2. 每个小组能够全面、多维度地分析企业经营过程中面临的风险。
3. 每个小组能够运用所学知识并结合实践，运用各类控制方法进行管理。
4. 教师对每组同学的控制报告评定成绩；对有代表性的作业进行点评。

❖ 自我测评

通过本章学习，请根据个人学习收获进行自我测评，在相应栏目里打钩。

自我测评项目 （★表示需要关注测评项目）	显著提高	较大提高	略有提高
1. 养成按照控制流程工作的习惯★			

续表

自我测评项目 （★表示需要关注测评项目）	显著提高	较大提高	略有提高
2. 风险控制意识、成本意识★			
3. 核心知识点（控制类型、原则、方法）掌握程度			
4. 按照控制流程开展工作的能力★			
5. 使用四象限法提高工作效率的能力★			
通过本章的学习，你还有哪些收获？可分条列出			

学生签名：

　　时间：　　年　　月　　日

教师签名：

　　时间：　　年　　月　　日

第九章 文化塑造

学习目标

知识目标

- 了解并熟悉企业文化的含义、构成和重要性
- 熟悉企业文化中使命、愿景和价值观的作用及意义
- 了解组织文化评估量表的主要内容
- 了解企业文化系统要素、塑造过程和途径

能力目标

- 能够运用领先战略模型分析企业的战略和文化
- 能够通过愿景和价值观引领的方式组织开展活动
- 能够从正确的价值观角度出发,塑造和维护企业文化

素养目标

- 逐步扩大自己的格局和视野,增强文化自信
- 养成维护企业文化,用正确的价值导向开展工作的良好行为习惯
- 养成主动弘扬社会主义核心价值观的先进意识

思维导图

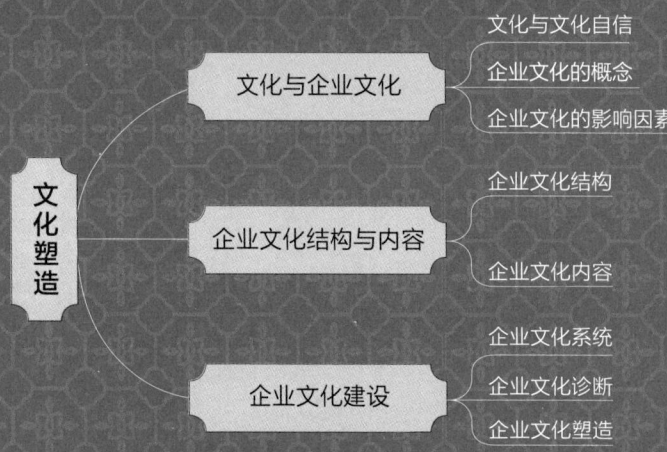

学习计划

- 知识学习计划

_____

_____

_____

- 技能训练计划

_____

_____

_____

- 素养提升计划

_____

_____

_____

管理探索

华润的"十四五"企业文化理论体系

华润的前身是于1938年在香港成立的"联和行",1948年更名为华润公司。2000年以来,经过两次"再造华润",华润奠定了目前的业务格局和经营规模,现已发展成为业务涵盖大消费、综合能源、城市建设运营、大健康、产业金融、科技及新兴产业6大领域,下设25个业务单元,两家直属机构,实体企业近2 000家,在职员工37.1万人的大型集团公司。华润位列2021年《财富》世界五百强第69位。华润以"引领商业进步,共创美好生活"为使命,通过不断创新经营模式,打造产品和服务品牌,有效地促进了产业发展,为提高大众的生活品质作出了应有的贡献。

面向未来,华润进行了"十四五"企业文化理念体系的规划设计,如图9-1所示。"十四五"华润企业文化理念体系视觉设计直观、生动地体现了华润的政治站位与企业特色。选择五角星作为主形象,象征华润作为一家中国企业,不忘初心使命,与祖国风雨同路,与时代命运与共,与人民生死相依。五角星形态呈现出一种平衡、和谐的美感,象征着华润不论时代变迁,始终对党、国家和人民忠诚。

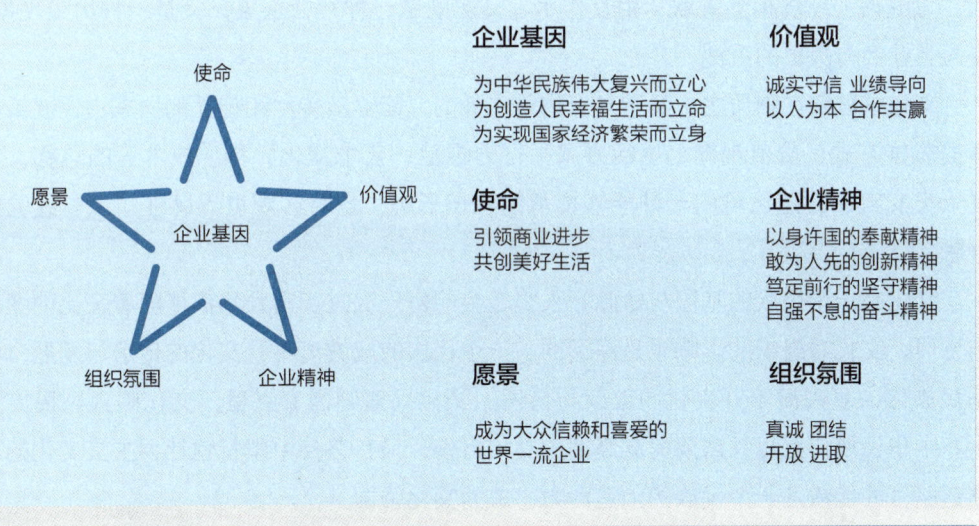

图9-1 "十四五"华润企业文化理念体系

五角星选择的琥珀黄与华润logo的颜色相呼应,代表中华大地辽阔深厚。五个角恰如五个"人"字箭头,寓意"人"是华润的核心和根本,也是华润文化生生

> 不息的生命之源。五个"人"字箭头向外发散,喻示着华润的事业遍及五湖四海,润泽中华大地,也寓意着华润秉持开放包容、积极向上的态度,不断探索未来,创造无限可能。
>
> (资料来源:华润官方网站,引文有删改。)

请思考:
1. 华润为什么要进行企业文化理论体系规划设计?如何体现家国情怀?
2. 小型企业也需要建设自己的企业文化吗?文化塑造在管理中的重要性如何体现?

第一节 文化与企业文化

一、文化与文化自信

文化一般来说是指人类在社会历史发展过程中所创造的物质财富和精神财富的总和,与政治、经济相互关联、相互作用。文化既是一种社会现象,又是一种历史现象,是人类社会与历史的沉淀。

文化是凝结在物质之中又游离于物质之外的,能够被传承和传播的国家、民族或群体的思维方式、价值观念、生活方式、行为规范、艺术文化、科学技术等的总称,它是人类交流中普遍认可的一种能够传承的意识形态,是对客观世界感性知识与经验的升华。

文化是一个民族的基因与命脉。人类社会的每一次进步与升华都伴随着文化的变革与发展。文化对组织的影响也是深远的。一个民族的成就离不开文化的传承与发展,中华民族伟大复兴离不开文化的繁荣与昌盛。文化兴盛则国家兴盛,文化强大则民族强大。中华民族伟大复兴需要树立高度的文化自信,只有坚持中国特色社会主义文化的发展道路,才能激发一个民族的创造活力,成为文化强国。

文化自信是文化主体在历史和现实、现实与未来的接续中,在民族与世界的比较中形成的对本民族文化的认同和积极的文化心理。文化自信不仅是历史自信,更是对现实中人的感性活动的自信;文化自信不是文化自满,而是表征文化能够促进人的自由发展,让生活更美好;文化自信不是文化封闭,而是在开放包容的文化心态下学习借鉴各民族的优秀文化成果;文化自信不是文化保守,不是回避问题,而是在批评和超越现实世界中引领社会发展。

二、企业文化的概念

企业文化是指在特定的社会、政治、经济、技术、文化背景下,企业在经营管理过程中所形成的独具特色并被全体组织成员广为接受的思维方式、工作作风、行为准则和价值观念,其核心是企业价值观。企业文化与企业价值观之间紧密关联,因此通过持续的方案展示企业文化和企业价值观之间的联系,对于企业和管理者而言是重要的管理工作。彼得·德鲁克提出,管理企业要思考三个问题:一是我们的事业是什么?二是我们的事业将是什么?三是我们的事业应该是什么?[1] 这也是思考企业文化的三个原点。其实这三个问题共同指向一个企业的价值观。企业不能没有企业文化,不能没有企业价值观,这就是企业文化和企业生存发展的关系,企业价值观是支撑一个企业长久发展的核心观念。

一个企业的文化发展不能脱离企业所在民族文化与社会文化的大背景,同时不同的企业必须根据自己的业务特点形成自己特定的企业文化。管理人员应通过内外部环境分析,根据企业的业务特点,深入了解并设计企业的使命、愿景和价值观。通过各种持续的管理方案的设计与实施,帮助企业塑造和维持由所有员工基于共同价值观而形成的企业文化。

什么是使命?使命是一个心系他人的目标。使命指的是,企业将以何种状态或身份来实现最终目标,回答的是"我们的事业是什么"的问题。彼得·德鲁克认为,管理就是界定企业的使命,并激励和组织人力资源去实现这个使命。界定使命是企业家的任务,而激励与组织人力资源是领导力的范畴,二者的结合就是管理。

使命愿景价值观

即学即问

■ 你最喜欢的企业使命、愿景、价值观是怎样的?请分享。

什么是愿景?愿景是一个关于"诗和远方"的目标,是企业在未来所能实现的蓝图,阐述的是企业存在的最终目的,回答的是"我们的事业将是什么"的问题。愿景是关于理想的一幅独特的画面,它面向未来,可以为众人带来共同利益。

什么是价值观?价值观指的是基于共同愿景、宗旨和使命等,对所预期的未来状况所持的标准观念,回答的是"我们的事业应该是什么"的问题。

---

1 彼特·德鲁克. 管理的实践 [M]. 齐若兰,译. 北京:机械工业出版社,2018.

一个人在世界上，总要思考自己存在的意义，企业也是一样。使命、愿景、价值观将志同道合的人聚集在一起。不同使命和愿景决定不同的战略和业态，进而决定不同的组织结构和组织能力。

> **管理实践**
>
> **腾讯公司的企业文化和企业价值观**
>
> 腾讯公司是一家中国互联网科技企业，它在发展历程中不断地塑造企业文化。2019年，腾讯发布"用户为本，科技向善"的新愿景和"一切以用户价值为依归，将社会责任融入产品及服务之中；推动科技创新与文化传承，助力各行各业升级，促进社会的可持续发展"的新使命。
>
> 2021年1月，腾讯宣布启动碳中和计划，成为中国首批启动碳中和规划的互联网企业之一。同年4月，腾讯发布新蓝图，"可持续社会价值创新"成为其核心战略，首期投入500亿元人民币助力该战略的实施。
>
> 腾讯公司的企业价值观为：
> - 正直——坚守底线，以德为先，坦诚公正不唯上
> - 进取——无功便是过，勇于突破有担当
> - 协作——开放协同，持续进化
> - 创造——超越创新，探索未来
>
> （资料来源：腾讯公司官方网站，引文有删改。）
>
> 思考：
> 1. 腾讯公司为什么要提出"用户为本，科技向善"的新愿景及使命？
> 2. 如何认识腾讯公司的企业价值观？

三、企业文化的影响因素

（一）外部因素

1. 民族文化

企业文化的形成和发展受到自身所处区域民族文化环境的影响和制约。无论是企业的价值观、思维方式还是行为规范，都会深深地烙上民族文化的烙印。中国几千年的传

统民族文化源远流长，给中国企业发展带来深刻的影响和帮助。民族文化是影响企业文化形成和发展的重要因素，也是影响企业运行和发展的重要外部环境。实践证明，越是能最大限度地在民族文化中吸取营养的企业文化，越容易得到企业全体成员和社会公众的认可、理解与接受。

2. 制度文化

制度文化是人类适应自身生存和社会发展需要而主动创建的规范体系，其核心内容是国家的政治制度、法律制度和经济制度。制度文化作为有组织的社会规范系统，是人类文化的一个重要层面，介于物质文化和精神文化之间，是二者的中介，既是物质文化的反映形式，又是精神文化的物化形态。任何一个国家的政治制度、法律制度和经济制度都是影响企业生存和发展的重要外部环境，也是影响企业文化形成和演进的重要因素。在不同的国家政治制度、法律制度和经济制度下，企业的价值观、思维方式和行为规范会有很大的差异。

3. 外来文化

在企业发展过程中，必然会面对、接受、融合来自不同国家、民族、区域、行业的文化，以及其他组织的文化，这些文化可以统称为外来文化。这些外来文化对企业文化的形成和发展仍具有一定的影响。随着经济全球化和移动互联网技术的高速发展，世界各国、各地区的经贸关系日益密切，不同地理区域、不同民族文化之间相互交流、相互融合、相互渗透。这种文化交流或融合的变化必然会对企业的经营哲学、思维方式、行为准则带来一定的影响和冲击，也促使企业文化更具有开放性和包容性。企业只有在巩固完善自身已有文化的同时，更加主动、有意识地借鉴和吸纳外来文化中的有益元素，才能不断发展企业文化，增强企业对外部环境的适应能力。

（二）内部因素

1. 企业家精神

在企业文化的内部影响因素中，企业家精神是非常重要的一部分。企业文化从公司诞生的第一天就开始存在，它和企业家精神有着非常直接的联系。在组织的生命周期里，优秀的企业文化和企业家精神在企业运行中会不断地得到传承与发展。

企业家精神包含创新、正确的价值观和社会责任。创新是一种稳定和持续的活动，为维持组织活力提供动力。正确的价值观能引导企业前进，引领企业走在持续成长的道路上。更重要的是，企业家要明确企业的社会责任，这在国家与社会经济发展过程中具有更为突出和迫切的意义。企业家只有真正理解企业组织的社会属性，让企业履行社会

即学即问
■ 什么是中国企业家精神？

责任，才能真正地为企业创造价值。

中国企业社会责任的时代内涵

企业发展和国家、民族的命运密不可分，真正优秀的企业家是爱国敬业、守法经营、创业创新的典范。改革开放以来，涌现出一大批有胆识、勇创新的中国企业家，形成了具有鲜明时代特征、民族特色、世界水平的中国企业家群体。这些企业家能够主动为国担当、为国分忧，顺应时代发展，勇于拼搏进取，为积累社会财富、创造就业岗位、促进经济发展、增强综合国力作出了重要贡献。

2. 员工素质

企业文化是所有员工达成共识并共同遵循的价值标准、基本信念、行为准则。员工素质既受企业文化的约束和影响，又反作用于企业文化。因此，员工素质高低成为影响企业文化形成及层次和水平的直接因素。优秀的、能得到广泛认同的企业文化需要由全体组织成员共同塑造。

3. 组织发展的不同阶段

在组织发展的不同阶段中，企业除了制定正确的战略和目标，还要塑造匹配企业使命、价值观、战略和目标发展的企业文化，因为企业文化在帮助企业实现使命和战略目标过程中起着重要的保障作用。

企业在初创期往往需要扩大市场份额，全身心关注并积极应对组织外部环境变化，往往无暇顾及组织内部的规范管理，容易形成短视、功利的文化氛围，企业领导者应及时予以纠正，树立正确的义利观。当企业进入成长期后，各项事业顺利发展，这是塑造企业文化的关键时期，领导者要抓住时机，塑造可以长久传承的优秀企业文化。进入成熟期后企业文化基本形成，此时要防范组织僵化和企业文化的生命力、适应性流失，要及时进行文化诊断，实施组织变革，通过企业文化的进化和升华，防止企业走向衰退。由此可见，在企业的不同生命周期，需要不断地塑造企业文化，将优秀的企业文化不断地传承与发扬下去。

即学即练

企业文化调研分析

请选择一家经常接触或使用过它的产品或服务的企业作为调研对象，通过上网搜索或访谈等方式获取有关资料，从愿景、使命、价值观三个方面完成调研对象的企业文化分析。

请在课上分享调研分析结果，开展线上线下混合式讨论交流。

第二节　企业文化结构与内容

一、企业文化结构

"组织文化之父"艾德佳·沙因（Edgar Schein）提出了组织文化层次理论。依据该理论，可以将企业文化分为表层的物质文化、浅层的行为文化、中层的制度文化和深层的精神文化，这种企业文化结构如图9-2所示。

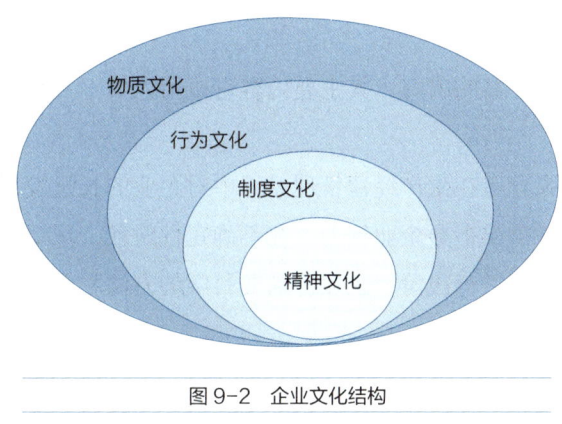

图9-2　企业文化结构

1. 物质文化

这是企业文化的表层部分，它是企业创造的物质成果，是一种以物质形态为主要研究对象的表层企业文化，是形成精神文化和制度文化的条件。优秀的企业文化是通过重视产品的开发、服务的质量和产品的信誉，同时关注企业生产环境、生活环境、文化设施等物质现象来体现的。

2. 行为文化

这是企业员工在生产经营、学习娱乐中产生的活动文化，包括企业经营活动、公共关系活动、人际关系活动、文娱体育活动中产生的文化现象。企业行为文化是企业经营作风、精神风貌、人际关系的动态体现，也是企业精神、核心价值观的折射。

3. 制度文化

这是企业文化的中间层，联结物质文化、行为文化和精神文化并使其有机地结合成一个整体。制度文化主要是指对企业和成员的行为产生规范性、约束性影响的部分，是具有企业特色的各种规章制度、道德规范和员工行为准则的总和，集中体现了物质文化和精神文化对成员和企业行为的要求。制度文化规定了企业成员在共同的生产经营活动中应当遵守的行为准则，主要包括企业领导体制、组织机构和企业管理制度三个方面。

4. 精神文化

这是企业在长期实践中所形成的员工群体心理定式和价值取向，是企业的道德观、价值观的综合体现和高度概括，反映全体员工的共同追求和共同认识。精神文化是企业文化的核心，是企业优良传统的结晶，是维系企业生存发展的精神支柱。

二、企业文化内容

企业文化具有非常丰富的内容，其主要内容可概括为如下几个方面。

1. 经营哲学

什么是组织文化

经营哲学是企业领导者在生产经营管理过程中对企业的长远发展目标、发展战略和策略的哲学思考。经营哲学指导企业行为。在不确定性时代，环境复杂多变，无论是解决各种矛盾与冲突，还是进行决策，企业都需要科学的方法和正确的逻辑思维，这就要明确需要遵循哪些经营哲学。

2. 价值观念

企业的价值观是指企业员工对企业的存在意义、经营目的、经营宗旨的价值评价和为之追求的整体化、个性化的群体意识，是企业全体员工共同的价值准则。企业价值观决定着员工行为的取向，关系着企业的生死存亡。

3. 企业道德

企业道德主要包含调节员工与员工之间、员工与企业之间，以及企业与社会之间关系的行为准则和规范。企业道德与法律规范和制度规范不同，不具有那样的强制性和约束力，但它具有积极的示范效应和强烈的感染力，在被人们认可和接受后具有自我约束的力量。因此，它具有更广泛的适应性，是约束企业和员工行为的重要手段。

4. 团体意识

团体意识是指团队成员的集体观念。团体意识是团队内部凝聚力形成的重要心理因素。团体意识的形成使每个员工把自己的工作和行为都看成是实现企业战略目标的一个组成部分，使他们对自己作为团队成员而感到自豪，对团队成就产生荣誉感，从而把团队和企业看成是自己利益的共同体和归属。因此，他们会为实现团队和企业的目标而努力奋斗，自觉地克服与实现企业战略目标不一致的行为。

5. 企业形象

企业形象是企业在提供产品或服务的过程中所呈现出来的外部特征和经营实力，是被公众和消费者所认同的企业总体印象。由外部特征表现出来的企业形象称为表层形象，如招牌、门面、广告、商标、员工服饰、营业环境等，这些都给人以直观的感受，容易形成印象；通过经营实力表现出来的形象称为深层形象，它是企业内部要素的集中体现，如人员素质、生产经营能力、管理水平、资本实力、产品质量、用户体验等。

6. 管理制度

管理制度是在生产经营实践活动中所形成的，对企业中各成员的行为具有强制性，并能保障一定权利的各种规定。它主要包括三个方面：

（1）一般制度，指管理过程中存在的一些具有普遍意义的工作制度和管理制度，以及各种责任制度。

（2）特殊制度，指企业的非程序化制度。与一般制度相比，特殊制度更能反映一个企业的管理特点和文化特点。

（3）企业风俗，指企业长期沿用、约定俗成的典礼、仪式、行为、节日、活动等。

即学即问

■ 你能通过不同快递公司的快递服务，感受到它们的企业文化差异吗？请讨论。

管理工具

通过业务领先战略模型工具了解并确定组织的核心竞争力

业务领先战略模型（Business Leadership Model，BLM）源于哈佛商学院的战略理论研究，如图9-3所示。IBM在转型的关键时期完成了对该模型的导入和创新，从此这个模型成了IBM全球统一战略规划和高管团队最重要的管理工具。

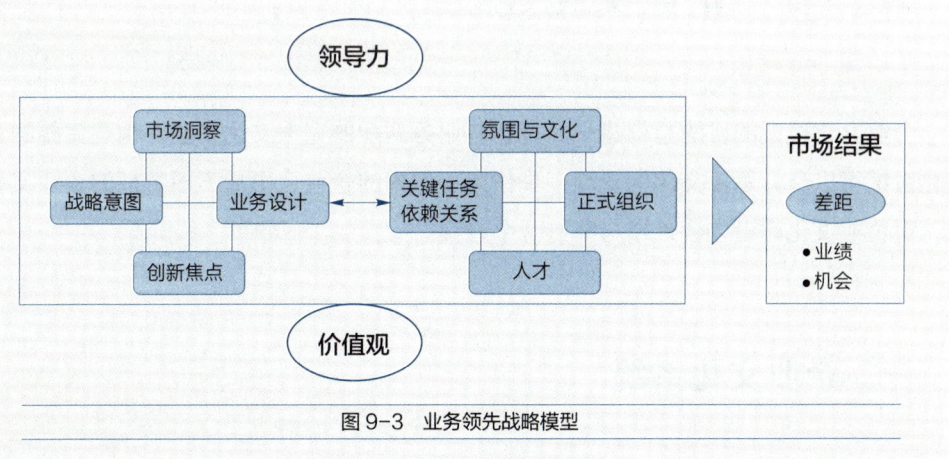

图9-3 业务领先战略模型

业务领先战略模型是一个适用于中高层管理者的，用于战略制定与执行连接的工具与框架。BLM 的内容主要是从市场洞察、战略意图、业务设计、创新焦点、关键任务、正式组织、人才、氛围与文化，以及领导力与价值观等各个方面帮助管理层在企业战略制定与执行的过程中进行系统性思考、务实分析和有效资源调配及跟踪。

BLM 的特点在于：它反映了企业取得领先的规律，可以归纳为通往领先道路的"三把钥匙和一个钥匙环"。第一把钥匙是永远保持危机感和不满足，这里涉及业务领先模型的第一个部分：差距。第二把钥匙是领先的战略。第三把钥匙是打破惯性。将三把钥匙串联起来，需要一个强有力的钥匙环，这就是企业的领导力和价值观。这时候组织将面临两个考验：

第一，对领导力的考验。识别差距的时候选择跟谁比；决定战略的时候有多强的自我批判力度；执行时是选择向惯性屈服，让大家都舒服，还是敢于面对矛盾和冲突，对利益格局进行调整改变，让组织保持灵活和机敏。

第二，对价值观的考验。企业在发展和变革中的凝聚力有多强，取决于企业价值观是否能经受住考验。就像高速奔驰的列车，车厢的联结如果不牢，就会一个个散掉；或者为了车厢保持完整，只能选择停在原地或慢速行驶——这两种情况，都是企业价值观出问题的体现。

第三节 企业文化建设

企业文化建设的目的是构建一个与企业业务匹配的完整文化系统。构建完整的企业文化系统可以充分发挥文化的管理工具作用。不同的企业会形成不同特征的企业文化系统，而企业文化建设包含诊断与塑造两个过程。

一、企业文化系统

企业文化建设的目的在于形成一个完整的企业文化系统，并充分发挥企业文化的管理功能。一个完整的企业文化系统需要具备哪些要素？哈佛大学教授特雷斯·迪尔（Terrence Deal）和麦肯锡咨询公司顾问艾伦·肯尼迪（Allan Kennedy）认为企业文化系统包括5个要素，即企业环境、价值观、标杆人物、文化仪式和文化网络。

1. 企业环境

企业环境包含企业的性质、经营方向、业务、外部环境、社会形象、与外界的联系等方面。企业环境往往决定企业的行为和组织边界。企业环境与企业业务之间紧密关联。企业环境让企业思考谁是客户，客户需要什么样的产品或服务，客户想要什么样的用户体验，自己的业务与同类竞争者之间的差异是什么，业务能否创新，能提供什么样的业务去满足客户的用户体验等问题。

2. 价值观

价值观是企业文化的核心，统一的价值观使企业内的成员在判断自己行为时具有统一的标准，并以此来规范自己的行为。企业价值观要与国家和社会主流价值观保持一致。

3. 标杆人物

标杆人物是塑造企业文化的核心人物或企业文化的人格化象征，其作用在于给企业中其他员工提供可供效仿的榜样，对企业文化的形成和强化起着极为重要的作用。树立标杆人物是企业文化建设过程中的重要环节。优秀的企业都会树立标杆人物，让优秀的人去推动更多的人进步，让优秀的人去培养更优秀的人。例如，华为自2014年以来每年都会对年度优秀员工颁发"明日之星"奖章，以示嘉奖。

4. 文化仪式

文化仪式是指企业内的各种表彰、奖励活动以及文娱活动等，它可以把企业中发生的某些事情形象化，来宣传和体现本企业的价值观，使人们通过这些生动活泼的活动来领会企业文化的内涵，使企业文化建设"寓教于乐"。在组织与个体共同成长的过程中，随着企业业务变得更多元、更创新，员工个体差异化逐渐扩大，企业文化仪式也随之出现形式多样、与时俱进的特点。

5. 文化网络

文化网络是指非正式的信息传递渠道，主要用来传播文化信息。它是由某种非正式的组织和人群，以及某些特定场合组成，传递出的信息往往能反映出员工的愿望和心态。在移动互联网和新媒体时代，信息传递速度更快、渠道更多。企业要适时、创新地根据文化建设的需要选择更好、更适合自己企业文化的对内对外信息宣传传递方式构建健康、通畅的文化网络。

企业文化系统除了具备以上5个要素外，还需要与业务匹配。因为业务决定流程，

即学即问

■ 请分享你身边的一家企业的发展历程，共同讨论：企业文化如何帮助企业发展壮大？

流程决定组织。例如，快递行业里不同快递企业提供差异化服务，进而形成自己独特的企业文化。

管理者通过构建完整的企业文化系统可以充分发挥其管理工具的作用。因为企业文化的核心是企业的价值观，而管理的实质是管人，人在工作过程中最需要的是深层次的企业的价值观。所以企业文化成了一种内化企业员工的管理工具，而不是一种外在的管理手段。构建合理的企业文化系统，引导全体成员的积极行为，这是管理者所面临的重要任务。

> **管理思辨**
>
> 今天，企业越来越重视文化建设，将文化作为企业的灵魂来打造。一方面，文化建设往往需要长期的积累和传承；另一方面，企业的发展也离不开创新，要不断地提供新的产品或服务，进而对文化建设提出新的要求。
>
> 请讨论：
> 在企业文化建设中，传承和创新哪个更重要？应该如何处理两者之间的关系？

二、企业文化诊断

无论企业处于组织生命周期的哪一个阶段，在企业文化建设过程中都要先对现有的企业文化进行诊断。企业文化诊断应该有一个全面的视角，并结合形成企业文化的业务情景去思考，即文化要与业务相匹配。运用广泛的企业文化诊断工具是"组织文化评估量表（Organizational Culture Assessment Instrument, OCAI）"。OCAI 由管理学者金·卡梅隆（Kim Cameron）和罗伯特·奎因（Robert Quinn）开发，是当今世界上使用频繁、操作简单的组织文化测评工具。OCAI 可以用于识别组织当前的文化，还可以帮助企业找出组织成员认为应该发展的文化类型，以适应未来五年的环境要求，并有利于企业把握机遇。

OCAI 诊断工具如表 9-1 所示，它建立在对立价值观模型之上，并以此进行深入分析。OCAI 展开为三个方向六个维度：根本层面典型特征的基本假设（主导特征、组织凝聚力）、互动模式（组织领导力、员工管理）以及组织发展方向（战略要点、成功标准），每个维度下又有四个选项。管理者根据自己所在组织与 OCAI 的相似程度，将 100 分分配给每个维度的四个选项，对和组织情况最相近的选项赋予最大分值。

表 9-1 OCAI 诊断工具[1]

维度	分值	
主导特征	现在	期望
A. 组织是非常私人化的地方,就像一个大家庭,人们彼此之间分享大量个人话题		
B. 组织充满活力和创业精神,人们乐于冒险,也愿意承担风险		
C. 组织高度强调结果导向,人们主要关心工作完成情况,以成就为导向,富有竞争意识		
D. 组织管控严格,结构清晰,人们的工作通常以正规程序为指导		
合计	100分	100分
组织凝聚力	现在	期望
A. 组织通过忠诚和彼此信任将大家凝聚在一起,员工的忠诚度高		
B. 组织通过致力于创新和发展将大家凝聚在一起,组织强调始终处于前沿		
C. 组织通过关注成就和目标将大家凝聚在一起		
D. 组织通过正式的规则和政策将大家凝聚在一起,保证组织各项工作的顺利开展对于组织而言非常重要		
合计	100 分	100 分
组织领导力	现在	期望
A. 大家普遍认为组织中的领导者树立的典型形象是:为下属提供指导和帮助,培养下属		
B. 大家普遍认为组织中的领导者树立的典型形象是:富有创业精神和创新精神,敢于承担风险		
C. 大家普遍认为组织中的领导者树立的典型形象是:缺乏人情味、强势、以结果为导向		
D. 大家普遍认为组织中的领导者树立的典型形象是:将精力主要放在协调和组织上,通过各项工作的顺利开展实现工作效率		
合计	100 分	100 分
员工管理	现在	期望
A. 组织中管理风格的主要特征为:重视团队精神,强调共识和参与		

---

[1] 金·卡梅隆,罗伯特·奎因. 组织文化诊断与变革[M]. 3版. 王素婷,译. 北京:中国人民大学出版社,2020.

续表

维度		分值	
员工管理		现在	期望
B. 组织中管理风格的主要特征为：强调个体的风险承担能力和创新能力，重视自由和个体的独特性			
C. 组织中管理风格的主要特征为：强调竞争、工作标准要求高、重视成就			
D. 组织中管理风格的主要特征为：为员工提供职业安全感，重视规范性、工作预测性，以及人际关系的稳定性			
合计		100 分	100 分
战略要点		现在	期望
A. 组织强调人员发展，高度信任、开放包容和共同参与是组织一贯的坚持			
B. 组织强调获取新资源，迎接新挑战，组织重视新事物、捕捉新机遇			
C. 组织强调竞争性措施和成就，实现更高的目标和赢得市场是第一要务			
D. 组织强调绩效和稳定发展，效率、管控和顺畅运行至关重要			
合计		100 分	100 分
成功标准		现在	期望
A. 组织对成功的定义基于人力资源开发、团队精神、员工忠诚度和员工关怀			
B. 组织对成功的定义基于拥有独特或者最新的产品，组织是产品的领先者和创新者			
C. 组织对成功的定义基于赢得市场，打败竞争对手，在竞争中占据市场领导地位是重中之重			
D. 组织对成功的定义基于效率，稳妥地交付产品、顺畅地推进计划、低成本生产产品是关键			
合计		100 分	100 分

例如，在主导特征维度中，如果觉得选项 A 与所在组织非常相似，选项 B 和选项 C 在一定程度上相似，而选项 D 根本没有相似性，就可以令选项 A 获得 55 分，选项 B 和选项 C 各获得 20 分，选项 D 获得 5 分。要确保每个维度的四个选项的得分总和为 100 分。

在表 9-1 中填写答案项的地方，左边一栏"现在"意味着该栏中填写的答案是对组织当前状况的评估；右边一栏"期望"则是大家认为组织获得巨大的成功，实现最高的目标,成为拥有高绩效的卓越典范,超越当前设定的目标或者成为行业的标杆时应该具有的文化形态,期限通常为五年。OCAI的分数计算非常简便,将各维度"现在"一栏中选项A的得分进行汇总并除以6,就得到"现在"一栏选项A的得分的平均值。以此类推,可求得"现在"和"期望"的选项B、C、D的平均分。

通过OCAI最终可以得到组织的文化测评得分,根据得分可以画出对立价值观模型得分图。对立价值观模型认为,组织有效性有两个重要的区分维度:

一是灵活与稳定的对比。强调灵活和自由的组织往往是富于变化、适应性较强的有机式组织,强调稳定和控制的组织多为稳定、可预测的机械式组织。这两种选择构成一个连续变化的维度,一端为组织的多样性和可塑性,另一端为组织的稳定性和持久性。

二是内外部关注度的对比。强调内部导向性、整合和统一与强调外部导向性、差异和竞争是这一维度的两端。这两种选择也构成了一个连续变化的维度,一端是组织凝聚力强、一致性高,另一端是组织彼此分离、独立性强。

将这两个维度放在一起,可以组成四个象限,每一个象限代表了一种截然不同的组织有效性指标,并形成四种文化类型,这种对立价值观模型如图9-4所示。

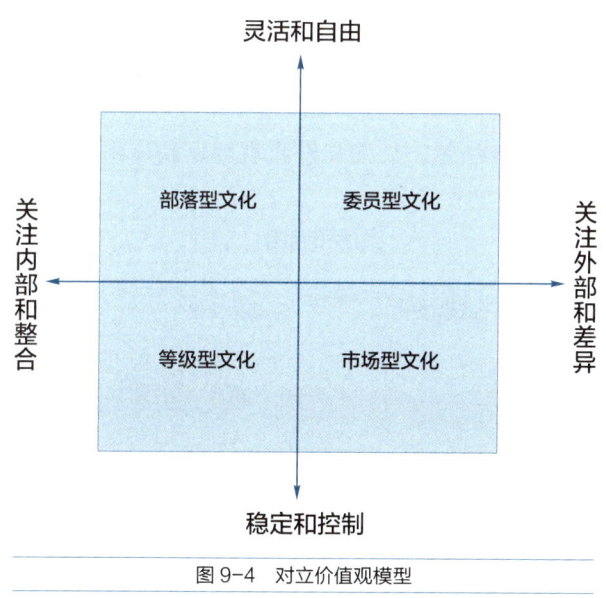

图9-4 对立价值观模型

1. 部落型文化

部落型文化的典型特征是拥有友善的工作场所,人们可以进行大量的分享。它就像是家庭的扩展,领导者扮演导师甚至家长的角色。将组织凝聚在一起的因素是忠诚和传统。员工的敬业度非常高,组织强调从个人成长中获得长期利益,极强的员工凝聚力和良好的士气很重要。人们对成功的评价标准是内部氛围是否融洽,领导是否关怀员工。

组织优先强调的是团队精神、参与和共识。

2. 委员型文化

委员型文化的特征是动态的、富有创业精神和创造性的工作场所。人们乐于冒险和承担风险，有效的领导者是愿景型、创新型的。组织以风险为导向，将组织凝聚在一起的黏合剂是对试验和创新的投入。关注点是新知识、新产品和新服务的前沿。时刻准备开展变革、应对挑战是至关重要的。组织长期的关注点是快速成长和获取新资源。成功意味着生产独特的、具有原创性的产品和服务。

3. 等级型文化

等级型文化的特征是工作环境受到严格控制，领导者是协调者、监督者、组织者。组织的价值驱动因素包括效率、一致性和遵从。等级型文化的有效性理论为：通过利用可行的流程进行控制并获得效率上的提升，从而实现有效管理。

4. 市场型文化

市场型文化以结果为导向。领导者是进取心十足的生产者，也是强硬的、苛求的竞争者。将组织凝聚在一起的黏合剂就是致力于获胜。组织长期的关注点是采取竞争措施，实现扩张目标和指标。成功的定义是市场份额的扩大和市场渗透的深入性，在竞争中获胜、在市场中赢得领导地位对此类组织而言至关重要。

例如，某一组织通过运用 OCAI 诊断工具和对立价值观模型诊断描绘出来的现在和期望的文化轮廓图如图 9-5 所示。此图能够直观地反映该组织的组织文化现状和未来

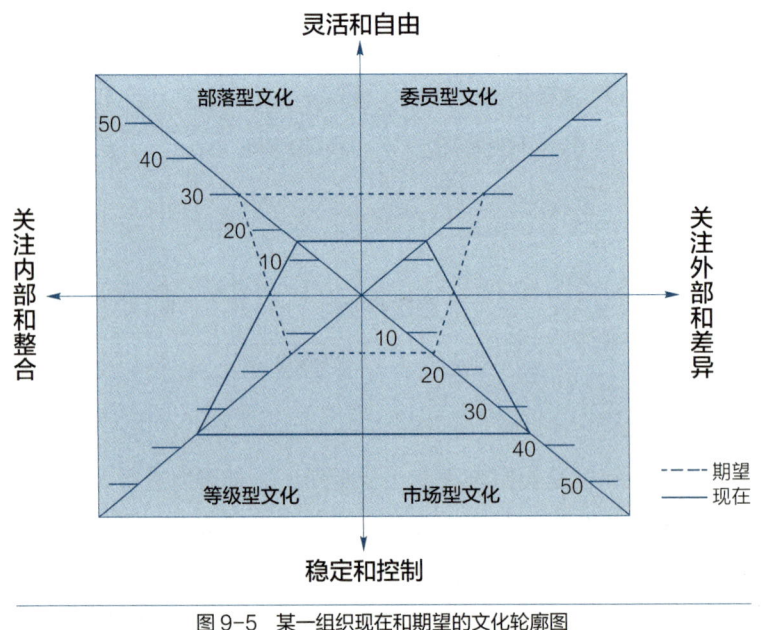

图 9-5 某一组织现在和期望的文化轮廓图

蓝图，它现在偏向于等级型、市场型，将来期望转变成部落型、委员型。每一个组织的文化轮廓图都反映了其潜在的特性，包括管理风格、战略计划、氛围、奖励体系、凝聚方式、领导力和组织的基本价值观等要素。

企业和管理者可以通过 OCAI 诊断工具对企业文化进行识别和调整，在诊断过程中要充分地让全体员工共同参与并讨论：现在和期望的企业文化是怎样的？尤其是在讨论期望的企业文化时，需要考虑以下问题。

- 为了在未来获得巨大成功，需要建立什么样的组织？
- 国家、社会的主流价值观是什么？
- 企业所在区域的传统民族文化和当代文化是什么？
- 企业在未来的环境中需要面对哪些需求？
- 企业选择什么样的价值观？
- 企业需要对哪些趋势有所认识？想在哪些领域走在前沿？
- 现在、未来员工的个性差异体现在哪里？
- 企业在哪些方面发展不足？
- 未来顾客和竞争者对企业有什么样的要求？
- 如果要在行业内占据主导地位，需要对企业做出什么改变？
- 企业具有哪些独特的优势，能将自己与其他企业区别开？
- 企业曾经拥有的最大优势是什么？未来如何复制？

即学即练

简单运用组织文化诊断工具 OCAI

请选择一位已经工作的朋友作为访谈对象，谈谈他所在企业的组织领导力的"现在"和"期望"分值是如何分配的，完成表9-2。

表9-2 组织领导力的分值分配

组织领导力	现在	期望
A. 大家普遍认为组织中的领导者树立的典型形象是：为下属提供指导和帮助，培养下属		
B. 大家普遍认为组织中的领导者树立的典型形象是：富有创业精神和创新精神，敢于承担风险		

> **即学即问**
>
> ■ 当企业发展面临多种选择，管理层意见不一致时，往往需要大家一起"回归初心"。在学习和生活中有没有遇到相似的情况？请分享。

续表

组织领导力	现在	期望
C. 大家普遍认为组织中的领导者树立的典型形象是：缺乏人情味、强势、以结果为导向		
D. 大家普遍认为组织中的领导者树立的典型形象是：将精力主要放在协调和组织上，通过各项工作的顺利开展实现工作效率		
合计	100分	100分

请在课上分享诊断结果，开展线上线下混合式讨论交流。

三、企业文化塑造

企业在进行文化诊断后便进入企业文化塑造环节。企业文化塑造是根据企业文化诊断结果有意识地发扬其积极优良的文化，摒弃其消极劣性文化的塑造过程。这也是企业文化不断优化和升华的过程。企业文化塑造的目的在于：根据企业所处的环境，通过确立企业使命宗旨和企业精神（含企业家精神），构筑企业价值观，通过树立标杆人物、创新性地运用多元化的文化仪式和文化网络去引导、规范全体成员的行为，使之更好地符合企业与社会的要求。

管理者可以从以下几个方面塑造企业文化。

（一）选择价值观

企业价值观是整个企业文化的核心和灵魂。选择正确的企业价值观，对企业的发展具有重大的战略意义。所以，选择价值观是塑造良好企业文化的主要任务，具体包括以下内容。

1. 企业价值观要与国家、社会的主流价值观保持一致，要有家国情怀

不论规模大小，企业和个体的命运与国家命运都是息息相关的，在积极应对外部风险和挑战的过程中，企业、个体的价值观要与国家、社会的主流价值观保持一致，这样才能有全局的战略高度和宽广的视野。

> **管理实践**

华为公司的企业文化（节选）

第一章　公司的宗旨

第一条　追求

华为的追求是在电子信息领域实现顾客的梦想，并依靠点点滴滴、锲而不舍的艰苦追求，使华为成为世界级领先企业。

为了使华为成为世界一流的设备供应商，华为将永不进入信息服务业。通过无依赖的市场压力传递，使内部机制永远处于激活状态。

第二条　员工

认真负责和管理有效的员工是华为最大的财富。尊重知识、尊重个性、集体奋斗和不迁就有功的员工，是华为事业可持续成长的内在要求。

第三条　技术

广泛吸收世界电子信息领域的最新研究成果，虚心向国内外优秀企业学习，在独立自主的基础上，开放合作地发展领先的核心技术体系，用华为卓越的产品自立于世界通信列强之林。

第四条　精神

爱祖国、爱人民、爱事业和爱生活是华为凝聚力的源泉。责任意识、创新精神、敬业精神与团结合作精神是华为企业文化的精髓。实事求是是华为行为的准则。

第五条　利益

华为主张在顾客、员工与合作者之间结成利益共同体。努力探索按生产要素分配的内部动力机制。华为决不让雷锋吃亏，奉献者定当得到合理的回报。

第六条　文化

资源是会枯竭的，唯有文化才会生生不息。一切工业产品都是人类智慧创造的。华为没有可以依存的自然资源，唯有在人的头脑中挖掘出大油田、大森林、大煤矿……精神是可以转化成物质的，物质文明有利于巩固精神文明。华为坚持以精神文明促进物质文明的方针。

这里的文化，不仅包含知识、技术、管理、情操，也包含了一切促进生产力发展的无形因素。

第七条　社会责任

华为以产业报国和科教兴国为己任，以公司的发展为所在社区作出贡献，为伟大祖国的繁荣昌盛，为中华民族的振兴，为自己和家人的幸福而不懈努力。

> 思考：
> 1. 华为公司的宗旨为企业文化塑造带来哪些启示？
> 2. 如何理解第六条中"资源是会枯竭的，唯有文化才会生生不息"这句话？

2. 企业价值观要体现企业的使命愿景，做到与业务匹配

一个企业的价值观应该能够体现企业发展的方向和目标，做到与业务相匹配。业务决定流程，流程决定组织。选择企业价值观的过程，实际上就是制定"一个鼓舞人心的企业文化愿景"和践行"做一件什么样的事让我们足慰平生"的过程。因此，要立足于企业的实际，根据企业自身的使命、宗旨、目标、环境、习惯和组织方式等，结合自身的性质、规模、技术特点、人员构成等因素，选择适合企业发展需要的企业价值观，以利于在企业与全体员工之间达成共识，使企业文化与企业业务匹配，让顾客获得满意的用户体验。

3. 企业价值观要与企业文化各要素之间相互协调

要协调好企业价值观与企业环境、标杆人物、文化仪式以及文化网络等企业文化各要素之间关系，确保各要素之间相互组合与匹配的科学性，以实现企业文化系统的整体优化。

4. 企业价值观选择时要审视企业家精神，并使其得到组织成员和社会的认可与接受

在选择企业价值观时，企业高层管理者首先要审视企业家精神是否存在，企业家价值观是否与国家社会的主流价值观保持一致，是否有家国情怀，是否勇于创新并敢于承担社会责任。这是自上而下的价值观选择方向。

其次要审视价值观能否凝聚全体组织成员的理想和信念，融合其行为，进而成为鼓励组织成员努力工作的精神力量。这就要充分发挥全体员工的创造精神，广泛听取其意见和建议，审慎地征选出既符合组织特点，又反映组织成员心态的企业价值观和企业文化模式。采取自下而上的征选的深层原因在于企业文化要与其业务相匹配，基层员工在第一线，最了解顾客需求，充分调动他们，才能实现顾客满意的用户体验。

最后，在更高层次的宏观层面考虑所选择的价值观，在百年未有之大变局中要能够体现可持续发展理念和强烈的社会责任感，以适应人类对社会、经济、环境相和谐的可持续发展愿景和社会对组织承担社会责任的期望与要求，这样做更易于使社会公众对企业产生良好印象。

（二）持续强化

在选择并确立了企业价值观和企业文化后，应采取有效的方式持续性、创新性地进行强化，让企业文化方案融入企业所有业务流程，做到无缝衔接和深入人心。具体做法包括：

第一，全面宣传。通过企业内外部可以利用的媒介，如内部报刊、电视、各种网络平台、宣传栏等，广泛地、持续地传播企业文化的内容和精要，创造浓厚的环境氛围。

第二，持续性树立典型标杆人物。典型标杆人物是企业精神和企业文化的人格化身和缩影。企业通过持续性地选拔、表彰和奖励那些工作行为与态度能够体现理想企业文化的优秀员工，让他们以其特有的感召力、影响力为其他组织成员树立学习的标杆。"榜样就在身边"，企业成员会从这些模范的精神风貌、价值追求、工作态度和言行表现中深刻理解和体会企业文化的本质。但同时要注意选拔典范标杆人物的标准要与时俱进，要与业务持续匹配。

第三，持续性开展有针对性的企业内部培训。企业通过开展形式多样、以人为本的文化仪式和培训活动，能够使全体成员潜移默化地认可企业文化，从而表现出企业所需要的工作行为或态度。

（三）提炼升级

成熟的企业文化和价值观的形成非一日之功，需要持续进行提炼升级。

第一，及时反馈。企业文化和价值观在经过广泛宣传、初步强化认同后，要通过企业文化诊断工具开展"现在"和"期望"的企业文化的反馈意见收集。

第二，归纳总结。对诊断结果进行分析，找出企业员工对企业文化的"现在"和"期望"之间的差距，发扬积极优良的文化，摈弃消极劣性文化。

第三，提炼升级。提炼经过科学论证和实践检验的企业文化和价值观，进行条理化、完善化和格式化的梳理，并根据企业发展不断升级。

（四）巩固完善

第一，建立或完善规章制度。企业文化和价值观要融入企业所有业务流程和规章制度，使得企业文化系统化地与业务相匹配。

第二，领导者率先垂范。在企业文化塑造过程中，企业领导者的践行程度起着关键性作用。原因在于企业领导者是企业文化塑造的重要参与者，为了培育和巩固优秀的企业文化，领导者的言行必须与企业发展方向保持一致，日复一日地去践行企业文化。只有领导者以身作则、身先士卒、率先垂范，才能真正带领企业成员为建设优秀的企业文化而共同努力。

即学即问

■ 你所在的班级是否有自己的组织文化？这种班级组织文化是如何形成的？

第三，充分发挥典型标杆人物的示范与宣传作用。要在企业内部积极创新地通过各种正式和非正式文化网络方式开展各种文化仪式和活动，树立优秀员工的榜样形象，起到带动作用。

课后习题

一、单选题

1. 企业文化的核心是（　　）。
   A. 价值观　　　　B. 组织哲学　　　　C. 愿景　　　　D. 目标
2. 企业的（　　）决定着员工行为的取向，关系着组织的生死存亡。
   A. 经营哲学　　　B. 价值观　　　　C. 企业道德　　　D. 团体意识
3. 当企业进入（　　），各项事业顺利发展，企业文化初步形成，这是塑造企业文化的关键时期。
   A. 初创期　　　　B. 成长期　　　　C. 成熟期　　　　D. 衰落期
4. 委员型文化的有效性通过（　　）实现。
   A. 人力资源开发和员工参与
   B. 创新型、愿景型领导并关注新的产品、知识和服务
   C. 利用可行的流程进行控制并提高效率
   D. 积极竞争和关注客户
5. （　　）是企业精神和企业文化的人格化身和缩影。
   A. 企业家　　　　　　　　　B. 领导者
   C. 典型标杆人物　　　　　　D. 管理者

二、多选题

1. 企业文化的外部影响因素有（　　）。
   A. 民族文化　　　　　　　　B. 制度文化
   C. 外来文化　　　　　　　　D. 领导者的素质
2. 企业文化的组成部分包括（　　）。
   A. 物质文化　　　　　　　　B. 行为文化
   C. 制度文化　　　　　　　　D. 精神文化

3. 管理制度主要包括（　　　　）。
   A. 责任制度　　　　　　　　B. 一般制度
   C. 特殊制度　　　　　　　　D. 企业风俗
4. 企业文化的系统包括（　　　　）等要素。
   A. 企业环境　　　B. 价值观　　　C. 标杆人物
   D. 文化仪式　　　E. 文化网络
5. 企业文化的塑造过程包括（　　　　）。
   A. 选择价值观　　　　　　　B. 持续强化
   C. 提炼升级　　　　　　　　D. 巩固完善

三、判断题

1. 企业文化与文化自信存在着密不可分的关系。（　　）
2. 企业文化的核心是组织哲学和价值观。（　　）
3. 企业文化是由四个部分构成的。（　　）
4. 企业家精神包含创新和社会责任。（　　）
5. 杰出而成功的企业都有强有力的企业文化。（　　）

四、简答题

1. 企业文化的含义是什么？
2. 企业文化的影响因素有哪些？
3. 企业文化系统由哪些要素构成？
4. 企业文化塑造过程是怎样的？
5. 企业文化有哪四种类型？每种类型的特征是怎样的？

❖ 综合实训

实训项目　　企业文化调查与分析

实训内容　　以小组为单位进行企业文化调查、探讨与分析诊断，调查对象可以是一家百年企业、一家老字号店或一家当地特色美食小店。请制订出具体的小组工作计划，包括企业的名称、商标、象征物、精神、品牌宣言、使命、哲学、价值观、战略、形象和文化提升策略等方面。

实训要求　1. 每个小组调研 3 家以上的企业，对其企业文化的愿景、使命、价值观进行收集整理。

2. 根据企业文化，对这些企业践行企业文化的经营策略、品牌宣传、制度规范、社会活动等进行梳理，形成报告。

3. 根据报告，对这些企业打造企业文化的措施进行总结分析，哪些措施是有效的？是否有不一致的地方？

成果及评价　1. 每组完成一份完整企业文化调查报告。

2. 每个小组成员提交一份个人心得体会。

3. 每个小组成员都能了解企业文化的重要性。

4. 教师对每组同学的调查分析报告评定成绩；对有代表性的报告进行点评。

◈ 自我测评

通过本章学习，请根据个人学习收获进行自我测评，在相应栏目里打钩。

自我测评项目 （★表示需要关注测评项目）	显著提高	较大提高	略有提高
1. 核心知识点（如企业文化的概念、影响因素、构成要素、内容等）掌握程度★			
2. 对业务领先战略模型（BLM）原理的理解程度			
3. 通过愿景和价值观引领的方式组织开展简单活动的能力			
4. 运用OCAI工具识别不同企业的企业文化的能力★			
5. 从社会主义核心价值观的角度分析企业文化的能力★			

续表

自我测评项目 （★表示需要关注测评项目）	显著提高	较大提高	略有提高
6. 能够了解企业文化塑造过程★			
通过本章的学习，你还有哪些收获？请分条列出			

学生签名：　　　　　　　　　　　　　教师签名：

时间：　　年　　月　　日　　　　　时间：　　年　　月　　日

参考文献

[1] 《管理学》编写组. 管理学 [M]. 北京: 高等教育出版社, 2019.

[2] 单凤儒. 管理学基础 [M]. 7版. 北京: 高等教育出版社, 2021.

[3] 路宏达. 管理学基础 [M]. 4版. 北京: 高等教育出版社, 2018.

[4] 卡梅隆, 奎因. 组织文化诊断与变革 [M]. 3版. 王素婷, 译. 北京: 中国人民大学出版社, 2020.

[5] 罗宾斯, 库尔特. 管理学 [M]. 15版. 刘刚, 梁晗, 程熙镕, 等, 译. 北京: 中国人民大学出版社, 2022.

[6] 明茨伯格. 卓有成效的组织 [M]. 魏青江, 译. 杭州: 浙江教育出版社, 2020.

[7] 邢以群. 管理学 [M]. 5版. 杭州: 浙江大学出版社, 2019.

[8] 脱不花. 沟通的方法 [M]. 北京: 新星出版社, 2021.

[9] 付征, 李贺, 卜妙玲. 管理学基础理论·实务·案例·实训 [M]. 2版. 上海: 上海财经大学出版社, 2019.

[10] 卡普兰, 诺顿. 战略地图——化无形资产为有形成果 [M]. 刘俊勇, 孙薇, 译. 广州: 广东经济出版社, 2016.

主编简介

窦志铭,深圳职业技术大学管理学院教授,思想政治教育研究中心研究员,广东省特支计划"教学名师",广东省教学名师,广东省优秀教学团队"市场营销"带头人。先后担任第五届、第六届深圳市政协委员,第四至六届中国商品学会副会长,广东省消费经济学会副会长和广东省商业经济学会副会长。兼任广东省决策咨询研究基地——现代产业与中小企业创新发展研究中心执行主任。

主要研究领域包括管理学、流通经济、产业经济和商品学。曾主持完成国家哲学社会科学课题"职能调整后流通领域商品质量监管模式研究"1项并获评"优秀"。先后主持教育部人文社科规划课题、广东省哲学社会科学规划课题共5项;主持完成深圳市社会科学课题、软科学、教育科学规划课题6项;主持完成政府、企业委托研究课题30余项,涉及产业经济、民营经济、流通经济等领域。

出版《流通领域商品质量监管模式研究》等学术专著5部,编写《商品学基础》等普通高等教育"十一五"国家级规划教材,"十二五""十三五"职业教育国家规划教材3本,发表论文40余篇。

郑重声明

高等教育出版社依法对本书享有专有出版权。任何未经许可的复制、销售行为均违反《中华人民共和国著作权法》，其行为人将承担相应的民事责任和行政责任；构成犯罪的，将被依法追究刑事责任。为了维护市场秩序，保护读者的合法权益，避免读者误用盗版书造成不良后果，我社将配合行政执法部门和司法机关对违法犯罪的单位和个人进行严厉打击。社会各界人士如发现上述侵权行为，希望及时举报，我社将奖励举报有功人员。

反盗版举报电话　（010）58581999　58582371
反盗版举报邮箱　dd@hep.com.cn
通信地址　北京市西城区德外大街4号
　　　　　高等教育出版社知识产权与法律事务部
邮政编码　100120

读者意见反馈

为收集对教材的意见建议，进一步完善教材编写并做好服务工作，读者可将对本教材的意见建议通过如下渠道反馈至我社。

咨询电话　400-810-0598
反馈邮箱　gjdzfwb@pub.hep.cn
通信地址　北京市朝阳区惠新东街4号富盛大厦1座
　　　　　高等教育出版社总编辑办公室
邮政编码　100029

防伪查询说明

用户购书后刮开封底防伪涂层，使用手机微信等软件扫描二维码，会跳转至防伪查询网页，获得所购图书详细信息。

防伪客服电话　（010）58582300

资源服务提示

授课教师如需获取本书配套教辅资源，请登录"高等教育出版社产品信息检索系统"（http://xuanshu.hep.com.cn/），搜索本书书名进行下载，首次使用本系统的用户，请先注册并进行教师资格认证。

全国高职经管论坛QQ群：101187476

AI问答

学习卡账号使用说明

一、注册 / 登录

访问 https://abooks.hep.com.cn，点击"注册 / 登录"，在注册页面可以通过邮箱注册或者短信验证码两种方式进行注册。已注册的用户直接输入用户名加密码或者手机号加验证码的方式登录。

二、课程绑定

登录之后，点击页面右上角的个人头像展开子菜单，进入"个人中心"，点击"绑定防伪码"按钮，输入图书封底防伪码（20位数字，刮开涂层可见），完成课程绑定。

三、访问课程

在"个人中心"→"我的图书"中选择本书，开始学习。

四、使用 AI 问答

手机扫描 AI 问答二维码登录后，在 AI 问答窗口输入您的问题，大语言模型将根据本书内容给出解答。注意：AI 问答仅限于回答本书内容范围内的问题，对于超出本书内容的问题，可能无法提供准确或完整的答复；每个账户每天对话轮次上限请见对话页面提示。

如有账号问题，请使用平台的提问功能留言，我们会及时给您回复。